한국인의
눈으로 본
스페인

한국인의
눈으로 본
스페인

임호준 지음

머리말

우리나라에서 스페인은 실재하는 나라가 아니다. 엘 클라시코, 가우디, 알람브라 궁전, 산티아고 순례길, 산 페르민 축제가 있는 '태양과 정열의 나라' 스페인은 한국인들의 환상 속에 존재한다. 한국은 한때 세계에서 가장 가난한 나라 중 하나였지만 전쟁 이후 눈부신 발전을 거듭하여 세계 10대 경제 대국이 되었다. 그러나 짧은 시간 동안의 급속한 성장은 많은 후유증을 낳았고, 한국인들은 물질적 풍족함이 전부가 아니라는 것을 새삼 깨닫게 되었다. 이때부터 느긋하게 살면서 축제를 즐기는 스페인인들의 삶은 한국인들의 동경의 대상이 되었다. 여러 TV 프로그램이 앞 다투어 스페인의 자연과 문화를 이국적인 것으로 소개하였고, 많은 한국 여행자들이 스페인을 찾게 되었다. 얼마 전 신문 기사에 의하면 국내에서 출판된 여행안내서 중 일본 다음으로 스페인 관련 서적이 많이 팔린다니, 스페인에 관한 관심이 얼마나 높은지 짐작할 수 있다. 잠깐씩 스페인에 다녀온 사람들은 좋은 기후와 풍부한 볼거리, 값싸고 맛있는 음식에 매혹되어 스페인에 대한 찬사를 늘어놓는다. 하지만 이것은 상품화된 스페인의 표피만을 소비하는 것에 지나지 않는다.

다행히 최근에는 여행 안내서 외에도 전공자들에 의해 스페인의 역사와 문화에 대해 좋은 책들이 많이 출판되었다. 이런 마당에 스페인에 관한 또 한권의 책을 보태면서 기존 출판물과의 차별성을 고민하지 않을 수 없었고, 이 책의 고유성을 확보하기 위해 다소 파격적이게도 우리나라의 사례와 비교하여 서술하는 방식을 택했다. 우리는 외국 문화와 역사를 접하면서 부지불식간에 우리나라와 비교해보기 마련이다. 사실상 외국 문화와 사회에 대해 공부한다는 것은 자신이 속해있는 사회와 둘러싼 상황을 보다 객관적으로 파악하기 위한 것이라 할 수 있다. 두 나라의 역사, 사회 현상, 문화 등을 비교하면서 그 차이들이 어디에서 유래했을지, 어떤 의미를 담고 있는지, 또한 삶의 구체적인 현장에서 어떤 결과를 초래하는지에 대해 나름대로 분석하며 생각해 보았다. 관련 자료와 데이터를 찾아가며 객관적인 비교가 될 수 있도록 나름대로 신경을 썼다. 그래서 이 책은 기본적으로 스페인 사회에 관한 저술이지만, 필요한 경우 한국의 사례도 찾아보며 정리하여 양국의 경우를 비교하며 성찰해보고자 했다.

어찌 보면 한국과 스페인은 문화적 이질성이 너무 크기 때문에 비교의 대상이 되기 힘들어 보이기도 한다. 하지만 스페인과 한국은 유라시아 대륙의 양쪽 끝에 위치한 반도 국가로서 가톨릭과 유교라는 보수적 문화 전통을 이어 왔다. 게다가 20세기에는 내전과 군부독재를 겪었고, 현재는 비슷한 규모의 인구와 경제력을 보유하고 있다. 그리고 출산율 하락, 인구 노령화, 실업, 이민자, 사회보장에 대한 필요성 등 유사한 사회문제를 안고 있다. 또한 청산되지 않은 과거의 잔재 때문인지 오늘날 국민들 사이에서 정치·사회적으로 시각차가 커지고 갈등이 심화되고 있는 듯하다.

한편, 이질성이 크다는 것 또한 그런 이질성이 어디에서 비롯된 것인가에 대한 근원적인 질문을 던지게 한다. 문화적 토양이 전혀 다른 아시아, 유럽, 아프리카 등이 같이 비교되어 논의될 수 있는 것도 같은 이유이다. 실제로 최근 세계적으로 큰 반향을 일으킨 대중교양서들은 오대양 육대주를 넘나드는 큰 스케일을 보이는 동시에 특수한 지역의 사례 연구에도 세밀하게 파고든다. 이를 통해 환경적이거나 지리적인 혹은 종교적이거나 철학적인 작은 차이가 엄청난 결과로 이어진다는 것을 밝혀낸다. 물론 이 책이 그런 수준에 비할 바 아니지만 이질적으로 보이는 스페인을 한국인의 눈으로 보는 것은 흥미로운 성찰거리를 제공한다고 생각한다.

　스페인 문학을 전공한 데다 스페인에서 장기간 유학까지 했으니 필자에게 스페인은 제2의 나라가 되었다. 그리고 대학에서 스페인 사회와 문화 과목을 가르치다 보니 언젠가 스페인 사회에 대한 책을 한 권 써 보리라 마음먹고 비교적 가벼운 마음으로 시작한 작업인데 막상 집필을 위해 기존 연구물을 읽다 보니 내가 알고 있던 지식은 피상적인 것에 불과했다는 것을 새삼 느낄 수 있었다. 외국 문학과 문화를 전공하느라 우리나라의 역사는 제대로 공부한 적이 없었는데, 이 책을 쓰면서 한국사에 관한 저술과 논문을 읽는 기회가 되었다. 그러면서 우리나라 사정도 잘 모르면서 외국 문화를 공부한답시고 거들먹거렸다는 반성이 되었다.
　원래는 재밌게 읽히면서도 유익한 지식을 줄 수 있는 대중 교양서를 계획했었는데 통찰력도 모자라는 데다 글을 재미있게 쓰는 재주가 없어 이도 저도 아닌 모호한 저술이 되어버린 듯하다. 그래도 역사, 정치, 경제, 문화, 스포츠 등을 아우르며 단순한 지식 전달로 그치지 않고 나름대로 문제의식을 던져두려고 했으니, 흥미롭게 읽어주시면 고맙겠다.

이 책을 저술하는 3년 동안 '스페인 사회와 문화' 수업을 진행했었는데, 수업 시간에 학생들의 질문을 받고 토론을 한 것이 이 책을 쓰는 데 많은 도움이 된 것 같다. 참신한 생각으로 유익한 영감을 준 수강생 여러분에게 고마운 마음을 전한다. 이 책을 쓰며 스페인과 비교되는 우리나라의 경우를 조사하면서 의문이 들 때마다 귀한 정보와 통찰을 주신 서울대학교 사학과의 여러 교수님들께도 감사함을 표한다. 훌륭한 점과 부족한 점이 있듯이, 어느 나라나 좋은 점과 부족한 점이 있는 것 같다. 스페인이라는 나라를 들여다볼수록 좋은 면과 부족한 면이 우리나라와 서로 교차한다는 생각이 많이 들었다. 우리가 잘하는 점을 스페인이 못하는 점이 많았고, 반대로 스페인이 잘하는 점을 우리가 못하는 점도 많은 것 같다. 물론 잘하는 점과

못하는 점에 대한 판단은 주관적인 것이라 함부로 재단할 수는 없
다. 그래도 보편적인 기준에서 보아 두 나라를 섞어 놓으면 좋을 것
같다는 생각은 하게 된다. 이 책이 이러한 반면교사적인 성찰에 작
은 도움이라도 된다면 더 이상 바랄 나위가 없겠다.

2021년 2월
임호준

Contents

머리말 4

01 /
한국에 비춰 본 스페인의 역사

I. 반도 국가의 운명   16

  1. 대륙의 땅끝 나라   17

  2. 반도 국가의 파란만장한 역사   26

  3. 바다로 바다로: 해상 교역의 힘   32

  4. 국가와 민족 만들기의 차이   39

  5. 제국의 전통   49

  6. '해가 지지 않는 제국'의 신화   54

  7. 백의민족(白衣民族)과 흑의민족(黑衣民族)   64

  8. '흑색 전설'과 '동방예의지국'   71

II. 닮은꼴의 현대사   80

  1. 3년의 내전   81

  2. 두 독재자   94

  3. 독재 정권의 빛과 그림자   114

  4. 민주화의 험난한 여정   123

  5. 현대 소비사회로의 변화와 새로운 문화 건설   129

02 /

다양성의 나라와 효율성의 나라

Ⅲ. 정치와 경제의 차이   138

  1. 통치 구조의 차이   139

  2. 양당 체제에서 다양성의 체제로   148

  3. 스페인의 지역주의 문제   159

  4. 역전된 경제력   177

  5. 농업국가의 전통과 혁신   184

  6. 스페인의 대표 산업과 한국   188

  7. 관광산업   196

Ⅳ. 현대 사회의 문제들   202

  1. 가족 개념의 변화와 새로운 가족관   203

  2. 저출산의 사회   212

  3. 개인주의 사회   223

  4. 스페인과 한국의 성 역할(gender)   229

  5. 이민자의 증가와 사회의 변화   240

  6. 평준화된 대학과 서열화된 대학   249

  7. 세계적인 장수국가 스페인과 한국   258

  8. 코로나-19 방역 조치에 대한 사회적 시각의 차이   262

느리게 사는 나라와 빠르게 사는 나라

Ⅴ. 문화와 스포츠   270

  1. 축제의 나라: 전통과 창조   271

  2. 영화와 영화산업   280

  3. 산티아고 순례길과 한국인   284

  4. 생활 스포츠와 엘리트 스포츠   291

  5. 스페인 프로 축구와 한국 프로 스포츠   296

  6. 프로 스포츠의 지역주의와 국가주의   303

Ⅵ. 일상의 풍경들   312

  1. 삶의 방식   313

  2. 임금 근로자의 근로 환경   316

  3. 스페인과 한국의 일과 시간   320

  4. 시에스타와 쪽잠 문화   325

  5. 스페인의 바와 한국의 길거리 식당   329

  6. 휴가를 보내는 방식   333

  7. 비슷하거나 상이한 일상의 풍경들   336

참고문헌   345

한국에 비춰 본
스페인의 역사

I

반도 국가의 운명

1. 대륙의 땅끝 나라

2. 반도 국가의 파란만장한 역사

3. 바다로 바다로: 해상 교역의 힘

4. 국가와 민족 만들기의 차이

5. 제국의 전통

6. '해가 지지 않는 제국'의 신화

7. 백의민족(白衣民族)과 흑의민족(黑衣民族)

8. '흑색 전설'과 '동방예의지국'

1

대륙의 땅끝 나라

유라시아 대륙의 양극단

스페인과 한국은 거대한 유라시아 대륙의 양쪽 끝에 붙어있는 반도 국가다. 두 나라 사이의 거리는 만km나 된다. 위의 지도는 메르카도르 도법으로 그린 지도라 러시아 동쪽 끝 캄차카반도 부근의 면적이 커 보이고 한반도가 아시아의 중심 쪽에 붙어있는 것으로 나와 있지만, 사실 한반도는 유라시아 대륙의 동쪽 거의 끝에 위치해 있다. 이베리아반도 최초의 거주자는 이베로족과 켈트족이었다. 이베로족은 주로 반도의 동남부에 거주했는데, 중부 유럽이나 지중해 동쪽에서 왔다는 설도 있고 북아프리카에서 왔다는 설도 있다. 이베로족은 머리가 검은 편이고 피부도 갈색에 가까웠다. 켈트족은 서유럽에 광범위하게 거주하는 인종으로서 이베리아반도로 이주하여 주로 반도의 북쪽에 자리를 잡았다. 머리가 갈색이고 피부도 흰 편이다. 반도의 중부 지역에서는 이베로족과 켈트족이 뒤섞여 켈티베로족이 되었다.

한편, 한반도 원주민의 기원에 대해선 아직 확실하게 밝혀지지 못했고 시베리아 기원설, 중국 북부 기원설, 본토 기원설이 제기되고 있다.[1] 원주민의 기원이 어디가 되었든, 한강 이북과 만주지역에 살던 예맥족(濊貊族)과, 한강 이남에 거주하던 한(韓)족이 우리 민족의 뿌리가 되었다고 보는 것이 일반적이다.[2] 이베리아반도에는 완전히 외모가 다른 족속들이 자리를 잡았기 때문에 후손들은 외모상으로 다양한 양상을 보이는 반면, 한반도에 들어 온 족속들은 외모상 차이가 크지 않았기 때문에 후손들은 비교적 비슷한 외모를 갖게 되었

1) 송기호, 『발해를 다시 본다』, 주류성 출판사, 1999. p.355.
2) 김정배 편저, 『한국고대사 입문』, 신서원, 2006. pp.17-40. 한반도 북부에 살던 예맥족이 고구려, 부여, 동예, 옥저 등의 북방계 국가를 세웠고, 남부에 살던 한족이 신라, 백제, 가야와 같은 국가를 세웠다.

다. 게다가 이베리아 반도에는 역사를 거치면서 바스크인, 유대인, 집시, 게르만족, 아랍인들이 대규모로 이주했기 때문에 인종적으로 더욱 다양해졌다.

거대한 유라시아 대륙에 접해 있다는 것은 발달한 문명이 전파되는 데 유리한 조건이 되었다. 이베리아반도는 지중해의 끝에 위치해 있지만, 문명의 중심에서 전혀 소외되지 않았다. 유럽 고대 문명의 활발한 교역로였던 지중해의 한쪽 끝에 버티고 있었기 때문이다. 지중해는 유럽과 아프리카 사이의 장벽이 아니라 오히려 두 대륙을 이어주는 강과 같은 곳이기 때문에, 페르낭 브로델은 지중해가 아니라 '지중해 해협'이라고 불러야 한다고 말한다.3) 육로 교통이 발달하지 않았던 고대에는 육지로 둘러싸인 바다가 오히려 문명 전파의 고속도로 역할을 담당했다. 지중해 동쪽 끝으로는 비옥한 초승달 지대(메소포타미아, 시리아, 팔레스타인, 나일강 유역)가 위치해 있었기에 지중해에 접한 지역은 고대 문명의 세례를 일찍부터 받을 수 있었다. 지중해에서 상대적으로 멀리 있는 북유럽이 남유럽보다 늦게 발전한 것도 이런 이유이다.

지중해를 통해서 비옥한 초승달 지대에서 개발된 식량 생산 기술이 비교적 이른 시기인 B.C. 5,200년경 이베리아반도에 전파되었다(영국은 B.C. 3,500년).4) 또한, B.C. 1,000년 정도에 이미 페니키아인과 그리스인이 본격적으로 도착하여 반도의 동쪽과 남쪽 해안가에 도시를 건설하였고, 그리스인들은 발달된 지식을, 페니키아인들은 문자와 철기 기술을 전해주었다. 한편 반도 남부에는 과달키비르

---

3) 페르낭 브로델, 『지중해: 펠리페 2세 시대의 지중해 세계 I』, 까치글방, 2017. p.146.
4) 제레드 다이아몬드, 『총, 균, 쇠』, 문학사상사, 2005. p.267.

강을 중심으로 원주민들에 의해 최초의 정치 조직체인 타르테소스 왕국이 세워져 그리스, 페니키아인들과 교류하고 있었다.5)

게다가 이베리아반도는 지브롤터해협을 건너 북아프리카로부터 접근이 용이했기 때문에 초기에는 북아프리카 원주민 문화가 들어왔고, 그 이후엔 아라비아반도에서 발흥한 이슬람 문화가 북아프리카를 거쳐 유입되었다. 아랍인들의 뛰어난 수학, 기하학, 천문학, 건축술을 받아들였고, 커피, 쌀, 시금치, 사프란 등의 경작물이 수입되어 스페인 사람들의 기호품이 되었다. 그리고 도, 레, 미, 파, 솔, 라, 시의 음계와 기타(guitar)가 수입됨으로써 음악도 발달하게 되었다.

한편, 한반도는 유라시아 대륙에서 또 다른 문명의 중심지였던 중국에 가까이 위치함으로써 문명의 전파에서 소외되지 않았다. 아시아 대륙의 중심에 위치한 중국은 황하강과 양쯔강이 길게 흐르며 비옥한 평야를 만들었고, 바다로 진출할 수 있는 긴 해안선도 가지고 있는 데다 인구가 밀집되어 문명이 발달하기에 더없이 좋은 환경에 있었다. 한반도 거주민들은 육로를 통해서 뿐만 아니라 좁은 바다인 서해만 건너면 중국의 중심 지역에 쉽게 닿을 수 있었다. 서해는 지중해만큼이나 좁아서 건너기 쉬운 바다였기 때문에 중국의 문물이 한반도에 도달할 수 있는 고속도로의 역할을 했다. 일본 또한 남해를 통하면 지척의 거리에 있었다. 그리하여 신라의 상인들은 서해,

---

5) 성경의 여러 곳에 등장하며 금은 보화가 풍부한 곳으로 묘사되는 다시스(Tharshish)가 타르테소스 왕국을 지칭하는 것으로 흔히 해석된다. (Rainer W.Kühne, "The Archaeological Search for Tartessos-Tarshish-Atlantis and Other Human Settlements in the Donana National park", OSF Preprints. 11 Mar 2019. https://osf.io/8psrw/) 성경에는 솔로몬 왕의 무역선이 3년마다 한 번씩 다시스까지 항해하여 금, 은, 상아, 원숭이, 공작새를 실어 왔다는 기록이 나온다 (역대하 9:21).

남해, 동중국해를 누비고 다니며 중국 해안지역, 일본과 활발한 상업활동을 벌였다.[6] 동중국해는 남유럽의 지중해에 비견될 수 있을 정도로 문명의 교류가 활발했다.

동중국해에는 일찍부터 아라비아에서 인도차이나반도를 통해 한반도에 이르기까지 해안을 따라 교역로가 확보되어 있었다. 이 해상루트는 엄청나게 길었지만 육지를 따라 가는 길이었기 때문에 항해하기 어려운 길이 아니었다. 이베리아 반도가 지중해를 통해 철기문화와 기독교를 받아들이게 되었듯이, 한반도 역시 아시아의 해상 루트를 통해 철기문화와 불교를 받아들이게 되었다. 철기 문화가 처음 도착한 가야는 그 시기 주변국보다 매우 뛰어난 철기 기술을 보유할 수 있었다.[7] 또한 인도에서 시작된 불교가 한반도에 전해진 것이나 아라비아인들을 닮은 석상, 인도식 장식품이 신라의 유물로 발견되는 것 역시 해상루트를 통한 것임을 쉽게 짐작할 수 있다. 수만 리 떨어진 곳으로부터 상인들이 오다보니 현지에 눌러앉는 경우가 많이 생기게 되었다. 그리하여 한반도에도 많은 이민족들이 정착하여 현지인들과 융화되었다. 중국에는 이민족들의 집단 거주지도 생기게 되었다. 당나라 말기에 중국 남부 해안에는 수십만 명의 무슬림이 거주하며 자신들의 종교와 문화를 유지했다고 한다.[8] 한편, 산동반도에는 신라방(新羅方)이라고 하는 신라인들의 집단 거주지도 생겨났다.[9]

---

6) 안형환, 『국경을 넘은 한국사』, 김영사, 2015. pp.22-29.

7) 한지연, 「고대 해상루트를 통한 불교전파의 가능성과 의미」, 『동아시아불교문화』 25집, 2016, p.179.

8) 안형환, 『국경을 넘은 한국사』, p.50.

9) 안형환, 『국경을 넘은 한국사』, p.50.

이렇듯 거대한 유라시아 대륙에 붙어 있는 동시에 문명 전파에 더 없이 유리한 좁은 바다를 끼고 있었던 이베리아 반도와 한반도는 복잡한 역사를 거치게 된다.

내부적으로 분리된 영토

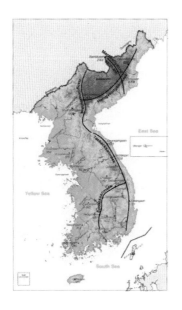

지형학적으로 보자면 한반도나 이베리아반도에는 높은 산맥이 발달해 있고, 이것이 각 지역의 경계선을 이루고 있다. 지도에서 보듯이 이베리아반도의 곳곳에는 해발 2,000m 이상 되는 산맥들이 북부, 중부, 남부에 뻗어있고, 유럽으로 통하는 길은 험준한 피레네산맥이 막고 있다. 한반도에도 남북으로 길게 뻗은 백두대간을 척추로

삼아 여러 산맥이 갈비뼈처럼 줄기를 치고 있다. 이렇게 높은 산맥은 교통의 장애물이 되었고, 각 지역을 분리하는 역할을 하였다. 한국에서도 소백산맥을 경계로 경상도, 전라도, 충청도가 분리되어 있듯이, 스페인에서도 높은 산맥은 카탈루냐, 갈리시아, 카스티야라만차, 안달루시아 등 여러 지역을 분리시켜 놓았다.

자연에 의한 지역의 분리는 한반도가 이베리아반도보다 더 심하다. 한반도의 여러 지역은 험준한 산맥에 가로막혀 있어 높고 험한 고개(嶺)를 굽이굽이 돌아가는 것이 유일한 통로였다. 높은 산들이 겹겹이 둘러친 고개를 넘으려면 산적이나 맹수를 만나는 경우도 많았다. 소는 농사에 주로 쓰였고, 말은 귀했기 때문에 험준한 고개를 넘어 짐을 운반할 수 있는 가축도 많지 않았다.

이베리아반도의 각 지역은 한반도 정도의 천연 장애물로 봉쇄되어 있지는 않다. 이베리아반도의 산은 한반도의 산처럼 삼림이 빽빽하게 우거져있지 않고, 능선이 완만하여 통과하기에 덜 위험하다. 중앙의 메세타고원 지역만 해도 사방으로 뻗어있는 협로를 통해 노새와 당나귀가 끊임없이 짐을 날랐다.[10] 이렇게 사방으로 접근로가 발달되어 있었던 덕분에, 중앙의 메세타고원 지역은 카스티야의 근거지가 되어 이베리아반도의 중심이 될 수 있었다. 16세기에 이미 톨레도를 중심으로 사통팔달 도로가 발달되어 있었다.[11]

하지만 이베리아반도는 면적이 넓기 때문에 각 지역의 지질, 지형, 기후가 한반도의 지역들보다 훨씬 다양하다. 카스티야, 라만차 지방이 위치한 척박한 중앙 메세타 지역은 건조 기후를 보이고, 지

---

10) 페르낭 브로델. 『지중해 I』, p.66.
11) 페르낭 브로델, 『지중해 I』, p.368.

중해와 면한 동쪽 해안지대는 온화한 지중해성 기후를 보인다. 또한, 험준한 산맥이 위치한 북쪽 지방 — 갈리시아, 아스투리아스, 바스크, 피레네 등 — 은 강수량이 많은 대륙성 기후를 보인다. 남쪽 안달루시아 지방은 북아프리카와 유사하게 건조지대지만, 습지도 많고 일조량이 어마어마하게 많다. 이렇듯 기후와 토양이 매우 다른 각 지역의 거주민들은 지역의 지질과 기후에 맞는 독자적인 생활 방식을 발전시켜 왔다. 페르낭 브로델은 "포르투갈, 안달루시아, 발렌시아, 카탈루냐는 이베리아 땅에 붙어있는 변방의 섬들이라고 해도 과언이 아니다"고 말한다.[12] 한반도에 비해 훨씬 정도가 심하게 이베리아반도의 각 지역은 확연하게 다른 자연조건 속에서 다양한 문화를 발전시켜 왔다.

이베리아반도의 각 지방에서 민족주의가 발달한 것에 대해 내부적으로 분리된 지형을 이유로 드는 사람이 많지만, 그렇게 친다면 험준한 산맥으로 각 지역이 분리되어 있는 한반도가 더 정치적으로 분리되어야 맞다. 그렇기에 스페인에서 전통적으로 각 지역이 정치적으로 분리된 것은 지형보다는 외부 세력과의 교류 그리고 지역마다 다른 인종적, 기후적 영향이 크게 작용한 것으로 보아야 한다. 각 지역은 외부적으로 다른 영향을 받으며 발전해 왔는데, 카탈루냐는 역사적으로 지중해를 통해 이탈리아 도시 국가의 영향을 강하게 받으며 지중해 해상 문화권에 속해있던 반면, 중앙의 카스티야 지방은 합스부르크 왕조 이래로 유럽 중심부와 긴밀하게 연결되어 왔다. 갈리시아 지방은 스코틀랜드 쪽에서 이주한 켈트족이 많은 데다 포르투갈과 가까워 독특한 감성을 지니고 있다. 한편 남쪽의 안달루시아

---

12) 페르낭 브로델, 『지중해 I』, p.205.

는 전통적으로 북아프리카와 활발하게 교역해 왔고 중세에는 무슬림 스페인의 근거지였다. 콜럼버스의 아메리카 도착 이후엔 아메리카 무역의 주 무대가 됨으로써 아메리카와 상호 영향을 주고받았다.

이에 비해 한반도는 지형적인 요인이 크게 작용하여 고려가 출범하기 전까지 여러 나라로 분리되어 있었지만 스페인의 지역들만큼 독자적인 언어와 문화가 발전하진 않았다. 지역에 따라 세워진 국가들이 저마다 고유한 문화를 발전시켰지만 고려와 조선시대를 거치면서 이러한 지역적 독자성이 국가적 층위 아래의 다양성으로 융화되었다.

2

반도 국가의 파란만장한 역사

문명이 쉽게 전파될 수 있는 위치에 있다는 것은 이점도 있지만 불리한 점도 많다. 이민족과의 빈번한 접촉은 반목과 갈등을 불러와 대규모 정복과 이민, 지배와 착취, 크고 작은 무력 충돌을 야기하기 마련이었다. 유럽은 지형이 복잡하고 반도가 많아 정치적으로 분열될 수밖에 없었고 분열된 세력끼리 서로 경쟁하며 많은 싸움이 일어났다. 유럽에서도 요충지에 있었던 이베리아반도의 주민들은 파란만장한 역사를 거칠 수밖에 없었다. 아시아의 경우엔 유럽보다 지형이 복잡하지 않아서 중국이 오랜 기간 통합된 정치 조직체로 군림했기 때문에 중국 중심의 질서 속에서 유럽보다는 비교적 평온하게 살아올 수 있었다. 전쟁을 통한 정복보다는 군신(君臣)관계를 맺어 조공을 바치는 식으로 갈등이 봉합되는 경우가 많았다.

이베리아반도는 유럽 대륙의 끝에 붙어있으며 아프리카 대륙과 14km밖에 떨어져 있지 않다. 게다가 문명교류의 중심지였던 지중해 한쪽에 버티고 있어 이른바 '유럽의 현관'이라는 말이 딱 들어맞는다. 여러 세력이 들락거리는 '현관'에 위치해 있으니 많은 외침을 받게 되었다. 이베로족과 켈트족이 반도에 정주하며 이베리아반도의 원주민으로 자리 잡은 이래로, 이베리아반도에 페니키아(B.C. 900년경) → 그리스(B.C. 600년경) → 로마(B.C. 218) → 게르만(A.D. 409) → 이슬람(A.D. 711) 세력이 차례로 몰려와 몇백 년씩 머무르며 자신들의 문화를 이식하였다. 각 세력의 부침에 따라 전쟁터가 되기 일쑤였는데 실제로 이베리아반도의 정주민들은 외부 세력의 침략을 받아 용감하게 저항했지만 점령되고 말았다. 하지만 이슬람 세력을 몰아내기 위해 오랜 기간 재정복 전쟁(Reconquista)을 벌여 1492년 그라나다에 있던 마지막 이슬람 소왕국을 몰아내는 데 성공한다.13) 이렇게 이베리아반도가 통일되고 스페인 제국이 출범한 이후도 프랑스, 영국 등 유럽의 대국들과 끊임없는 전쟁이 이어졌다. 지중해를 장악한 세력(투르크)과도 전쟁을 벌여야 했고, 대서양의 해적들과도 싸워야 했다. 비록 스페인 사람들은 각각의 세력에 맞서 힘겨운 싸움을 벌여야 했고, 패퇴하기도 했지만 그 세력들로부터 발달된 기술과 문화를 받아들일 수 있었다. 또한 많은 전쟁 덕분에 스페인은 무기와 전술 면에서 상당히 앞선 수준에 있게 되었다. 스페인이 16~17세기에 아메리카를 정복하며 세계 최대의 제국으로 군림할 수 있었던 데 이러한 군사력이 뒷받침된 것은 당연했다.

한반도 역시 아시아 대륙의 끝과 일본 열도 사이에 위치해 있고 그 배후로는 태평양이 펼쳐져 있기 때문에 전략적 요충지임에 틀림없다. 한반도에는 B.C. 16~14세기경에 본격적인 청동기 문화가 시

---

13) 페르낭 브로델은 가톨릭 공동왕이 1492년 그라나다를 정복한 이후 손쉬운 북아프리카 지역을 정복하지 않은 것을 스페인 역사의 재앙이라고 말한다(페르낭 브로델, 『지중해 I』, p.148).

작되었고, B.C. 300년경에 중국으로부터 철기 문화가 유입되었다. 고조선은 초기엔 청동기 문화, 후기에는 철기 문화를 기반으로 하였으며 철기 농기구의 개발로 농업 생산량에 획기적인 증가를 가져올 수 있었다. 한반도에 들어온 청동기와 철기 문화는 일본에 전해졌다. 이베리아 반도와 한반도의 최초 인류와 문명에 대한 연대추정에는 많은 학술적 주장이 제기되고 있어 도표화하는 데 다소 무리가 있으나 대체적인 문명의 시간표는 아래와 같다.

	이베리아반도	한반도
최초의 인류	80만 년 전(호모 안테케소르)	30만 년 전(호모 에렉투스)
영농과 목축 시작	B.C. 5600-5500년(신석기)[14]	B.C. 3600~3000년(신석기)[15]
곡식농사 시작	B.C. 3000년(밀 농사)	B.C. 2000~1000년(쌀 농사)
청동기 도입	B.C. 2600년	B.C. 1500~1300년
철기 도입	B.C. 1000~900년	B.C. 300년경
통일 독립국가 형성	6세기(서고트 왕국), 1469년(카스티야와 아라곤 합병)	668년(통일신라), 918년(고려)
총기 도입	1300~1400년	1592년(임진왜란)

유럽 중심부와 지중해 그리고 북아프리카 등에서 다양한 문화 유입을 받은 이베리아반도와 마찬가지로 한반도에도 육로와 해로를 통해 다양한 문화가 유입되었다. 물론 그 중에서 중국의 영향이 가장 컸다. 황하강과 양쯔강 유역의 광활하고 비옥한 영토를 차지한 한족의 나라들은 워낙 거대한 세력이었기에 한반도의 나라들은 그들과 화친을 맺어 평화 상태를 유지했고, 거란, 여진, 몽골 등 아시

---

14) Lydia Zapata, "Early Neolitic Agriculture in the Iberian Peninsula", *Journal of World Prehistory* 18. 2004. pp.283-325.

15) 김지아, 「한반도 농경역사 앞당길 '밭' 찾았다」, 『매일경제』 2012.06.26.

아 대륙의 북방을 차지한 민족과는 지속적으로 전투를 벌여야 했다. 북방 민족의 세력이 남쪽의 한족을 압도할 때가 문제였는데, 한반도의 국가들은 전통적으로 한족이 세운 국가들과 우호적인 관계를 유지했기 때문에 원(元)이나 청(淸) 등 북방 민족의 국가가 중국을 지배할 때는 호된 시련을 겪어야 했다.

근대에 이르러 대항해 시대의 개막과 함께 남쪽 바닷길을 통해 유럽 세력이 접근해 왔다. 하지만 한반도의 바닷길을 둘러싸고 있는 일본 열도에 먼저 도착한 유럽인들은 일본 너머에 있는 작은 면적의 한반도에 일본에게 들였던 만큼의 관심을 갖지 않았다. 대항해 시대 초기에 유럽의 대아시아 무역의 선봉에 섰던 포르투갈인들은 16세기 말 일본에 도착했다. 포르투갈의 예수회 수도사들은 포르투갈 원정대에 동행하여 일본에 기독교를 전파했고, 처음 일본은 사제들을 고문하거나 처형하는 등 쇄국정책을 취했다. 그러나 포르투갈인들은 총을 비롯한 무기류를 전해줌으로써 일본인들의 환심을 샀다(1542년).[16] 포르투갈인들 다음에 도착한 네덜란드인들 역시 적극적으로 군사 기술을 전수함으로써 일본의 빗장을 풀 수 있었다.[17] 이전까지 중국과 한반도를 통해 발달된 문물을 수입하던 일본은 이젠 바다길을 통해 유럽으로부터 기술을 전수받게 되었다. 그 후 일본은 머스켓 총을 개선한 조총을 앞세워 16만 명의 대군이 한반도를 침공하였다 (임진왜란, 1592).[18]

---

16) 장혜진, 「일본 전국시대의 포르투갈 동아시아 교역과 일본 예수회의 선교활동」, 『동아시아 고대학』 57. 2020. p.114-5

17) 주경철, 『대항해 시대』, p.211.

18) 임진왜란 때 일본군의 1/4 정도가 총을 소지하고 있었다고 한다. 하지만 일본군 전력에 조총이 절대적이었는지에 대해서는 논란이 있다(주경철, 『그해, 역사가 바뀌다』, p.227, 주경철, 『대항해 시대』, p.211).

조선에 온 최초의 유럽인은 1593년 말 임진왜란 때 왜장 고니시 유끼나가를 따라온 마드리드 출신의 예수회 신부 그레고리오 세스페데스(Gregorio Céspedes)였다. 그는 천주교도로 알려진 고니시와 다른 천주교도 병사들을 위해서 일했는데, 주로 고니시의 요새에 머물렀을 뿐 언어가 통하지 않았던 조선인들과 접촉할 기회는 거의 없었고 일 년 후 일본으로 돌아갔다.[19] 흥미로운 것은 임진왜란 때 조선을 돕기 위해서 왔던 명나라 군대 중에도 포르투갈인이 있었다는 것이다. 『선조실록』에 의하면 선조임금이 명나라 장수의 처소에 행차하여 술자리를 베풀었을 때 명나라 군사 중에 '파랑국(波浪國)' 출신의, 얼굴 모양이 다른 신병(神兵)이 무예에도 능하다고 이야기를 듣고 직접 그를 만나 보겠다고 하였다.[20] 명나라 장수는 파랑국이 호광(湖廣)의 극남(極南)에 있으며 바다 셋을 건너야 호광에 이르고 조선과의 거리는 15만 리 된다고 일러주었다.[21]

그 후 포르투갈 상인 주앙 멘데스(1604), 네덜란드인 벨테브레(박연, 1627), 네덜란드인 하멜(1653) 등이 남해안과 제주도에 표착하는 사건이 있었다. 조선 조정은 벨테브레(박연)와 하멜을 억류하였고 훈련도감에 근무시키며 총포류 제작을 지도하도록 했다. 이들이 본국에 돌아가지 못하도록 통제하며 이들의 억류 사실이 외국에 알려지지 않도록 신경을 썼다. 조선은 유럽 표착자들로부터 약간의 무기류 지식을 얻으려 했을 뿐 그들의 본국과 교류할 생각은 전혀 품지 않았다. 네덜란드나 포르투갈도 중국, 일본과 교류하게 된 이상, 조선에 큰 흥미를 갖지 않았다.

---

19) 박철, 『예수회 신부 세스뻬데스: 한국 방문 최초 서구인』, 서강대출판부, 1987, p.122.
20) 『선조실록』 31년(1598) 5월 26일. 민족문화연구회, 1988. p.153.
21) 『선조실록』 31년(1598) 5월 26일. 민족문화연구회, 1988. p.153

이런 이유로 우리나라는 육상과 해상으로 연결성이 좋은 반도에 있었으면서도 오히려 주변 국가에 비해 근대의 문을 여는 데 늦게 되었다. 그 결과 열강들이 벌인 제국주의의 희생물이 되었고, 동서 냉전 시대에는 한반도가 무력 충돌의 무대가 되기도 했다. 현재에도 한반도는 남북으로 분단된 채 세계의 초강대국들에 둘러싸여 정치적, 외교적, 이념적 격전장이 되고 있다. 3차 세계대전이 일어난다면 한반도가 될 것이라고 예측하는 사람들도 적지 않다. 근세 초입에 이베리아반도가 세계사의 초점이 되었다면, 현재에는 한반도가 군사적 초점이 되고 있다.

3

바다로 바다로: 해상 교역의 힘

반도 국가인 스페인과 한국은 바다 건너의 외부 세력과 복잡한 관계를 맺게 되었다. 바다 건너의 세력과 좀 더 많은 관계를 맺어온 것은 지중해에 면한 스페인이었다. 지중해는 동서로 길게 뻗은 지형이라 지중해에 면한 지역은 비슷한 위도 대에 길게 걸쳐있어 기후나 토양이 비슷하고 먹거리 등 삶의 환경이 비슷하다. 지중해인들은 로마제국이라는 동일한 정치체제 속에 있었기 때문에 이주가 잦았다. 많은 사람이 발칸반도, 이탈리아반도, 이베리아반도를 오가며 살았다. 게다가 동쪽의 지중해는 홍해와 멀지 않았기 때문에 홍해를 통해 서남아시아의 문물이 들어왔다. 이렇게 동양으로의 무역로를 통해 외부 세계의 사정에 밝았고, 바다를 통해 다른 지역을 여행하거나 이주하여 사는 데 익숙했던 지중해의 라틴족이 대양으로 진출하여 대항해 시대의 막을 올린 것은 우연이 아니다.

『대항해 시대』에서 주경철 교수는 근대에 접어들어 육로보다 해로가 문명의 접촉과 교류에 결정적인 역할을 함으로써 진정한 의미의 세계사 혹은 지구사가 탄생했다고 말한다.[22] 근대 초까지 세계사의 무게 중심이 아시아에 있었으나 이후 유럽으로 옮겨가게 된 것은 중국이 해상 세계에서 후퇴하여 내륙 깊숙이 들어가 문을 잠근 반면, 유럽은 활발하게 해상으로 진출하여 아시아의 바다를 통해 중요한 거점들을 확보했기 때문이다.[23] 유럽의 해상 진출에서 가장 앞섰던 사람들은 지중해의 라틴족이었고, 그 후 영국, 네덜란드, 독일 등 북유럽 국가들이 뒤를 이었다.

유럽인이 해상을 통한 지리상의 탐험과 점령을 통해 아시아를 제치고 세계의 패권을 장악하게 된 데는 크게 두 가지 이유가 있다. 첫 번째로 스페인, 포르투갈, 이탈리아는 지중해의 경험을 통해서 이미 바다의 중요성을 체득하고 있었다. 지중해를 통해 동양의 물품을 들여오고, 자기들끼리 경쟁하고 교역하며 문명을 발전시켜 온 남유럽은 바다를 통해 타 문화권과 교류하는 것이 경제적으로 큰 이득이 된다는 것을 알고 있었다. 지중해의 중심에 있으면서 일찍부터 지중해 교역의 중심지 역할을 한 이탈리아반도가 콜럼버스나 아메리고 베스푸치 같은 인물을 배출한 것은 우연이 아니다. 당시 이베리아반도의 세비야, 리스본 등에는 이탈리아 출신의 상인이 많이 와 있었는데, 콜럼버스도 이 중 한 명이었다. 결국 지중해에서의 경험이 바탕이 되어 상업적 역동성이 대서양으로 옮겨간 것이다.

두 번째는 일부 지역을 제외하곤 유럽에 먹거리가 충분하지 않았다는 것이다. 특히 지중해를 둘러싼 남유럽에는 밀, 포도, 올리브 외엔 충분한 것이 없었다. 지중해 유역의 토양은 석회질이 많고 소금

---

22) 주경철, 『대항해 시대』 pp.ix-xi.
23) 주경철, 『대항해 시대』, pp.ix-xi.

으로 훼손되어 경작에 적합하지 않았다.[24] 남유럽에는 예로부터 양, 염소, 말 등 가축이 많았지만, 북유럽의 동물에 비해 지중해의 동물들은 야위고 가벼워서 육류를 충분히 제공해주지 못했다.[25] 그나마 육지에는 가축이 많았던 반면, 지중해는 지반 붕괴에 의해 얕은 바다가 없어 생물 자원이 고갈된 곳이었다.[26] 식물 쪽으로 보자면, 남유럽에는 포도, 올리브 등 과수(果樹)가 풍부했지만, 북유럽에는 삼림만 울창할 뿐 먹거리가 열리는 나무나 식물이 드물었다.[27] 그렇기에 유럽인들은 아시아인들에 비해 다양한 식재료가 부족했고, 주로 가축을 잡아먹는 육식 위주의 식사를 했다. 기실 이베리아반도의 땅 대부분이 척박했기 때문에, 평민들의 식사는 형편없었다. 신대륙이 발견되었다는 소식이 전해졌을 때 많은 하층민이 앞 다투어 아메리카로 떠난 것도 이러한 이유 때문이었다. 가축을 한번 잡으면 오래 두고 먹어야 했기에 발효유, 치즈, 햄 등의 조제 기술이 발달하게 되었다. 하지만 잡은 지 오래된 고기는 냄새가 날 수밖에 없었는데 이럴 때 후추 등 향신료는 긴요한 것이었다. 물론 신선한 고기를 먹을 때도 향신료는 고기의 맛을 몇 배 높여 주었다. 그랬으니 유럽 사람들은 후추, 계피, 강황, 사프란, 파슬리 등 동양의 향신료를 맛본 후에는 그 맛에 흠뻑 빠져 인도 항로의 개척에 매달리게 되었다. 당시 후추 한 주먹이 유럽의 집 한 채 값일 정도로 귀했다.

이에 비해 당시 아시아의 두 축인 인도양 유역의 서아시아와 중국 중심의 동아시아는 독립적인 경제권을 형성하고 있었다. 근대의 시

---

24) 페르낭 브로델, 『지중해 I』, p.316.
25) 페르낭 브로델, 『지중해 I』, p.312.
26) 페르낭 브로델. 『지중해 I』, p.176.
27) 페르낭 브로델, 『지중해 I』, p.245.

작점인 1500년까지만 해도 중국과 인도의 경제 규모는 각각 서유럽 전체의 규모보다 훨씬 컸다.[28] 중국과 인도는 인구도 많았기에 자급 자족하기에 어려움이 없었고, 필요한 물건은 건조 기후대를 지나는 비단길이나 바다를 통한 해로를 통해 교역하고 있었다. 서아시아는 동아시아로부터 비단, 자기, 구리, 주석, 향신료 등을 수입했고, 동아시아는 서아시아로부터 약재, 향신료 등을 수입했다. 유럽인으로부터 수입해야 할 것은 별로 없었으며, 나중에 대항해 시대 이후로 유럽과의 교역로가 개통되자 직물과 은화를 수입했을 뿐이다.[29]

흔히 알려진 것처럼 대항해 시대의 초기부터 유럽의 군사력이 다른 대륙을 압도한 것은 아니었다.[30] 다만 자신들의 필요에 의해 대항해에 나선 유럽인들은 다른 대륙에 살던 거주민들 보다 훨씬 공세적이고 전략적이었다. 특히 해상 전투에서 유럽인들이 우위를 보인 것은, 유럽의 배는 싸울 준비가 되어 있었던 반면 아시아의 상선들은 그렇지 않았기 때문이다. 아시아의 바다는 민간 상인들이 평화롭게 다니는 교역 루트였기 때문에 규모가 큰 상선(商船)들도 거의 무장을 하지 않았다. 이에 비해 유럽의 신항로 개척은 국가적인 지원을 업고 전략적으로 펼쳐진 것이었다. 인도로 향한 포르투갈의 카라벨 선은 크기는 작았지만 속도는 빨랐고 함포를 장착하고 있었다.[31] 그 결과 아시아의 상선은 포르투갈 범선과의 전투에서 속수무책으로 당할 수밖에 없었다.

---

28) 주경철, 『대항해 시대』, p. 30.
29) 페르낭 브로델, 『지중해 I』, p.238.
30) 주경철, 『대항해 시대』, pp.185-238.
31) '이베리아의 보석'이라고 불린 카라벨 선은 대항해 시대를 주도한 범선으로서 많은 선원을 태우고도 조정성이 뛰어나고 장시간 항해도 가능한 데다 속도도 빨라 매우 실용적이었다 (주경철, 『대항해 시대』 p.128-139).

물론 중국은 적어도 근대의 초입까지 유럽 전체보다 더 많은 인구와 경제력을 보유하고 있었다.[32] 하지만 유럽은 여러 작은 국가들이 서로 경쟁하며 부국강병에 힘써 온 반면, 아시아는 중국 내륙에 자리잡은 거대한 정치통합체가 역사의 중심축을 담당함으로써 근대에 접어들면서 유럽의 다이내믹한 동력에 점차 뒤지게 되었다. 해양 진출만 하더라도 중국은 명나라 때인 15세기 초, 정화의 거대한 원정 선단이 일곱 차례에 걸쳐 아프리카 동해안까지 탐사했었다. 1405년, 60여척의 배에 2만 8천 명의 선원으로 1차 항해를 떠난 정화의 선단은, 1492년 3척의 배에 90명의 선원으로 출발한 콜럼버스의 원정대와 비교가 되지 않는 큰 규모였다. 게다가 선박의 크기로 보자면 중국의 배가 몇 십배 더 컸다.[33] 하지만 중국 조정은 투입 비용에 비해 얻는 것이 없는 해양 탐사를 중단하기로 했고, 중국은 더 이상 먼 바다로 진출하지 않았다.

만약 중국이 통일되지 않고 여러 나라로 분열되어 유럽처럼 여러 '군소' 국가가 서로 경쟁하며 새로운 기술을 받아들이고 새로운 땅을 탐험하는 데 나섰더라면, 아시아 국가가 먼저 유럽으로 진출했을 것이고 한국의 근대사 역시 전혀 다른 방향으로 전개되었을 것이다.[34] 아시아의 바다는 유럽의 바다보다 훨씬 열린 공간이었다. 아

---

32) 19세기 초를 기점으로 유럽의 GDP가 중국을 추월하게 된다. 주경철, 『그해, 역사가 바뀌다』, 21세기 북스, 2017. pp.127-32.

33) 정화의 함대에 속한 배가 동시대 유럽의 배에 비해 크기가 훨씬 크다고 해서 중국의 선박 건조 기술이 더 뛰어났다고 말할 수는 없다. 유럽 국가들도 15세기 말 대형 선박을 건조했지만, 작은 선박이 화물을 선적하거나 하역하는 데 더 편리하고 속도가 빨랐기에 지중해에서 대형 화물용 범선은 자취를 감추고 가볍고 세련된 카라벨 선이 대세를 이루게 되었다(주경철, 『대항해 시대』, pp.137-140). 그러다 아메리카 무역이 본격화되는 16세기 말에 이르러 다시 유럽 선박의 크기가 커지게 되었다(페르낭 브로델, 『지중해 I』, pp.395-396). 국력 과시용 목적으로 출항한 정화의 함대와 탐험 목적으로 투입된 유럽 항해사들의 실용적인 배의 크기를 비교하는 것은 적절치 않다.

시아의 가장 중요한 바다였던 인도양은 일찍부터 종교, 문화, 언어가 다른 인도 상인, 아랍 상인, 중국 상인들이 자유롭게 만나서 거래하던 공간이었다.[35] 인도양 다음으로 교류가 많았던 동중국해 역시 이방인 상인들의 진입과 활동에 제약이 없었던 자유로운 상업의 무대였다.[36] 인도나 아라비아의 상인들까지 자유롭게 교역에 참가했기 때문에 특별히 모자라는 물자가 없었다. 그랬기에 중국은 정화의 함대를 통해 15세기 초 동아프리카 해안까지 진출했지만 비용이 많이 드는 이 해외 원정 사업을 일치감치 접었던 것이다. 이렇게 중국은 해양 진출을 포기하고 농업에 절대적 가치를 두는 자기충족적 고립주의로 나아갔다.[37]

이에 비해 유럽인들은 활발하게 아시아의 바다로 진출했다. 16세기 중반 이후 스페인의 갤리선이 아메리카의 은을 싣고서 멕시코의 아카풀코항을 떠나 마닐라에 도착하여 중국과의 교역을 시작했다. 희망봉을 돌아 인도 루트를 개발한 포르투갈도 아시아의 바다를 접수하고 동중국해에 진출하여 일본까지 도달했고, 마카오를 자신들의 기지로 만들었다. 이렇듯 지중해에서 교역과 전쟁의 많은 실전 경험을 쌓은 유럽은 근대 초 해양 팽창 시대에 적극적으로 세계 각 지역에 진출했고, 이때부터 세계사를 주도하게 된다. 해상 무역에 적극

---

34) 물론 유럽이 여러 국가로 분열되고 중국이 통일 국가로 이루어온 것 역시 우연히 벌어진 일은 아니다. 제레드 다이아몬드는 이런 현상 또한 지리적인 환경의 영향으로 설명한다. 그에 의하면 유럽은 반도가 많고, 여러 높은 산맥이 지리적인 고립을 만들고 있는데 비해, 중국은 해안선이 완만하고 반도가 거의 없으며 비옥한 내부 지역은 두 개의 큰 강(양쯔강과 황허강)으로 연결되어 있어 독립적인 국가들이 들어서기에 적합하지 않았다는 것이다(『총, 균, 쇠』, p.605).

35) 주경철, 『그해, 역사가 바뀌다』, pp.111-14.

36) 주경철, 『대항해 시대』, p.11.

37) 주경철, 『대항해 시대』, p.17.

적으로 나서며 세계 지리에 대한 정보와 각 지역의 진귀한 산물, 유익한 발명품을 얻게 된 유럽인들은 좁은 세계에 갇혀 있던 아시아인들을 압도하기 시작했다.

이때부터 아시아 국가의 입장에서는 누가 더 유럽과 적극적으로 교류했느냐에 따라 국가 발전에 차이를 보이게 되었다. 유럽은 대항해 시대를 거쳐 군사력을 발전시키고 산업혁명에 성공하면서 세계를 주도하기 시작했다. 유럽과의 교류에 있어 유라시아 대륙의 끝에 위치한 한반도는 불리한 입장에 있었다. 대륙으로의 루트는 중국이 가로막고 있었고, 해상으로의 루트는 일본이 막고 있었기 때문이다. 이에 비해 유럽의 가장 서쪽에 돌출한 반도로서 대서양의 망망대해를 코앞에 두고 있던 이베리아반도가 외부 세력과의 교류에 있어 한반도보다 유리한 위치에 있었다고 할 수 있다.

만약 한반도가 거대한 대양인 태평양에 맞닿아 있었다면, 즉 일본 열도가 없었다면, 스페인이 대서양을 건널 생각을 했듯이 태평양으로 진출할 생각을 했을까? 그렇게 보기는 어려울 것이다. 중국을 중심으로 한 아시아 국가들은 전통적으로 농업 중심의 자급자족을 해온 터라 다른 세계로 가고자 하는 열망이 거의 없었다. 전술했듯 유럽이 세계의 바다로 진출한 것은 아시아, 아메리카, 아프리카 등 다른 세계가 가지고 있는 것을 필요로 했기 때문이다. 필요한 것을 구하기 위해 아시아로 가는 길을 찾다가 우연히 아메리카를 발견하였고, 아시아와 아프리카를 연결하는 세계 항로를 개척하게 된 것이다. 결국 필요의 차이가 우연과 결합하여 지구사의 판도를 바꾼 것이다.

4

국가와 민족 만들기의 차이

반도는 바다로 둘러싸여 있다는 점에서 통일된 국가를 만들기에 유리한 점이 있다. 그리하여 한반도와 이베리아 반도에는 비교적 이른 시기에 독립된 통일국가가 형성되었다. 신라가 삼국을 통일하여 676년 통일 국가가 되었는데, 통일신라의 영토는 한반도의 2/3밖에 되지 않았고 곧 이어 고구려 계승성이 강한 발해가 건국되어 남북국 시대가 열렸기 때문에 고려의 건국(918년)과 함께 한반도가 통일되었다고 볼 수 있다.

유럽과 아프리카를 이어주는 지중해의 현관이었던 이베리아반도에는 오래전부터 수많은 외부 세력이 드나들었고, 이들은 반도의 곳곳에 정착하였다. 그리스인들과 페니키아인들은 해안에 도시를 건설했고, 로마는 반도를 점령한 후 제국의 일부로 편입시킨다. 700년 동안 진행된 로마화는 스페인 문화 정체성이 형성되는 데 결정적인 사건이었다. 이베리아반도의 로마화가 진행되던 A.D. 1세기경, 예루살렘의 함락(70년)으로 인해 많은 유대인이 이베리아반도에 몰려왔다. 유대인들은 기독교와 다른 자신들의 종교, 언어, 문화를 가지고 있었기에 반도의 여러 곳에 무리를 지어 정착하게 되었다. 하지만 세계의 다른 곳에서도 그랬듯 유대인들은 상업과 금융 분야에서 막대한 영향력을 갖게 되었다. 적어도 11~12세기에 이를 때까지 이베리아반도의 유대인들은 비교적 관용적인 분위기 속에서 살았다.

로마를 멸망시킨 게르만족은 이베리아반도에도 몰려왔다. 게르만족의 일파인 서고트족(visigodos)이 로마와 남프랑스를 거쳐서 5세기에 이베리아반도에 왔다. 이들은 20만 명 정도에 불과했지만 반도를 점령했고, 왕조를 세운 후 눌러앉게 되었다. 군사적으로는 강력했지만 문화적으로는 열등했던 서고트족은 이베리아반도의 사람들과 빠르게 인종적으로 뒤섞였고, 반도의 문화에 점점 동화되어 갔다. 결국 자신들의 종교(아리우스교)와 언어를 버리고 기독교를 받아들이고 라틴어를 쓰게 되었다. 서고트 왕국이 이베리아 반도 점령을 완성한 6세기에서야 스페인 역사상 최초로 통일된 독립국가가 들어섰던 셈이다.

서고트족 이후에는 아랍인들이 북아프리카를 거쳐 이베리아반도에 들어왔다. 다마스쿠스의 우마이야 왕조가 폐위된 후 북아프리카로 피신했던 왕족이 이베리아반도로 와서 코르도바를 수도로 후기 우마이야 왕조를 세우고, 국가 이름을 알 안달루스(الأندلس)라고 명명했다. 아랍인들은 711년부터 1492년까지 반도에 머물러 있었지만, 반도 전역을 통일한 것은 아니었다. 오히려 북쪽 산악 지역에 몰려나 있던 기독교 세력이 왕국을 만들고 이합집산을 통해 세를 불려가며 아랍인들을 남쪽으로 몰아내기 시작했다. 그리고 15세기에 이르러 반도에서 가장 큰 국가인 카스티야와 아라곤 연합왕국이 합쳐짐으로써 포르투갈을 제외한 이베리아반도에 통일된 국가가 들어서게 되었다. 1469년 카스티야 왕국의 계승권자인 이사벨과 아라곤 왕국의 후계자인 페르난도가 결혼함으로써 두 사람은 가톨릭 공동왕(Reyes Católicos)이라 불리는 공동왕이 되었다. 이것은 정치적 통합체로서 스페인 제국의 출발점이 된다.

세계 대부분의 국가들이 무력적인 통일에 의해 형성된 반면, 스페인 제국의 경우엔 평화적인 결혼 동맹에 의해 탄생했다는 특이성이 있다. 정복을 통해 무력적인 통일을 이루었다면 많은 인명이 희생되었겠지만 보다 균질적인 통합 국가가 될 수 있는 토대를 만들 수 있었을 것이다. 결혼 동맹에 의한 카스티야와 아라곤[38]의 결합은 매우 불완전한 것이어서 각자의 내각, 군대, 법령 등을 그대로 둔 상태에서 왕실끼리의 결합에 불과했다. 당시 카스티야가 아라곤에 비해 면적은 3배, 인구는 6~7배 정도였기에 카스티야의 여왕 이사벨이 자신의 남편이자 아라곤의 왕이었던 페르난도에 비해 더 큰 권한을 행사했다. 아시아로 가는 서쪽 항로를 개척하겠다는 콜럼버스를 후원한 것도 이사벨 여왕의 독자적인 결정이었다. 그랬기 때문에 콜럼버스가 아메리카에 도착한 이후 아메리카에 대한 교역권은 카스티야가 독점하게 되었다.

15세기 아라곤 연합왕국은 이탈리아반도 남쪽에 자리 잡은 나폴리 왕국과 시칠리아, 사르데냐섬까지 점령하는 등 전성기를 누렸다. 그러나 규모 면에서 카스티야 왕국에 필적할 수는 없었다. 따라서 1469년 카스티야와 아라곤이 왕의 결혼으로 병합된 후 처음엔 정치, 법률, 군대 등에서 독립적인 왕국으로 존중을 받았지만, 점차 자치

---

38) 1469년 카스티야와 합병하는 아라곤 왕국은 카탈루냐, 아라곤, 발렌시아 왕국이 합쳐진 연합왕국을 말한다. 아라곤 연합왕국에서 국력이 가장 컸던 왕국은 카탈루냐 왕국이었다.

권을 빼앗기고 카스티야의 영향권에 흡수되게 된다. 그 결과 스페인의 전성기인 16~17세기에는 카스티야의 언어와 문화가 이베리아반도를 압도하게 된다. 이 시기 아라곤 왕국은 비록 정체되어 있었지만, 전통적 법률과 행정 제도 등 자치권을 인정받았다.

국력에서 현격한 우위를 보인 카스티야 왕국은 결국 아라곤 연합왕국을 정복하고 만다. 카를로스 2세(1665-1700)가 아들 없이 숨을 거두자 왕위 계승 전쟁이 일어났고 그 와중에 프랑스 부르봉 왕조의 펠리페 5세가 왕위를 이어받게 되었다.[39] 부르봉 왕가는 절대 왕정을 기반으로 강력한 중앙집권제를 지향하고 있었고, 펠리페 5세는 부르봉 왕가가 프랑스에서 추진했던 근대적인 중앙 집권적 국가 모델을 스페인에도 도입하려 했다. 그랬기에 아라곤 연합왕국에게 자치권을 주는 스페인의 국가 모델은 청산해야 할 대상이었다. 게다가 아라곤 연합왕국은 스페인 왕위 계승 전쟁에서 영국, 네덜란드, 신성 로마 제국의 동맹군을 지지했던 터였다. 펠리페 5세는 아라곤 연합왕국의 자치권을 인정할 수 없다는 입장이었고, 결국 1714년, 저항하는 카탈루냐군을 격퇴하고 바르셀로나를 함락시킨다. 이로써 카탈루냐의 참사회를 비롯한 전통적 기구들이 완전히 해체되었고, 모든 행정 기구가 카스티야 왕권 중심으로 재편되었다. 현재의 카탈루냐 사람들이 1714년을 자신들이 독립을 잃은 해로 애도하는 것은 이런 이유이다.

이베리아반도의 통일국가 만들기가 지장을 받은 또 다른 요인은

---

39) 스페인 왕위 계승 전쟁(1702-1713)의 승자는 프랑스의 부르봉 왕조가 아니라 영국, 네덜란드, 신성 로마 제국 연합이었다. 이들은 펠리페 5세가 프랑스 왕위를 승계하지 않는다는 조건으로 그가 스페인 합스부르크 왕조를 이어받는 데 동의했다. 그리고 전쟁 승리의 대가로서 영국은 지브롤터와 메노르카를, 오스트리아는 네덜란드와 이탈리아에 있는 스페인 소유령을 차지했다. 이로써 합스부르크 왕조는 스페인 왕위에서 물러났고, 위대한 스페인 제국의 시대는 끝이 났다고 볼 수 있다.

내부적으로 기독교인, 유대인, 아랍인이 용해되지 못한 채 반도에 공존한 것이다. 아랍인들이 이베리아반도의 주도권을 쥐고 있던 11세기까지만 해도 세 종교를 믿는 사람들은 비교적 평화롭게 공존했다. 그러나 재정복 전쟁이 진행되면서 종교 간 갈등은 점점 격화되었고, 특히 기독교도 사이에서 유대인에 대한 감정이 점점 악화되었다. 가톨릭 공동왕은 재정복의 와중에서 종교 재판소(Inquisición)를 만들었는데 주로 거짓으로 개종한 유대인들을 탄압하기 위한 것이었다. 1492년 그라나다를 점령함으로써 재정복을 완수한 가톨릭 공동왕은 그해 공식적으로 유대인들의 추방을 명령했다. 물론 기독교로 개종한 유대인들은 스페인에 살 수 있도록 허용되었으나 '개종자(converso)'라고 불린 이들은 정말로 개종한 것인지 의심받았으며 여러 면에서 차별받았다. 유대인들에 비해 이슬람인들에게는 종교와 관습을 용인하는 관대한 정책을 폈으나, 점차 교회의 압력이 거세지자 이슬람인들에게도 기독교로의 개종 또는 이민을 요구했고 마침내 1609년 펠리페3세는 이슬람교도에 대해 추방령을 내린다. 하지만 많은 아랍인이 거주지에 그대로 남아 은밀하게 그들의 종교 의례를 유지했다.

스페인의 통합에 큰 지장을 초래한 또 다른 중대한 요인은 바스크인의 존재였다. 바스크는 인종적, 언어적, 문화적으로 이베리아반도의 주류 종족과 확연히 달랐기에, 고대로부터 19세기 자유파가 집권할 때까지 어떠한 정치적 환경 속에서도 독자적인 자치권을 인정받아 왔다. 그렇기에 바스크가 누렸던 정치적 자치권은 카스티야의 독주 아래서 기를 펴지 못하고 있던 카탈루냐 등 소왕국들의 이상적 모델이 되었다. 만약 스페인 내에 바스크라는 자치 모델이 없었다면,

카탈루냐도 자치에 대한 희망을 오래도록 유지하지 못했을 것이다.

이렇게 이베리아반도의 거주자들은 한반도의 거주자들에 비해 너무나 복잡했다. 사실상 근대적 국민국가(Nation-state)를 구성하기 어려운 인종적, 종교적, 문화적, 언어적 다양성이 영토 내에 존재했던 것이다. 그럼에도 1469년 카스티야와 아라곤의 합병으로 형식적인 통합국가가 탄생했고, 이는 세계를 호령하는 강대국이 될 수 있었던 요인이었다. 비록 세계 최대의 강대국으로서 16,17세기를 주름잡았지만, 스페인 사람들의 동족 의식은 내부적으로 명백한 한계를 지니고 있었다. 근대 스페인에서 민족주의(nacionalismo)의 개념은 스페인 전역에 해당되는 국가적 정체성을 일컫는 것이 아니라 카탈루냐, 바스크 등의 지역 정체성을 일컫는 말로 통용되었다. 이러한 국민국가의 미완성은 스페인 내전의 한 요인이 되었고, 나중에 국가 발전의 장애물로 작용하게 된다.

하지만 스페인에서도 국가적 민족주의가 싹트는 시기가 있었으니, 바로 나폴레옹이 스페인을 점령했을 때였다(1807~1814년). 포르투갈을 정복한다는 구실로 이베리아반도에 들어온 나폴레옹의 군대는 스페인에 그대로 주저앉았고, 나폴레옹은 자신의 형 조셉을 왕으로 앉혔다. 그러자 스페인의 민중들은 총궐기하였고, 프랑스에 대한 독립 전쟁이 일어난다(1808~1814년). 외침을 당하자 스페인 내의 이질적인 민족들은 모두 단결하였으며, 이때 처음으로 스페인의 국가적 민족주의가 활활 타오르게 된다. 프랑스군에 대항하여 스페인 민중들이 영웅적으로 투쟁하다 처참하게 죽임을 당하는 장면은 대표적으로 화가 고야가 잘 표현했다. 1808년 5월 2일의 투쟁과 5월 3일 총살당하는 장면을 그린 두 작품이 가장 유명하다.

고야의 <5월 2일>

1833년부터 집권한 스페인의 자유파는 프랑스 침략군에 대항하여 불붙은 민족주의에 기반하여 지역적 정체성을 극복하고 스페인을 근대적 국민국가로 만드는 작업에 돌입한다. 그러나 열악한 통신 시스템, 후진적 교육 시스템 그리고 제한된 문화 시장으로 인해 이 작업은 난관에 부딪힌다.[40] 근대적 국민국가 건설의 마지막 기회는 1898년 미서 전쟁의 패배로 스페인이 쿠바, 푸에르토리코, 필리핀을 상실했을 때였다. 국가적 위기의 상황에서 우국충정의 지식인 그룹인 98세대가 개진한 민족담론은 당시의 스페인 국민들 사이에서 상당한 반향을 일으켰다. 그러나 서양 근대성의 근간인 이성주의와 과학성을 비판하고 민족적 정수(精髓)에 집착한 이 시기의 민족주의론

---

40) Clare Mar-Molinero and Angel Smith ed., *Nationalism and the Nation in the Iberian Peninsula*, Oxford: Berg, 1996, p. 3.

은 유럽에서 이미 19세기에 유행했던, 민족에 대한 낭만주의적 신화화와 크게 다르지 않았다. 내전 이후 프랑코가 획책한 국민국가 기획은 정치적이나 문화적으로 자유로운 시민을 상정한 것이 아니라 중앙권력에 복종하는 수동적 국민을 만들려 한 전체주의 기획에 불과했다. 민주화 시대에 이르러 스페인은 비로소 진정한 의미의 민족을 형성할 수 있는 기회를 맞았다. 하지만 새로운 민주국가가 출범한다고 해서 오랜 역사를 통해 발달해 온 바스크, 카탈루냐, 갈리시아, 카스티야, 안달루시아, 카나리아 등의 지역적 정체성이 쉽게 극복될 수 없었다. 1978년 제정된 헌법에서 스페인이 하나의 민족 (Nación)이라는 점을 명시했지만 "민족들의 민족(nación de las nacionalidades)"이라는 모호한 표현을 씀으로써 지역 민족주의의 존재를 인정하지 않을 수 없었다. 스페인은 외형적으로는 근대 국민국가의 모양을 갖추었지만 진정한 국민국가 만들기는 여전히 미완의 기획인 셈이다.

이베리아반도와 마찬가지로 한반도 역시 외세로부터 많은 침략을 받았으며, 그중 일부는 한반도를 직접 통치하려는 시도를 보이기도 했다. 한나라가 세운 낙랑군을 비롯한 한사군이 대표적이다. 하지만 낙랑군을 제외한 세 개의 군은 불과 25년 밖에 존재하지 못했고, 평양 일대에 위치했던 낙랑군 역시 한나라에 의해 통치된 식민지로 보기는 어렵다는 것이 통설이다.[41] 그 후로는 당나라가 신라와 함께 백제, 고구려를 정벌한 뒤 도독부라는 지방 군사·행정 기구를 설치하여 백제와 고구려의 영토를 직접 통치하려 했지만, 이를 받아들이지 않은 신라의 반발과 백제, 고구려 유민들의 저항으로 물러나게

---

41) 한국역사연구회, 『한국고대사 산책』, 역사비평사, 2017. pp.103-114.

된다. 그 이후로 중국의 왕조들은 한반도를 직접 통치할 야욕을 보이지 않았다. 명나라를 세운 주원장은 중국 동남방의 16개국(조선이 첫째)에 대하여 지배를 목적으로 전쟁을 벌이지 말라는 유훈을 남기기도 했다.[42] 한반도를 정복하여 직접 통치하는 것은 신하의 나라로 삼아 조공을 받는 것에 비해 실익이 없다고 판단한 것이다. 한반도 거주민들의 문화적 독자성이 확고하여 직접 통치에 대한 저항을 감당할 수 없다고 생각했기 때문일 것이다.

하지만 이러한 시련의 역사는 역설적이게도 한반도에서 동족의식이 형성되기에 유리한 조건이 될 수 있었다. 게다가 한반도는 이베리아반도에 비해 면적이 작고 지형적으로도 더 폐쇄적이기 때문에 인종적, 언어적으로 이질성이 크지 않은 사람들이 자리 잡고 있었으며, 이는 동족의식의 형성에 매우 유리한 조건이 되었다. 비록 지역마다 방언이 발달하게 되었고 조금씩 생활상과 문화가 다르긴 했지만, 소통이 안 될 만큼 차이가 크지는 않았다. 고려로 탄생하기 이전 삼국 시대에는 한반도를 삼분하여 세 왕국이 팽팽하게 맞섰지만, 일통삼한(一統三韓)의 동족의식이 널리 퍼져있었다.[43] 또한 이베리아반도처럼 결혼에 의해 왕가끼리만 통합된 것이 아니라 신라가 백제와 고구려를 정복함으로써 통일신라라는 통일된 국가가 된 것이 추후 분열의 소지를 없애는 요인이 되었다. 후백제, 후고구려 등 예전의 왕국을 재건하려는 시도가 있었지만, 통일 국가인 고려가 건국됨으로써 한반도 일국체제의 틀이 확고해졌다.

---

42) 오항녕, 「'고구려 타령'좀 그만! 조선은 충분히 강했다!」『오항녕의 응답하라, 1689』 상처를 입고 다스리던 시절」.『프레시안』 2013.8.2. https://m.pressian.com/m/pages/articles/69200#0DKW

43) 임현진, 공유식, 김병국, 설동훈, 「한국에서의 민족국가 형성 및 전개의 동학에 관한 비교사적 연구」,『성곡논총』 27(3), 1996. p.622.

이렇게 해서 한반도에는, 비록 많은 이민족들이 들어와 혼혈이 되었음에도 불구하고 하나의 민족이라는 의식이 발달할 수 있었다. 그 결과 프랑스 대혁명의 민족(Nation) 관념을 소화해 낼 만한 국가의 지역 경계와 문화의 동질성이 이미 근대 이전에 존재했다.[44] 물론 그렇다고 해서 국민주권, 자유, 평등을 기반으로 하는 서양식의 근대적 민족주의가 일찍부터 발달했다고는 보기 어렵다. 강력한 왕권에 백성들은 무조건 복종해야 했고, 엄격한 신분제 시스템은 근대적 민족을 이루는 주체적인 시민상이 정립되는 데 확연한 장애물이 되었기 때문이다.

근대에 이르러 외세의 위협과 침략 속에서 본능적인 저항 운동이 일어났고 지적 혼동과 수난으로 점철된 근대의 이행기에서 전통적 질서가 파괴되고 저항적인 민족의식이 발달하게 되었다.[45] 이것이 한반도 거주민의 전근대적인 동족의식과 결합하여 현재의 강력한 민족주의로 나타난 것으로 보인다. 전통적으로 우리나라 사람들은 단일민족임을 내세우며 민족을 초역사적인 것으로 인식하는 경향이 있는데 이것은 바스크 등 스페인의 지역 민족주의와 닮은 면이 있다. 우리나라의 경우엔 강력한 민족주의가 빠지기 쉬운 국수주의적 태도를 극복하는 것, 스페인의 경우엔 지역 민족주의와 국가적 정체성을 유연하게 절충시키는 것이 향후과제라고 할 수 있겠다.

---

44) 임현진 외, 「한국에서의 민족국가 형성」, p.622.
45) 임현진 외, 「한국에서의 민족국가 형성」, p.623.

5

제국의 전통

앞서 설명한 것처럼 한국과 스페인은 반도 국가로서 많은 외침을 받은 공통점이 있다. 그러나 외부 세력에 의해 직접 통치를 받은 경험에서는 큰 차이를 보인다. 한국은 어찌 되었든 좁은 한반도 내에서 내부적으로 왕조만 교체되었을 뿐 외부 세력의 지배를 겪지 않고 오랜 시간 통일국가를 이룰 수 있었던 반면, 스페인은 여러 외부 세력에 의해 지배받았다. 이 경험은 국가와 민족에 대한 시각에 많은 영향을 끼쳤다. 즉 한국인들이 민족과 국가의 동일시를 당연시하며 배타적인 동족의식을 길러온 반면, 스페인 사람들은 여러 인종과 민족의 혼합으로 인해 민족에 대해 융통성 있는 시각을 갖게 된 것이다.

사실 한반도처럼 오랫동안 한 민족이 외부 세력과의 대규모 혼혈 없이 혈연적 동질성을 지켜온 곳도 지구상에서 드물다. 이는 동북아시아에서 중국 본토, 한반도, 일본 열도의 거주민들이 비교적 자기 충족적인 삶을 살아온 것에 기인한다. 서로 침략 전쟁을 벌이긴 했지만 짧은 기간을 제외하곤 다른 곳을 영토화하지 않았던 것이다.

한민족이 다른 민족을 침략한 적이 없는 것은 아니다. 적극적인 북방 정복을 추진하여 영토를 넓혔던 고구려와 발해, 국경을 대동강에서 압록강 유역으로 확장시킨 고려의 사례가 있다. 하지만 스페인처럼 지중해 건너 이탈리아 남부와 그리스 아테네까지 정복하고 유럽의 강국들과 전쟁을 벌이며 아메리카와 태평양의 섬들까지 정복하여 영토로 만든 역사는 없다.

이에 비해 유라시아 서쪽의 유럽 국가들은 근대로 접어들면서 본격적으로 해상을 통한 영토 확장에 나섰다. 이베리아반도의 포르투갈과 스페인은 대항해 시대에 이르러 해외 식민지 개척에 선봉장 역할을 했지만, 두 국가의 국력이 다른 국가를 압도한 것은 아니었다. 다만 여러 번의 피정복 경험과 재정복을 거치면서 국가와 영토의 개념에 있어 개방적인 사고를 가지게 되었다고 볼 수 있고 여기에 물자의 부족과 우연적인 사건들 ― 합스부르크 왕조의 영토 계승, 아메리카 대륙 발견 ― 이 겹치면서 스페인과 포르투갈은 광대한 영토를 소유하게 되었다. 16세기 아메리카에서 온 은으로 만들어진 스페인의 은화는 인도와 중국에서 발견되었을 정도로 전 세계에서 유통되었다.[46]

1892년, 콜럼버스의 아메리카 도착 400주년을 맞아 미국이 10월 12일을 '콜럼버스의 날(Columbus Day)'이란 국경일로 정하고 대대적인 축하 행사를 기획하자 스페인도 뒤늦게 이날을 기념할 생각을 갖게 된다. 1912년부터 멕시코를 비롯한 몇몇 라틴아메리카 국가에서 이 날을 '민족의 날(Día de la raza)'로 정하자, 스페인은 '스페인 민족의 날(Día de la raza española)'로 불렀다가 다시 '히스패닉 세계

---

46) 페르낭 브로델, 『지중해 I』, p.218.

의 날(Día de la Hispanidad)'로 명명하고 기념하기 시작했다. 스페인 사람들만의 기념일이 아니라 라틴아메리카 사람들 역시 축하할 날이라는 의미다.

1991년에는 스페인, 포르투갈과 라틴아메리카 19개국 정상이 멕시코 과달라하라에 모여 제1회 이베로아메리카 정상회의(la Cumbre Iberoamericana)를 개최하였다. 매년 개최되던 이 회의는 2014년부터 2년에 한 번씩 열리고 있다. 이 회의의 회원국은 스페인어나 포르투갈어를 공식 언어로 쓰고 있는 나라로 제한되며, 현재 22개국으로 유지되고 있다. 스페인은 이 회의에서 실질적인 좌장 역할을 맡고 있는데, 회원국 중 스페인만 유일하게 총리와 함께 국왕이 참석하고 있다. 또한, 정상회의에서 논의된 의제들을 실천에 옮기기 위한 '이베로아메리카 협력기구(Secretaría de Cooperación Iberoamericana, SECIB)'의 본부가 마드리드에 설치되어 있다. 우리나라는 2016년 옵저버(observer) 국가로서 이 회의에 참석한 바 있다.

1992년, 콜럼버스의 아메리카 도착 500주년은 스페인에 있어 특별한 해였다. 이 해 바르셀로나에서 올림픽이 개최되었고, 세비야에서는 엑스포가 진행되었으며, 마드리드에서는 제2회 이베로아메리카 정상회의가 개최되었다. 이 행사들은 스페인이 프랑코 사망 이후 민주화 이행기를 거쳐 진정한 민주국가로 거듭났음을 세계에 알리는 기회가 되었다. 스페인 정부는 1492년을 '콜럼버스의 아메리카 발견' 또는 보다 전향적인 '콜럼버스의 아메리카 도착' 등의 용어를 쓰지 않고, '두 세계의 만남'이라는 용어를 사용하여 라틴아메리카 국가들과 동등한 입장에서 기념하고자 했다.

라틴아메리카 국가들에 대한 정치적 헤게모니는 상실했지만, 스페인은 문화적, 경제적 영역에서 이베로아메리카의 맏형 위치를 고수하고 있다. 스페인의 외국에 대한 투자가 라틴아메리카 국가들에 집중되고 있는 것은 이런 이유이다. 2004년부터 2014년까지 스페인이 라틴아메리카 국가들에 투자한 액수는 유럽 전체가 라틴아메리카 국가에 투자한 액수의 45~52%에 달한다.[47] 즉, 라틴아메리카에 대한 유럽의 투자액 절반이 스페인에서 나온 것이다. 스페인은 미국 다음으로 라틴아메리카에 많은 투자를 하는 나라로 자리매김했었으나 최근 몇 년간 중국의 막대한 투자로 인해 3위 자리로 밀려났다. 라틴아메리카에 대한 스페인의 투자는 주로 거대 기업인 통신회사 Telefónica, 가스회사 Gas Natural Fenosa, 산탄데르 은행, BBV 은행, 호텔과 리조트 건설회사 Sol Meliá Group 등을 통해 이루어졌다. 라틴아메리카에 대한 막대한 투자 때문에 아르헨티나가 1999~2002년 최악의 경제위기에 빠졌을 때 스페인까지 큰 타격을 입기도 했다. 그럼에도 스페인은 라틴아메리카 국가들에 대한 경제적 투자를 지속하고 있다.

문화적으로 볼 때도 스페인은 라틴아메리카 국가들과 연대하여 문화 시장을 넓히려 애쓰고 있다. 예를 들어 1997년 이베리아반도와 라틴아메리카 국가 정상들은 베네수엘라에 모여 영상산업에서 상호 협력 체제를 공고히 하기로 결의하고, 구체적인 실천 방안의 하나로서 IBERMEDIA라는 영화산업 지원 펀드를 만들었다. 모두 17개국이 참여하여 만든 이 펀드에 스페인은 50% 이상의 분담액을 담당함으로써 가장 주도적인 역할을 맡았다. 이 펀드는 심사를 거쳐 이베로

---

47) Elena Martínez y Francisco Jareño, "Foreign Direct Investiment by Spain in Latin America: Brazil, Argentina and México", p.132.
http://www.usc.es/economet/journals1/aeid/aeid1429.pdf

아메리카 국가에서 공동 제작되는 영화를 지원하게 되고, 지원을 받아 제작된 영화는 이베로아메리카 국가들에 우선 배급된다. 영화산업 분야에서 다른 이베로아메리카 국가들보다 앞서 있는 스페인이 많은 비용을 부담해야 하는 이유다. 또한 출판 분야에서도 동일 언어를 사용하는 이점을 살려 Salvat, Bruguera, Aguilar, Labor, Espasa Calpe, Santillana, Planeta 등 스페인의 유명 출판사들이 스페인어권 유명작가와 계약을 맺고 이베로아메리카 시장에 책을 공급하고 있다.

현대 스페인 사람들은 더 이상 16세기 스페인 제국이 불가능하다는 것을 잘 알고 있지만, 과거 역사에 대한 자부심은 잃지 않고 있다. 그래서 이제는 문화적 동질성을 바탕으로 ― 그 중심에는 언어가 있다 ― 이베로아메리카 세계의 좌장 역할을 유지하려 하는 것이다. 이에 라틴아메리카에 대한 경제적 투자를 지속하고, 라틴아메리카 이민자들을 우호적으로 받아들이는 정책을 계속해서 추진하고 있다. 전통은 쉽게 사라지지 않는다. 스페인이 한때 해가 지지 않는 나라로서 세계 최대의 강대국이었다는 자부심은 현대 스페인 사람들에게도 여전히 남아있다.

6

'해가 지지 않는 제국'의 신화

롤랑 바르트는 신화가 문화를 자연으로 보이게 한다고 말한다.[48] 문화적, 정치적으로 구성된 것이 자연으로 보이기 때문에 대중에게 신화는 당연하고 자명한 상식으로서 받아들여지게 된다. 정치적인 조직인 국가와 '상상의 공동체'인 민족에 대해서도 많은 신화가 만들어지기 마련이며 이런 신화는 대중을 움직이는 상당한 설득력을 지니게 된다. 한때 세계 최대의 제국으로 군림하며 인류 역사상 최초로 '해가 지지 않는 나라'를 건설했다는 스페인 제국의 신화는 스페인 역사와 관련하여 가장 대표적인 신화이다. 17세기의 작가 우라르테 데 에르모사가 쓴 다음과 같은 글이 대표적이다.

신이 세계를 창조한 이래로 스페인처럼 광대한 제국은 없었다. 왜냐하면 해가 떠서 다음날 다시 해가 뜰 때까지 이 거대한 왕국의 땅 어딘가를 비추기 때문이다. 해가 움직이는 동안 왕국의 땅이 햇빛을 받지 못

---

48) Roland Barthes, *Mitologías*. Trad. Héctor Schmucler. México: Siglo XXI, 1997. p.238.

하는 순간은 단 일 초도 없다.[49)

과연 스페인 제국은 온전히 존재했는가? 이 시대는 스페인 역사에서 가장 영광스러운 시기였는가? 제국으로서 스페인은 1469년 카스티야 왕국의 왕위 후계자 이사벨과 아라곤 연합왕국의 왕자 페르난도 2세가 결혼하면서 서막을 올린다. 이 당시에도 아라곤 연합왕국은 이탈리아반도, 사르데냐, 시칠리아 등 지중해 식민지를 거느리고 있어 스페인의 영토는 이베리아반도 너머까지 확장되어 있었다. 가톨릭 공동왕은 이베리아반도에서 이슬람 세력을 몰아내기 위해 재정복 전쟁의 고삐를 당기는 한편, 자식을 낳자 유럽 왕가와 혼인시키는 적극적인 외교 정책을 펼친다. 그리고 1492년, 콜럼버스의 항해안을 승인한다. 가톨릭 공동왕의 적극적인 팽창 정책은 아메리카와 유럽에서 엄청난 영토를 스페인에게 안겨주었다.

가톨릭 공동왕은 1남 2녀를 두었으나 아들과 장녀가 죽자 차녀인 후아나를 1495년 합스부르크 왕가의 펠리페와 결혼시킨다. 오빠와 언니가 죽었기 때문에 후아나는 카스티야의 왕위를 물려받을 적자(嫡子)였으나, 정신이 온전하지 않았기 때문에 왕위에 오를 수 없었다. 결국 후아나와 펠리페 사이에서 태어난 합스부르크 왕가의 카를이 가톨릭 공동왕의 왕위를 이어받고자 스페인으로 온다. 그는 합스부르크 왕가의 상속자였기 때문에 이미 오스트리아, 플랑드르, 네덜란드의 땅을 물려받은 터였다. 그리고 1504년 카스티야에 와서 카를로스 1세로 즉위하였고, 1516년 페르난도 2세가 죽은 후 아라곤의 왕위를 물려받는다. 이로써 카스티야와 아라곤 연합왕국은 한 명의

---

49) Henry Kamen, *Imagining Spain: Historical Myth and National Identity.* New Haven: Yale University Press, 2008. p.99.

왕을 갖게 되었다. 카를로스 1세는 1519년 조부 막시밀리아노 1세
가 죽은 후 신성 로마 제국의 왕위까지 물려받게 되었고, 카를 5세
(Karl V)로서 독일 지방의 영토까지 상속받게 된다. 이렇게 해서 스
페인은 합스부르크 왕가의 일부로서 세계 최대의 제국에 편입된 것
이다.

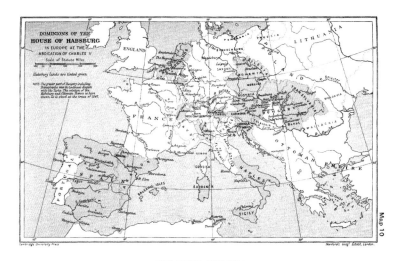

카를 5세의 유럽 영토

 전성기에 해당하는 16세기 스페인 제국은 지구상에 존재했던 어
떤 제국보다도 큰 영토를 가진 대국이었지만, 그 속을 들여다보면
껍데기뿐인 제국이었다. 무엇보다도 그 많은 영토가 스페인이라는
국가 밑에 복속된 것이 아니라 카를 5세라는 왕 개인이 유산으로 물
려받은 것이었다. 그는 스페인 왕으로서 카를로스 1세였지만, 신성
로마 제국의 황제로서는 카를 5세였다. 그는 1516년 왕위를 이어받
기 위해 플랑드르 지방에서 스페인으로 왔지만, 스페인어도 제대로

할 줄 몰랐고 황제로 재임했던 40년 중 단지 16년 동안만 스페인에 거주했을 뿐이다. 그가 스페인에 왔을 때 플랑드르에서 데려온 신하들에게 둘러싸여 국가를 다스리며 외국의 영토를 관리하기 위해 세금만을 부과하자 스페인 국민들은 반란을 일으키게 된다. 즉 카를 5세 시대의 스페인 제국은 공식적인 영토만 광활했을 뿐, 실질적으로 한 나라라 하기에 어려운 상황이었다. 이 영토들은 한 명의 왕 아래에 있을 뿐, 공통적인 법과 행정 조직을 가지고 있는 것이 아니었고 완전히 자치적인 상황에 있었으며 여러 지역의 주민들도 큰 제국에 속해 있다는 의식을 갖지 못했다.[50] 가령 이 시기 플랑드르 지방 사람이 이베리아반도 사람, 나폴리 사람과 같은 국민이라는 의식이 있었을 리 만무했다. 결국 16세기 초반 스페인 제국은 카를 5세를 정점으로 하는 17개 왕국들의 느슨한 연합체에 불과했다.

이렇게 유럽에서 스페인 제국의 개념은 그리 확고하지 않았던 반면, 아메리카에 대한 확실한 소유 덕분에 스페인은 제국으로서 스스로를 인식할 수 있었다. 그렇기에 카를 5세의 아들 펠리페 2세(1554-1598)가 신성 로마 제국의 왕위를 벗음으로써 독일이 스페인의 영토에서 떨어져 나갔을 때, 오히려 스페인 영토 사이의 결속력은 높아졌고 제국으로서의 모습이 갖춰졌다고 할 수 있다. 그는 신교운동에 맞서 구교의 맹주임을 자처했고, 1571년 레판토 해전에서 오스만 제국의 함대를 격퇴했다. 또한, 1580년에는 포르투갈을 합병하여 이베리아반도를 통일했다. 그의 영토는 아버지 카를 5세 때만큼은 못했지만, 카스티야 왕국의 영토였던 아메리카 대륙과 필리핀, 네덜란드, 밀라노 공국, 부르고뉴 공국을 소유했고, 아라곤 왕국령이었던 이탈리아의

---

50) Henry Kamen, *Imagining Spain*, p.96.

사르데냐섬, 시칠리아섬과 나폴리 왕국, 그리고 포르투갈의 소유였던 아프리카 대륙의 남서부, 인도의 서해안, 보르네오섬 등 여전히 광대한 영토를 보유했다. 비록 실패로 돌아가긴 했지만 무적함대를 파견하여 영국을 제압하려 하는 등 16세기 유럽에서 스페인은 대륙을 아우르는 군사 작전을 펼칠 수 있는 유일한 국가였다.[51]

사실 스페인은 어쩌다 보니 제국이 된 경우이지 다른 지역을 차지하여 영토를 넓히려는 야심을 품었던 왕은 드물었다. 스페인 제국 시대의 가장 상징적인 인물인 펠리페 2세도 투르크족의 영향을 막아달라는 교황의 요청을 받아들여 레판토 해전을 치른 것이었지 스페인 제국의 영토를 넓히려는 야심을 가진 인물이 아니었다.[52] 또한, 당시의 스페인은 제국을 경영하기에는 인구도 적었기에 아메리카에서 온 금, 은으로 네덜란드, 독일 등의 용병을 써서 전투에 임하고 있었다.[53] 그러다 보니 당시 스페인 국민의 삶은 고단하기 이를 데 없었다. 스페인의 산업 기반이 충분하지 않은 상태에서 식민지에서 들어온 막대한 은은 화폐로 주조되어 인플레만 유발했지 경제에 도움이 되지 못했다.[54] 국내 투자에 사용되어야 했으나 그러기에는 당장 급한 소비재가 많았다. 유럽 국가들에서 생산된 소비재와 바꾸어진 스페인의 은은 북유럽을 거쳐 상업과 금융이 발달했던 리옹,

---

51) Henry Kamen, *Imagining Spain*, p.111. 1588년 무적함대의 패전은 스페인의 쇠퇴를 보여주는 상징적인 사건으로 알려져 있다. 그러나 이는 당시 유럽 최강의 제국인 스페인의 명성에 흠집을 내는 사건이었지, 실질적으로 큰 타격을 준 것은 아니었다(페르낭 브로델, 『지중해 I』, pp.298-297).

52) Henry Kamen, *Imagining Spain*, pp.110-121.

53) 16세기 말 스페인의 인구는 약 800만 명으로, 프랑스(1,600만)나 이탈리아(1,300만)에 비해 적었다. 참고로 당시 포르투갈의 인구는 100만 명 정도였다(페르낭 브로델, 『지중해 II』, p.63).

54) 1500년부터 1650년 사이 아메리카에서 스페인에 도착한 금은 180톤, 은은 16,000톤이었다(페르낭 브로델, 『지중해 II』, p.133).

제네바, 제노바, 베네치아 등으로 흘러들어가 이 도시들에게 큰 부를 안겨주었다.[55] 스페인은 은, 포도주, 소금을 수출했고, 북유럽으로부터 곡물, 생선, 목재, 철, 구리, 주석, 화약, 비단, 면직물, 아마, 철물 등을 수입했다.[56] 또한, 이베리아반도에는 목재가 부족했기 때문에 아메리카 식민지 경영을 위해 필요한 수많은 선박을 북유럽으로부터 수입해야 했다.[57] 결국 스페인이 아메리카로부터 얻은 은은 아이러니하게도 유럽 국가들의 산업을 발전시키는 데 큰 역할을 하여 스페인의 몰락을 앞당기게 된다.

크고 작은 전쟁이 끊임없이 이어졌기에 스페인 국민은 병사로 징발되거나 군비를 충당하기 위해 많은 세금을 감당해야 했다. 외국영토에서 벌어진 전쟁의 물자를 주로 카스티야인들이 감당해야 했고, 카스티야에서도 그 부담을 감당할 능력이 가장 떨어지는 평민계층이 이를 짊어졌다.[58] 1492년에 유대인을 추방한 것 역시 금융업을 비롯한 스페인 경제에 악영향을 미쳐 백성들의 삶은 피폐해져 갔다. 흑사병이 창궐하거나 가뭄이 들어 농사를 망치게 되면 기근이 발생하여 동물은 물론 사람마저 아사(餓死)하는 상황도 왕왕 있었을 정도로 식량 사정이 열악했고, 평민들은 빈곤하게 살았다.[59]

광대한 영토를 소유하며 세계 최강 대국으로 군림했던 스페인 제국은 15~16세기를 정점으로 해서 점차 몰락의 길을 걷게 된다. 16세기부터 프랑스, 영국, 네덜란드가 강력한 열강으로 등장하여 국제

---

55) 페르낭 브로델, 『지중해 I』, p.282.

56) 페르낭 브로델, 『지중해 I』, p.295.

57) 페르낭 브로델, 『지중해 I』, pp.398-399.

58) 존 H. 엘리엇, 『스페인 제국사. 1469-1716』, 김원중 옮김, 까치, 2000, p.228.

59) 페르낭 브로델, 『지중해 I』, p.319.

정치는 첨예한 경쟁과 갈등의 장으로 변했건만, 왕위를 계승한 무능한 왕들은 복잡한 국사를 총애하는 대신들에게 맡긴 채 연회와 취미 생활에만 몰두했다. 17세기에 접어들자 아메리카에 다른 유럽인들이 본격적으로 몰려들면서 스페인은 아메리카의 경제적 통제권을 잃어가기 시작한다. 유럽에서 벌어진 크고 작은 전쟁에서 패배하고 광활한 영토를 조금씩 잃게 되면서, 스페인은 유럽에서 이빨 빠진 호랑이로 전락해간다. 1898년 미서 전쟁의 패배로 쿠바, 푸에르토리코, 필리핀 등 마지막 식민지를 잃게 된 것이 스페인 제국의 명시적인 몰락이었다.

이러한 국가적 위기의 시기에 스페인 제국의 신화는 적극적으로 생산되었고, 점차 과장되어 신화화되었다. 난공불락의 요새 그라나다를 정복함으로써 이베리아반도에서 무어인을 몰아낸 것은 다른 유럽인들이 여러 차례 십자군 전쟁을 통해 달성하지 못했던 것을 스페인이 완수한 쾌거였다. 또한, 500명의 대원으로 아스텍 제국을 정복한 에르난 코르테스의 이야기와 168명의 대원으로 잉카의 8만 대군을 맞아 아타우알파 황제를 사로잡고 잉카를 정복한 프란시스코 피사로의 무훈담은 그들을 영웅으로 만들었고, 이와 함께 지혜롭고 용맹스러운 스페인 정복자(conquistador)의 신화가 창조되었다.[60] 20세기의 많은 소설, 영화 등이 이러한 신화를 유포하는 데 큰 역할을 했다.

철학자이자 작가인 우나무노(Miguel de Unamuno)를 필두로 '98세대' 작가들은 가톨릭 공동왕 시대를 민족의 원류로 보고 이후의 역사는 원류에서 벗어난 타락의 역사로 규정했다. 예를 들어 우나무노

---

60) 아즈텍과 잉카를 정복한 스페인의 정복자들은 정규 군인이 아니었고 농부, 상인, 선원, 하급 귀족 등 일반인이었다. 유럽 내 전쟁 때문에 스페인은 정규 군인을 아메리카에 파견할 형편이 아니었다.

는 역사를 표면의 역사와 '심층의 역사(intrahistoria)'로 나누어, 심층의 역사에 민중의 영원한 전통이 살아 있다고 말했다. 또 다른 98세대 작가인 마에스투(Maeztu)는 왜곡된 사회 질서를 바로잡기 위해 스페인 정신을 바로 잡아야 한다고 역설했다.[61] 한편, 이 시기의 철학자 오르테가 이 가셋은 『돈키호테의 명상 *Meditaciones del Quijote*』(1914)에서 스페인 민족의 정수를 회복하기 위해 과거의 스페인을 불살라 버려야 한다고 말했다.[62]

이렇게 20세기 초 스페인의 국가적 위기 시대를 맞아 스페인의 지성들이 역사적 고찰을 통해 스페인의 민족정신을 새롭게 조명하자, 이를 반기며 적극 활용한 것은 당시의 파시스트들과 독재자 프랑코였다. 민족적 우월성을 바탕으로 배타적 민족주의를 고취시키는 파시즘이 스페인 제국 신화에 열광한 것은 당연했다. 프랑코 역시 스페인 황금 세기 이후의 역사는 원류에서 벗어난 것이라며 스페인의 자긍심을 재건함으로써 제국 시대의 영광스러운 역사로 되돌아가려고 했다. 프랑코가 적극적으로 제국 신화를 소환한 것은 당시 스페인 국민의 삶이 그만큼 어려웠기 때문이다. 유럽 중심 국가들에 비해 산업화에 뒤쳐짐으로써 유럽의 변방 국가로 전락한 스페인은 설상가상으로 내전을 겪은 후 최악의 궁핍 상태에 몰렸다. 이를 타개하고자 프랑코 정권은 스페인을 유럽연합(EU)의 전신인 유럽경제공동체(EEC)에 가입시키기 위해 노력했으나, 독재 국가라는 이유로 번번이 거절당했다.

---

61) Martin Blinkhorn, "Spain:The 'Spanish Problem' and the Imperial Myth". *Journal of Contemporary History*, 15.1 (1980), p.19.

62) 호세 오르테가 이 가세트, 『돈키호테 성찰』. 신정환 역. 을유문화사, 2017. p.109.

가톨릭 공동왕의 문장   프랑코의 문장

 그러자 프랑코 정권은 "스페인은 다르다(España es diferente)"를 외치며 가톨릭 신앙적 측면에서 타락한 유럽 국가들과 스페인을 비교하며 신앙적 순결성을 국민적 긍지로 삼고자 했다. 이것은 스페인이 도덕적으로 여타 유럽 국가들에 비해 우월하다는 의식이었다. 이런 의식에 따르면 스페인은 로마 제국의 적자(嫡子)로서 이슬람, 유대교, 개신교 세력의 위협에 맞서 세계적인 가톨릭 제국을 건설해야 할 신성한 의무를 띠고 있고, 마침내 16세기에 이를 이루었다는 것이다.[63] 이렇게 프랑코 정권은 영광스러운 스페인 제국의 향수를 상기시키며 패배감에 젖어있던 스페인 대중의 마음을 사로잡을 수 있었다. 위에서 보듯이 프랑코 정권은 스페인 제국 시대를 열었던 가톨릭 공동왕의 문양과 매우 유사한 문양을 채택했다. 가톨릭 공동왕의 화살 상징물은 스페인 파시스트 조직 팔랑헤(Falange)의 상징이

---

63) Henry Kamen, *Imagining Spain*, p.121.

되었다.

과정이야 어찌 됐든 한때 세계를 지배했었다는 긍지는 스페인인
들에게 대단한 것이어서, 스페인 제국의 향수는 끊이지 않고 후손들
에게 자부심의 원천이자 문학과 예술의 영감이 되었다. 우리나라는
스페인처럼 광대한 영토를 가진 적이 없다. 가장 넓은 영토를 차지
했을 때가 고구려 광개토왕 시기로서 만주를 넘어 현재 중국에 속한
넓은 영토를 차지했었다. 물론 광개토왕은 우리나라 역사에서 영웅
으로 기록되고 있고, 그의 치세는 우리나라의 최전성기로 여겨진다.

고구려의 팽창기와 발해를 제외하면, 우리나라가 한반도를 벗어
나 많은 영토를 차지한 적은 없었다.[64] 북방의 유목민족이 흥기하던
시대를 제외하곤, 토지를 기반으로 논농사 중심의 씨족 생활을 해온
아시아에선 지역에 뿌리를 둔 정체성 개념이 확고했기에 타국과의
전쟁을 통해 영토를 빼앗고 주민을 이주시킬 생각을 별로 하지 않았
다. 메이지 유신 이후 일본이 유럽식 제국주의를 모방하여 우리나라
를 비롯한 아시아 국가들을 식민화하려 했지만, 정치·군사적으로만
성공했을 뿐 각국 민중의 거센 저항에 직면해야 했다. 일본이 미국
과의 전쟁에서 패하지 않았더라도 민족으로서 오랜 전통을 지닌 아
시아 각국을 식민지로 삼으려던 계획은 오래가지 못했을 것이다.

---

64) 발해사의 권위자 송기호 교수는 발해가 당나라와 말갈의 요소도 가지고 있었으나 고구
려 계승국의 성격이 강하다고 설명하며 통일신라와 발해가 병존하던 시기를 남북국시대
로 명명하고자 한다. (송기호, 「남북국의 전쟁, 경쟁과 교류」, 『신라사 학보』, 제45호.
2019.04.)

7

백의민족(白衣民族)과
흑의민족(黑衣民族)

우리나라 사람들은 예로부터 흰옷을 즐겨 입어 '백의민족'이라고 불렸다. 한국인이 흰옷을 즐겨 입었다는 기록은 고대의 여러 문헌에 등장하는데, 『삼국지』「위지」동이전에 보면, "부여인들은 옷 가운데 흰색을 좋아하며, 흰색 옷에 소매가 넓은 겉옷과 바지를 입는다"라는 기록이 있다.[65] 또한, 『수서(隋書)』 81권에는 "신라의 의복은 대략 고구려, 백제와 같으며, 의복의 색은 희다"라는 기록이 나온다. 『북사(北史)』 94권 「신라전」에는 "복색은 모두 흰색을 숭상한다"라는 기록도 있다.[66] 이로 미루어보아 우리 민족이 고대로부터 흰옷을 주로 입었던 것은 사실로 보인다.

하지만 고려 충렬왕 때와 공민왕 때, 조선 태조, 현종, 숙종, 영조,

---

[65] 박찬승, 「일제 하의 '백의(白衣)' 비판과 '색의(色衣)' 강제」, 『동아시아문화연구』 제59집, 2014, pp.46-47 재인용.

[66] 박찬승, 「일제 하의 '백의(白衣)' 비판과 '색의(色衣)' 강제」, 『동아시아문화연구』 제59집, 2014, pp.46-47 재인용.

정조 때는 백성들이 흰옷을 입는 것을 금지하기도 했다.[67] 중국의 관습과 어긋난다거나, 상복처럼 보인다는 이유에서였다. 금지령은 시대에 따라 효과가 달랐지만, 대체로 잘 지켜진 것 같지는 않다. 그리하여 평민들은 일상생활에서는 물론, 제사 등이 있을 때 반드시 흰옷을 입었다. 어쨌든 이렇게 흰옷 착용 금지령이 내려질 정도로 평민들은 흰옷을 즐겨 입었다.

일제 강점기의 신문과 잡지를 보면 조선인을 일컬어 '백의인', '백의동포', '백의민족'이라고 하는 말이 자주 등장한다.[68] 이 잡지들에는 한국인이 언제부터 백의를 즐겨 입었는지, 백의를 즐겨 입은 배경은 무엇인지에 대한 논쟁이 벌어지기도 했는데, 염색 도료가 비쌌기 때문이라거나, 백두산(白頭山), 백록담(白鹿潭) 등의 지명에서 보듯 우리 민족이 에로부터 흰색을 선호했다거나, 집착적으로 흰옷을 입었던 몽골 민족의 영향을 받았기 때문이라는 등 다양한 학설이 제기되었다.[69] 심지어는 한국인의 미의식이 발달하지 못했기 때문이라는 주장과 한민족이 슬픔의 민족이기 때문이라는 주장도 일각에서 제기되었다.[70]

어떤 이유에서건 조선인들은 흰색 옷을 주로 입었고 19세기 말에서 20세기 초 사이에 한국을 방문한 외국인들은 한국인들의 흰옷을 인상 깊게 받아들였다. 1902년 한국을 방문하여 고종의 초상화를 그

---

67) 김정현, 「우리 민족은 왜 백의민족(白衣民族)이 되었나?」, 『월간조선』 2015년 4월호.

68) 박찬승, 「일제하의 '백의(白衣)' 비판과 '색의(色衣)' 강제」, 『동아시아문화연구』 제59집, 2014, p.44.

69) 박찬승, 「일제하의 '백의(白衣)' 비판과 '색의(色衣)' 강제」, 『동아시아문화연구』 제59집, 2014, p.45.

70) 서봉하, 「한국에서 백의호상(白衣好尙)현상이 고착된 배경에 관한 논의: 유창선의 백의고를 중심으로」, 『복식』 64(1), 2014. p.152

린 프랑스 화가 드 라 네지에르(Josephe de la Nézière)는 다음과 같
이 썼다.

> 청색이 중국의 색이라면 흰색은 조선의 색이다. 한국의 고유의상은 생
> 동감이 넘치는 백옥 같은 밝은 흰색부터 광목처럼 거칠고 투박한 흰색
> 에 이르기까지 매우 다양한 흰색을 사용한다. 따라서 조선의 거리 어디
> 에서나 볼 수 있는 흰옷의 물결은 음악의 향연과도 같은 것이다. 앞으
> 로 어떠한 변화가 일어날지라도 조선은 영원토록 백색 왕국으로 남을
> 것이다.[71]

흰옷 입는 습속을 바꿔서 색깔 있는 옷을 입도록 가장 적극적으로
장려한 것은 일제하의 조선총독부였다. 1933년 조선총독부는 농촌
갱생 운동의 일환으로 색복장려 운동을 전개하기로 결정하고, 각 도
청과 군청, 면의 관리들을 동원하여 동네마다 홍보에 나섰다.[72] 조
선총독부의 색복착용 운동은 시간이 가면서 장려에서 강제로 옮아
갔고, 흰옷 입은 사람들에게 면직원이 잉크를 뿌리거나 의복을 찢고
심지어 구타까지 하게 되자 『동아일보』, 『조선일보』 등의 신문은 색
복장려 운동의 취지에는 찬성하지만 방법에는 찬성할 수 없다는 글
을 싣기도 했다.[73] 이렇게 일제가 백의 착용을 부당한 방법으로 금
지하는 바람에 백의는 우리 민족의 순수성의 상징처럼 여겨지게 되
었다. 해방 이후 근대화가 되어서는 실용적이지 못한 흰옷을 입는

---

71) Hwang Oak Soh, "The People of White Clothes from Modern Perspectives". *International
Journal of Costume and Fashion* 11(2). 2011. p.28 재인용.

72) 박찬승, 「일제하의 '백의(白衣)' 비판과 '색의(色衣)' 강제」, 『동아시아문화연구』 제59집,
2014, p.62.

73) 박찬승, 「일제하의 '백의(白衣)' 비판과 '색의(色衣)' 강제」, 『동아시아문화연구』 제59집,
2014, p.64.

사람은 극히 줄어들었지만, '백의민족'은 우리나라 민족을 상징하는 말이 되었다.

우리나라가 흰옷의 나라로 상상되어 왔다면, 스페인은 검은 옷의 나라로 연상되어 왔다. 영국, 미국 사람들이 보다 자유로운 스타일의 옷을 입는다면, 스페인 사람들은 좀 더 미학적으로 일관성이 있고 사회적으로 교육받은 스타일의 옷을 입는다고 평가된다.[74] 스페인 패션의 가장 특징적인 부분은 경건한 검은색 옷이 많다는 것인데, 최근 세계적으로 검은색 옷이 유행하자 스페인풍이라는 말이 나왔을 정도였다.[75] 스페인인들이 검은 옷의 사람들로 연상된 첫 번째 이유는 실제로 스페인 사람들이 검은 옷을 즐겨 입은 전통이 있었기 때문이다. 프라도 박물관에 가면 유명한 화가들이 그린 스페인 왕과 왕·비의 초상화가 많은데, 검은 옷을 입은 모습을 그린 그림이 많이 걸려있다. 검은 옷 입은 사람의 대표적인 상징은 '신중왕'이라고 불린 펠리페 2세와 가톨릭 사제들이었다. 카를 5세 때의 신성 로마 제국의 영토가 떨어져 나가긴 했으나 여전히 광대한 영토를 경영했던 펠리페 2세는 검은 옷을 즐겨 입었을 뿐만 아니라 근엄한 성격의 소유자였다. 또한, 신앙심이 깊었던 그는 1557년 프랑스와 벌인 상 캉탱 전투에서 승리를 거두자 신에게 감사하기 위해 유명한 엘 에스코리알(El escorial) 수도원을 건축할 것을 명령하여 그의 재위 기간에 완성하였다. 펠리페 2세는 검은색 의상을 유럽과 아메리카에 확산시키는 데 큰 몫을 하였다고 알려진다.[76]

---

74) Paul Julian Smith, *Contemporary Spanish Culture*, Polity, 2003. p.40.

75) Paul Julian Smith, *Contemporary Spanish Culture*, p.40.

76) 존 하비, 『블랙패션의 문화사』 최성숙 역, 심산출판사, 2008. p.94.

카를 5세(티치아노)와 펠리페 2세(소포니스바 앙귀솔라)

스페인 사람들이 검은 옷을 즐겨 입은 이유는 가톨릭 수도사와 수녀들이 검은 옷을 입었기 때문이다. 교회는 종교의식이 진행되는 곳이었고 수도원은 교육을 담당한 곳이었기 때문에 스페인 사람들은 신부와 수녀의 영향에서 벗어날 수 없었다. 가톨릭교회는 스페인 사람들의 모든 면을 관장했고, 가톨릭 사제들이 입는 검은색의 종교복은 경건함과 절제의 상징이 되었다. 그래서 왕들 역시 일상적인 근무를 할 때는 검은색 옷을 입었고, 외국 사절을 맞거나 연회를 할 때만 화려한 옷을 입었다.

현대에 접어들어 프랑코 시대의 문화 역시 검은색으로 연상될 수밖에 없었다. 프랑코는 제2공화국에서 금지시켰던, 수도원에 의한 중등교육을 부활시켰기 때문이다. 그리하여 사제들은 다시 선생님으로 교육 현장에 복귀하게 되었다. 학생들은 무채색의 교복을 입고서 사제들이 가르치는 종교 교육을 받게 되었다. 사제들은 매우 엄한

알모도바르의 영화에 등장하는 마드리드

규율을 강제했고, 학생들은 무조건 순종해야 했다. 가톨릭 교단 중에서도 가장 엄격한 규율을 강조했던 예수회가 운영하는 학교에서는 단체 기합이나 구타 등 체벌이 가해지기 일쑤였다.

프랑코 시대가 끝나고 민주화가 되었을 때 청년 저항 문화로서 일어난 마드리드의 '모비다 (La movida)'가 무엇보다 색(色)의 혁명이었던 것은, 검은색으로 상징되는 프랑코 시대의 잔재를 털어버리려고 했기 때문이다. 그래서 모비다의 주역 중에는 화가, 사진작가, 영화감독, 패션 디자이너 등 시각 문화와 관계된 예술인들이 많았다. 이들은 다소 촌스럽게 보일 수도 있는 원색 계열의 화려한 색상을 선호했다. 영화감독 페드로 알모도바르가 대표적이었는데, 그의 영화에 등장하는 원색의 화려한 미장센은 칙칙한 도시 마드리드를, 어느 등장인물의 말처럼, 세계에서 가장 재밌는 도시로 탈바꿈시켰다.[77]

77) 알모도바르의 두 번째 장편영화 <열정의 미로 Laberinto de pasiones>에서 티란 왕국의 왕자인 리사는 마드리드가 세상에서 가장 재미있는 도시라서 왔다고 말한다.

모비다의 불꽃은 이내 사라졌지만 새로 태어난 스페인은 세계인의 뇌리 속에 밝고 화사한 색상의 이미지로 남게 되었다. 실제로 현대 스페인의 도시에서 공공 시설물이나 버스, 택시 등에는 높은 채도의 원색을 쓰는 경우가 많다. 검은색이 쓰인다 해도 ― 실제로 ZARA나 Mango 등의 의류 브랜드는 검은색 옷을 많이 만든다 ― 세련되고 전위적인 미를 강조하는 것이지 결코 과거의 잔재가 남아 있다거나 어두운 과거에 붙들려 있는 것이 아니다.

백의민족이라 불리던 우리나라 사람들이 최근 검은색 의복을 선호하게 된 것은 흥미롭다. 우리나라 패션 연구가들은 1990년대 이래로 우리나라에서 블랙 패션 선호가 나타났고 최근에 이르면서 검은색이 의복에서 더욱 인기를 끌고 있다고 말한다.[78] 물론 블랙 패션의 유행은 우리나라만의 현상이 아니라 세계적인 것이기도 하다. 이제 백의민족, 흑의민족은 옛날이야기일 뿐이고 세계인이 동일한 유행을 쫓아가는 지구촌 시대가 되었다.

---

[78] 석순화, 금기숙, 「현대 한국 여성의 블랙패션 선호에 관한 연구」, 『복식』 62(1), 2012. p.33-34.

8

'흑색 전설'과 '동방예의지국'

지구상 거의 모든 국가는 그 나라의 국민성이나 역사를 축약하는 표현이나 이미지를 갖고 있다. 우리나라를 일컫는 '동방예의지국', '군자국', '조용한 아침의 나라' 등이 그런 표현들이다. '동방예의지국'과 '군자국'이라는 말은 출전이 모호한 말이다. 공자가 『논어』의 「자한」 편에서 "군자가 그곳에서 살았으니 무슨 누추함이 있겠는가"라고 한 것에 대해서[79] 여러 사람들이 배경을 추측하여 설명하면서 혼란이 생겼다. 공자의 말을 좋은 의미로 해석한 사람들은 한국이 동방의 군자국이라서 공자가 그렇게 말한 것이라고 주장하기도 했다. 또한, 이런 해석과 정반대로 중국 왕조에 조공을 바치며 복종을 잘한다는 의미로 하사한 이름이라는 말도 있다.[80]

어쨌든 우리나라의 왕조들은 '동방예의지국'을 좋은 의미로 해석하여 백성들에게 가르쳐왔다. 해방 이후엔 우리 민족의 우수함을 드

---

79) 주희, 『논어집주 1』, 박헌순 역, 한길사, 2008. p.547.
80) 김우현, 『주자학, 조선, 한국』, 한울, 2011. p.67.

러내는 표현이자 민족적 자긍심의 증거로서 국민에게 널리 홍보하였다. 인도의 시성(詩聖) 타고르가 쓴 '조용한 아침의 나라'라는 말 역시 우리 민족의 성정(性情)을 잘 표현한 것으로 받아들여져 국민 사이에서 적극적으로 홍보되었다. 특히 대한항공에서 이 이미지를 적극적으로 활용하여 기내잡지의 이름이나 우수 마일리지 회원의 명칭으로 사용하기도 한다.

스페인 하면 우리나라에선 '태양과 정열의 나라'로 일컫곤 하지만, 사실 이 표현은 스페인 내에서는 물론 세계적으로도 스페인에 특화된 표현은 아니다. 스페인에 유독 맑은 날이 많아서 세계인들이 커다란 태양을 스페인의 특징으로 여기는 건 사실이지만, 그렇다고 '태양과 정열의 나라'를 스페인의 별명처럼 사용하지는 않는다. 이 표현은 우리나라 미디어와 언론에서 주로 사용되어 온 것으로 보인다.

사실, 근대에 이르기까지 스페인의 이미지는 지금과 정반대인 '흑색 전설(Black legend)'의 나라로 알려져 있었다. 흑색 전설이란 유럽에 퍼져있던 스페인의 이미지로서, 근대에 이르기까지 다른 유럽 사람들은 스페인을 어두컴컴한 광신도의 나라로 연상했다. 검은 전설은 아메리카에서 원주민이 당한 폭력이 시발점이 되었는데 유럽인들이 이것을 스페인 사람들의 광폭한 민족적 기질 탓으로 돌린 것이다. 이렇게 되자 스페인 사람들의 가톨릭 광신주의, 불관용 그리고 우민주의(愚民主義)가 회자되기 시작했고, 이러한 기질을 보여주는 가장 대표적인 사례로서 종교 재판이 부각되었다.

스페인은 북유럽의 종교개혁에 맞서 가톨릭 신앙의 수호자를 자처하며 악명 높은 종교 재판소(Inquisition)를 만들어 이교도들을 화형 시키는 등 잔인하게 탄압한 것으로 알려져 있다. 최초의 종교 재판소는 13세기에 로마 교황청에 의해 시칠리아(1220) 등에 설치되었고, 이후 교황의 권유에 따라 1242년 스페인 타라고나에도 설치되었다.[81] 이후 스페인의 가톨릭 공동왕은 교황청 부속이었던 중세 종교 재판소를 대신하여 1478년 왕립 종교 재판소를 설치하였다. 이 종교 재판소는 고소인이나 고발인이 없이도 이단으로 의심되는 용의자를 심문할 수 있었기 때문에 심문(審問)이라는 의미의 'Inquisición'이라고 불리게 되었다.[82] 스페인 종교 재판소는 1809년 나폴레옹의 형 조셉 1세가 공식적으로 재판소를 철폐할 때까지 350년 동안 존속하며 유럽과 아메리카의 광대한 스페인 영토에서 벌어진 12만 5천 건의 종교 고발 사건을 처리하였고 이 중에서 5천~만 명[83] 정도가 처형된 것으로 추산되고 있다. 비슷한 기간 동안 독일에서 2만 5천 명의 마녀가 처형된 것에 비하면 훨씬 적은 수가 희생된 것이었다.[84]

스페인에서 실제 행해진 종교 재판에 대해서는 아직도 밝혀지지 않은 부분이 많다. 새러 시먼스는, 18세기에는 화형이 거의 없었던 것으로 밝혀졌으며, 스페인의 종교 재판소도 많은 잔학 행위를 저질렀지만 다른 서유럽 국가들만큼 야만적이고 잔인하지는 않았다고 말한다.[85] 1646년 영국 여행 작가 존 이블린은 "스페인의 종교 재판

---

81) 박종욱, 『스페인 종교 재판소』, 부산외대 출판부, 2006. pp.21-23.

82) 박종욱, 『스페인 종교 재판소』, pp.27-28.

83) César Cervera, "El mito de la Inquisición española: menos del 4% acababan en la hoguera", *ABC*, 2015.12.4.

84) César Cervera, "El mito de la Inquisición española: menos del 4% acababan en la hoguera", *ABC*, 2015.12.4.

85) 지성인 화가였던 고야는 종교재판 뿐만 아니라 당대 스페인 사회의 우매성을 컴컴한 색조와 그로테스크한 양식을 통해 표현한 <검은그림 pinturas negras>, 동판화 시리즈 등을 남김으로써 검은 전설의 생성과 유포에 큰 역할을 하였다.

고야가 그린 <종교 재판>(1812-1819)

소를 모두 합친 것보다 밀라노 한 곳의 종교 재판소가 더 두렵다"라고 기록했다.[86] 그럼에도 스페인 종교 재판소의 잔혹성은 과장되고 신화화되어 유럽 대중들에게 알려졌다.

스페인 종교 재판소가 활동하던 당시 이에 대해 통계가 나온 것도 없고, 심층적으로 연구된 것도 거의 없다. 그러다 19세기에 접어들어 스페인에 자유주의 사상이 도입되면서, 자유주의 사상가들에 의한 보수주의에 대한 공격의 일환으로 종교 재판소에 대한 비판적 글이 나오기 시작했다. 당시 자유주의자 사상가들과 가깝게 교제했던 화가 프란시스코 데 고야 역시 음울한 톤으로 종교 재판을 묘사하는 작품을 남겼다.[87] 이를 통해 종교 재판의 괴기성과 악명은 스페인

---

86) 새러 시먼스, 『고야』, 김석희 옮김, 한길아트, 2001. p.170.

87) 지성인 화가였던 고야는 종교재판 뿐만 아니라 당대 스페인 사회의 우매성을 컴컴한 색조와 그로테스크한 양식을 통해 표현한 <검은그림 pinturas negras>, 동판화 시리즈 등을 남김으로써 검은 전설의 생성과 유포에 큰 역할을 하였다.

내에는 물론 유럽 전역에 퍼지게 되었다.

종교 재판소의 신화가 스페인에서 계속 뿌리 깊게 잔존하면서 강력한 힘을 발휘하게 된 것은 그것이 전통 스페인의 후진성과 폐쇄성을 비판하는 자유주의 정치사상에 필수적이었기 때문이다.[88] 스페인에서 철학, 과학, 산업혁명이 미진했던 이유에 대한 논쟁이 벌어지면 다른 유럽 국가들과의 교류 면에서 스페인의 고립성이 쉽게 도마 위에 올랐고, 종교 재판은 스페인의 고립성을 말해주는 상징적인 존재가 되었다. 가령 20세기 초의 대표적인 지성 우나무노는 다음과 같이 말했다.

> 종교 재판은 혈통을 배타적으로 보호하려는 고립의 도구였다. 이로 인해 스페인은 획일성에 빠지면서 여타 유럽 국가처럼 다양한 학파와 사유가 풍부하게 나타나지 못하였다. 그래서 여기 스페인에는 오래된 나무 덩굴과 마르고 헐벗은 대지만이 남게 되었다.[89]

이러한 우나무노의 말은 스페인의 사상적 폐쇄성에 대한 하나의 설명일 뿐이다. 종교 재판소의 출판물 검열 때문에 유럽의 저술이 스페인에 유입되지 못했고, 종교 재판소의 이단 심문 때문에 유대인들이 이베리아반도에서 다 쫓겨났으며, 그 바람에 스페인에서 상업과 과학이 발전할 기회를 놓쳤다고 보는 것은 지나친 억측이다.

흑색 전설이 유럽에서 유행하게 된 또 다른 중요한 이유는 스페인인들이 아메리카에서 자행한 많은 잔혹 행위 때문이다. 이사벨 여왕

---

88) Henry Kamen, *Imagining Spain*, p.134.
89) Miguel de Unamuno. *En torno al casticismo*. Madrid: Espasa Calpe, 1991. p.162.

의 후원을 받아 콜럼버스가 아메리카에 도착한 이래로 5천만에서 1억 명 정도로 추산되는 아메리카 원주민 인구의 80~95% 정도가 몰살된 것으로 추정되고 있다. 스페인인들의 도착 이후 100년 동안 아메리카 원주민들이 극적으로 줄어들자 서양 세계는 경악할 수밖에 없었다. 그러나 원주민들은 학살 때문이 아니라 대부분 성홍열, 티푸스, 천연두 등 스페인인들이 가져온 전염병에 의해 희생되었다. 이런 전염병들은 대부분 가축에서 온 것으로, 5대 가축(말, 양, 돼지, 소, 염소)이 풍부했던 남유럽인들은 오랜 세월 전염병에 시달려왔기 때문에 이미 상당한 면역력을 지니고 있었다. 그러나 5대 가축이 일찍 멸종한 아메리카 원주민들은 쉽게 역병에 걸렸다.[90] 이들에게 유럽인들의 도착은 그야말로 재앙이었던 것이다.[91]

스페인이 남아메리카를 정복하여 많은 이득을 보자 네덜란드, 프랑스, 독일 등 유럽의 열강들은 뒤늦게 식민지 쟁탈전에 뛰어들어 중앙아메리카와 브라질 유역에 진출한다. 한편 영국은 주로 북아메리카로 진출하여 식민지를 개척한다. 이렇게 스페인을 필두로 여러 유럽 국가가 식민지 개척에 나섬으로써 많은 원주민이 희생되자, 유럽 국가들은 이에 대한 책임을 가장 먼저 아메리카에 도착한 스페인 탓으로 돌렸다. 악명 높은 종교 재판에서 보듯 스페인 사람들은 특유의 잔인함을 가지고 있고, 이 때문에 아메리카 원주민들을 마구 학살하였다는 것이다. 이는 원주민 인권을 옹호하기 위해 스페인 정

---

90) 1세기 만에 80~95%의 인구가 절멸한 엄청난 결과를 학살과 전염병만 가지고는 설명할 수 없다며, 유럽인이 도착하기 전에 몰락한 마야 문명의 예에서 보듯 식량 부족에 의한 인구 압박, 삼림의 황폐화, 지표면의 물 부족, 과도한 경작으로 인한 지력 고갈 등을 또 다른 원인으로 제시하는 학자들도 있다. (벤자민 킨, 『라틴아메리카의 역사』, 그린비, 2014. pp.52-53.)

91) 반대로 아메리카에서 유럽에 전해진 역병도 있었는데 성병인 매독이 대표적이다.

복자들의 만행을 기록한 스페인 수도사들의 저서가 유럽에 알려지면서 전 유럽에 빠른 속도로 확산되었다. 아즈텍을 정복한 코르테스는 수십만 명의 아즈텍인을 학살하였으며, 피사로는 잉카족과의 첫 대면에서 무장하지 않은 4천 명의 잉카 전사들을 학살하고 아타우알파 황제를 사로잡은 것이 널리 퍼졌다.

스페인 정복자들에 의한 원주민 학살이 있었던 것은 사실이지만 앞서 말했듯 원주민 인구의 급감은 학살에 의한 것이라기보다는 전염병에 의한 것이었다. 또한, '검은 전설'은 후발 식민지 개척국가들이 자행한 잔학 행위를 스페인인들에게 덮어씌우는 데 이용되기도 했다. 아래의 판화에서 보듯, 스페인 정복자들이 아메리카 원주민들을 집단으로 태워 죽이는 장면을 유럽인들은 상상하곤 했다.

네덜란드의 화가 드 브리(Theodor de Bry, 1528-1598)가 만든 동판화

스페인에 의한 남쪽 아메리카 지역의 점령, 그리고 영국인에 의한 그 이북 아메리카 점령을 비교했을 때, 분명히 남쪽에서 훨씬 많은 희생자가 발생했다. 하지만 이것을 스페인인들의 광폭한 기질 탓으로만 돌리는 것은 근거가 박약하다. 역사적 자료로 보아 스페인인들이 영국인들보다 원주민을 많이 살상한 것은 사실로 보이지만, 영국인들보다 100년 이상 일찍 아메리카에 도착한 스페인인들은 원주민의 정체, 규모, 전력에 대해 알지 못했기에 불안감이 더 컸을 것이다. 또한, 북미보다 중남미에 훨씬 많은 원주민이 거주하고 있었기에 원주민들과의 조우가 더 많았고 희생자가 많을 수밖에 없었다. 원주민에게 가장 큰 타격을 준 전염병은 인구밀도가 높고 기온이 높았던 중남미에서 더 창궐할 수밖에 없었다. 게다가 처음 유럽인들이 얻고자 했던 금, 은은 북쪽엔 거의 없었던 반면 남쪽에 몰려있었다. 스페인인들은 아즈텍, 잉카의 왕과 귀족이 금으로 장식한 것을 보자 처음엔 그들을 위협해서 금을 빼앗으려 했고, 그 후엔 볼리비아 포토시에서 은광이, 그리고 브라질 바이아, 미나스제이라스에서 금광이 발견되자 원주민과 흑인 노예를 시켜 채굴하여 유럽으로 가져갔다. 결국 여러 가지 상황이 북쪽보다 남쪽에서 더 많은 원주민 착취가 발생하는 결과를 가져왔다고 볼 수 있다.

하지만 스페인은 대항해 시대 이래로 식민지 개척에 나섰던 유럽 국가 중에서 일찍이 원주민의 인권 문제를 고민했던 나라이기도 하다. 검은 전설이 생겨난 계기 또한, 스페인 사제들의 고발에서 비롯된 것이다. 가톨릭 사제들은 항해에 늘 동승했고, 원주민들을 포교의 대상으로 삼았다. 아메리카뿐만이 아니라 필리핀, 괌 등 아시아의 도서(島嶼)를 식민화할 때에도 마찬가지였다. 사제들은 원주민어를 배우는 한편, 원주민들에게 스페인어를 가르치고 가톨릭 신앙을 전파하였다.

　대항해 시대의 선봉으로서 미지의 땅을 개척하는 데 앞장섰던 스페인과 포르투갈이 시행착오로 말미암아 많은 희생자를 만든 것은 사실이지만, 여기에 많은 과장이 결부되어 스페인, 포르투갈 사람들의 포악성을 나타내는 흑색 전설이 만들어졌다. 물론 이 과장에는 서구 제국주의가 다른 대륙의 사람들에게 끼친 엄청난 폐해를 대항해 시대의 선봉이었던 스페인, 포르투갈에게 전가하려는 다른 유럽 국가들의 정치적 의도도 숨겨져 있다고 볼 수 있다.

II

닮은꼴의 현대사

1. 3년의 내전

2. 두 독재자

3. 독재 정권의 빛과 그림자

4. 민주화의 험난한 여정

5. 현대 소비사회로의 변화와 새로운 문화 건설

스페인과 한국은 20세기에 매우 유사한 현대사의 여정을 거쳤다. 3년에 걸친 참혹한 동족상 잔의 내전을 겪었으며, 군인 출신 독재자에 의한 독재와 급속한 경제개발기를 거쳐 민주화를 달 성하였다. 전쟁 이전 20세기 전반의 역사를 보지면 한국은 한국 전쟁 이전에 일제 강점기를 거 쳤고, 스페인 역시 제국 시대의 종말을 고하고 왕정이 무너지고 공화정으로 바뀌는 시기를 거쳤 으니 두 나라 모두 격동의 20세기를 보냈다고 할 수 있다. 한 세기만에 한국은 국가도 갖지 못 했던 가난한 식민지에서 세계 10위권의 경제 대국으로 변모했고, 스페인은 식민지를 모두 빼앗 긴 몰락한 제국에서 세계적인 관광 국가로서 역시 세계 10위권의 경제력을 갖게 되었다. 두 나 라만큼 속도와 밀도 면에서 20세기를 빠르고 압축적으로 보낸 나라도 없을 것이다.

1

3년의 내전

니얼 퍼거슨이 '증오의 세기'로 규정한 20세기는 전쟁과 살육으로 섬철된 세기였다.[92] 세계대전, 국가 간의 전쟁, 민족 간의 전쟁 등 많은 전쟁이 지구상에서 일어났다. 이 중에서 이베리아반도와 한반도에 벌어진 스페인 내전과 한국 전쟁은 세계적으로 큰 주목을 받았고 큰 파장을 일으킨 전쟁이었다. 제2차 세계대전 직전에 일어난 스페인 내전은 동족이 참혹한 살육전을 벌였다는 점에서 세계인을 전율케 했다. 제2차 세계대전 직후 일어난 한국 전쟁은 동족 간의 전쟁이라는 점 외에도 18개국이 참전한 국제전으로서 전 세계의 주목을 받았다.

이런 이유 때문에 이베리아반도에서 벌어진 전쟁을 스페인 '내전'이라고 부르는 반면, 한반도에서 일어난 전쟁에 대해선 한국 '전쟁'이라는 말을 쓴다. 하지만 한국민의 입장에서 보자면 한국 전쟁도 동족 사이에 벌어진 참혹한 내전이었다. 니얼 퍼거슨은 "한국 전쟁

---

92) 니얼 퍼거슨, 『증오의 세기: 20세기는 왜 피로 물들었는가』, 이현주 역, 민음사, 2006.

은 처음부터 앞선 전쟁(제2차 세계대전)의 최종 단계에서 나타난 격렬한 파괴력을 똑같이 보여주었다. […] 2차 세계 대전 때와 마찬가지로 사상자 대다수는 민간인이었다."라고 말하면서 한국 전쟁의 참혹함을 설명한다.[93] 스페인 내전과 한국 전쟁의 참전자와 사망자 추산은 자료마다 조금씩 차이를 보이지만, 두 전쟁의 개요를 정리하면 아래와 같다.

	스페인 내전	한국 전쟁
기간	1936.7.~1939.4. (2년 9개월)	1950.6.~1953.7. (3년 1개월)
참전국	스페인 공화파 / 스페인 반란파	남한, 미국 등 UN 16개국 / 북한, 중국, 소련
지원국 (의료 지원 포함)	러시아, 멕시코, 국제 의용군 / 독일, 이탈리아, 포르투갈	스웨덴, 인도, 덴마크, 노르웨이, 이탈리아 / 체코슬로바키아, 동독, 폴란드, 헝가리, 루마니아, 베트남
참전자 수(추산)	100만 명 vs 100만 명	172만 명 vs 215만 명 이상
사망자 수(추산)	57만 명 (후방 학살 15만 명 이상)	137만 명 (민간인 52만 명 이상)

전쟁의 기원을 찾아

스페인 내전의 기원을 근원부터 찾으려면 역사를 한없이 거슬러 올라가야 할 것이다. 스페인이 하나의 국가로서 통합된 이후 ― 혹은 그 이전부터 ― 한때 세계 최대의 제국으로 군림하다 유럽의 주변국으로 전락하는 원인이 된 모든 사회적 갈등과 구조적 모순이 그동안 곪아 있다가 20세기 초에 터져버린 것이다. 역사적 배경은 매

---

93) 니얼 퍼거슨, 『증오의 세기: 20세기는 왜 피로 물들었는가』, p.769.

우 복잡하지만, 정리해서 말하자면 파시즘 대 아나키즘, 보수주의 대 자유주의, 가톨릭 대 무신론, 지주 대 소작농, 왕당파 대 공화파, 중앙 집권주의 대 지역주의 사이의 갈등이 내전을 불러왔다.

그중에서 전쟁의 직접적인 원인이 된 이념적인 갈등은 다음과 같이 요약될 수 있다. 먼저 좌파 쪽을 보자면, 스페인에는 초기 노동운동에서 마르크스주의 보다 아나키즘이 훨씬 우세했다.[94] 미하일 바쿠닌이 파견한 이탈리아 아나키스트 쥐세페 파넬리는 1868년 스페인에 도착하여 아나키즘을 전파했고,[95] 아나키즘 이론은 기아선상에 있던 농민들이나 열악한 환경 속에 있었던 광산 노동자들을 중심으로 광범위하게 퍼졌다.[96] 바쿠닌, 파넬리, 프루동 등의 무정부주의자들은 가난한 농민과 노동자들 사이에서 거의 성인처럼 숭배되었다.[97] 이렇게 외래의 급진적 사상이 안달루시아, 카탈루냐 등에서 급속하게 퍼진 데는 중앙집권적 권력에 반발하여 지역이 할거해 온 스페인 특유의 역사적 토양이 작용한 것으로 볼 수도 있다.[98]

무정부주의에 비해 마르크스적 사회주의는 19세기 말이 되어서야 스페인에 뿌리를 내리기 시작했다. 1879년 스페인 사회노동당(PSOE)이 창설되었는데, 무정부주의보다 온건했기 때문에 1888년 창설된 사회주의 노동조합인 노동자 총동맹(UGT)은 많은 조합원을 모을 수 있었다. 이들 노동조합은 조직을 기반으로 여러 차례 반란을 일으켰다. 1909년 7월 바르셀로나에서 모로코 전쟁을 위한 징집에 반

---

94) 황보영조, 『토지와 자유: 에스파냐 아나키즘 운동의 역사』, 삼천리, 2020. p.57.
95) 황보영조, 『토지와 자유: 에스파냐 아나키즘 운동의 역사』, p.50.
96) 齊藤孝, 「1930년대와 스페인 내전」, 『스페인 내전 연구』, 형성사, 1981, p.44.
97) 앤터니 비버, 『스페인 내전』, 교양인, 2009. pp.41-42.
98) 박구병, 「황보영조, 『토지와 자유: 에스파냐 아나키즘 운동의 역사』, 삼천리, 2020. p.373.

대하여 항거한 '비극의 주간(semana trágica)' 사건이 일어났고, 수백명의 민중이 정부군에 의해 학살되었다. 이 사건 이후 1910년 무정부주의 노동자들은 전국 노동자 연맹(CNT)을 결성하였고, 노동자 총동맹(UGT)과 더불어 총파업을 벌이면서 현실 정치에 깊숙이 관여하였다. 1917년 러시아에서 들려온 혁명 소식은 스페인 좌파들을 고무시켰고, 러시아에 이어 스페인에서도 혁명이 일어나 유럽의 양쪽 끝이 혁명의 불길에 휩싸일 것이라는 얘기들이 오갔다.[99] 한편 스페인 공산당은 1923년 창설되어 좌파의 한 축을 담당하게 되었다.

20세기 초반의 혼란 속에서 좌파가 급진화된 것과 마찬가지로 우파 역시 극단화되었다. 1921년 스페인 군대가 모로코 전쟁에서 치욕적인 패배를 당한 것을 기화로 1923년 미겔 프리모 데 리베라(Miguel Primo de Rivera)가 군사 반란을 일으켜 국왕 알폰소 13세를 허수아비 왕으로 둔 상태에서 독재자로 취임하였다. 알폰소 13세의 치하에서 워낙 스페인이 혼란스러웠기 때문에 사회주의자를 비롯한 일부의 좌파 세력 역시 프리모의 정부에 동조하거나 참여하여 사회개혁을 이루려 했다. 하지만 이내 프리모가 우파적인 면모를 드러내자 사회주의자들은 지지를 철회했다. 그리하여 1930년 프리모는 외국으로 망명을 떠났고 스페인은 극심한 정치적 혼란을 겪으며 공화국으로 치닫게 되었다.

좌파들에 반감을 품은 우파를 이념적으로 묶어준 것은 1930년대 유럽을 광풍처럼 휩쓴 파시즘이었다. 특히 한때 세계 최대의 제국으로 군림하다 신흥 강국들과의 전쟁에서 모두 패하여 해외 영토를 대부분 상실하고 이류 국가로 전락한 스페인의 상황에서 민족적 순수성

---

99) 앤터니 비버, 『스페인 내전』, p.49.

과 자부심에 호소하는 파시즘은 우파 지식인들과 대중을 사로잡았다. 그리하여 1933년 미겔 프리모 데 리베라 장군의 장남인 호세 안토니오 프리모 데 리베라(José Antonio Primo de Rivera)에 의해 스페인 파시즘 조직인 팔랑헤(Falange)가 창설되어 우파의 구심점이 되었다.

이탈리아의 파시즘이나 독일의 나치즘에 비해 스페인의 팔랑헤는 전통 회귀적이라서 황금시대 스페인 제국에 대한 민중의 향수를 자극했다. 팔랑헤는 스페인의 역사가 원류에서 벗어남으로써 타락하게 되었다는 신화적 역사관을 지향했다. 이러한 신화적 역사관은 파시즘이나 나치즘에서 왔다기보다는 1898년 미서 전쟁의 패배를 전후하여 스페인 제국의 몰락을 진단하고 고민한 98세대 작가들과 오르테가 이 가셋(Ortega y Gasset)의 사상으로부터 왔다고 보아야 한다.[100] 스페인의 우파들은 이들의 주장을 근거로 삼아 스페인 사회에서 불순세력, 즉 좌파를 제거하는 것이 스페인이 곤경에서 나올 수 있는 길이라고 생각하게 되었던 것이다.

스페인 내전이 이전 세기부터 누적된 복합적인 갈등에서 비롯된 반면, 한국 전쟁의 기원은 그렇게 오래된 것이 아니었다. 한국 전쟁의 기원에 대한 연구서들은 대개 일제 강점기 후반부터 민족지도자들 사이에서 불거지기 시작한 좌우익 갈등에서부터 논의를 시작한다. 해방 후 본격화 된 좌우익의 분열과 대립에 기름을 끼얹은 것은 미국과 소련이 38도 선을 중심으로 남과 북을 분할점령한 것이었다. 그 후 미국과 소련은 각각 자기들의 입맛에 맞는 정치세력을 지원할 수 있게 되었던 것이다.[101] 그리하여 소련은 공산주의, 사회주의자

---

100) Jo Labanyi, *Myth and History in the Contemporary Spanish Novel*, Cambridge: Cambridge University Press, 1989, p.35.

101) 박태균, 『한국전쟁』, 책과 함께, 2005. p.69.

계열의 정치인들에게 행정권의 일부을 이양한다. 미국 역시 미군정 시기를 거쳐 좌익 세력을 제거하고 보수파인 이승만을 내세워 남한만의 정부가 수립되도록 한다.[102] 이렇게 해서 남북에는 서로 이념이 다른 정부가 수립되었고 점차 대립이 심각해져 전쟁에 이르게 된 것이다. 니얼 퍼거슨은 민족주의자인 김일성과 이승만의 야심이 한국 전쟁의 직접적인 원인이 되었다고 말하지만[103] 한국전쟁의 원인은 국내적, 국제적 요인이 복잡하게 맞물린 것이었다.

전쟁의 특징

스페인 내전과 한국 전쟁의 가장 큰 특징은 다른 전쟁들보다 민간인 사망자 비율이 높았다는 점이다. 이렇게 민간인 사망자가 많았던 것은 스페인 내전이든 한국 전쟁이든 단순히 군인들만의 싸움이 아니었다는 점을 말해준다. 스페인 내전은 오랜 기간 동안 쌓여왔던 좌파와 우파 간의 대립이 필연적으로 터져 나온 결과이지, 몇몇 군인들의 치밀한 계획으로 시작된 것이 아니었다.[104] 제2공화국의 성립과 함께 정권을 장악한 쪽은 좌파였다. 사회주의를 지향하던 마누엘 아사냐(Manuel Azaña) 정부는 집권하자마자 여러 파격적인 개혁을 실시한다. 토지 군대, 종교, 교육, 선거, 노동, 지역주의 등 사회의

---

102) 박태균, 『한국전쟁』, pp. 69-76.
103) 니얼 퍼거슨 『증오의 세기』. p.763.
104) 물론 에밀리오 몰라(Emilio Mola) 장군, 산후르호(Sanjurjo)장군, 프랑코 장군 등 반란군의 수뇌부는 2,3일 내에 마드리드와 주요 도시를 함락시킴으로써 일시에 정권을 장악하려는 계획을 갖고 있었다. 그러나 이들은 반란의 이념적 성격이 무엇인지, 쿠데타 이후 어떤 정치 시스템을 채택할 것인지에 대해서도 합의가 되어 있지 않았을 정도로 다분히 충동적이었다. (황보영조, 「스페인 내전의 전쟁 이념 분석」, pp.134-35).

전 분야에 걸쳐 펼쳐진 개혁 작업은 우파를 자극했다. 특히 이 중에서 종교와 국가를 분리하기 위해 가톨릭 국교화를 철폐한 것은 많은 가톨릭 신자의 불만을 가져왔다.

급진적인 좌파가 인민전선을 구성하여 선거에서 이김으로써 정권을 장악하게 되자 보수 우파는 군부의 누구라도 군사 반란을 일으켜 주길 기다리고 있었다. 누구보다 스페인의 전통적인 가톨릭 신자들이 반란파를 지지했는데, 이들에게는 이교도에 맞서 가톨릭 신앙을 지키는 것이 중요했기 때문이다. 이런 의미에서 스페인 역사 권위자인 레이몬드 카는 스페인 내전을 유럽의 마지막 종교 전쟁으로 정의하기도 한다.[105] 그렇기에 내전이 일어나자 군대는 물론 외교관에서 경찰에 이르기까지 많은 공무원이 프랑코파에 가담했고, 따라서 공화국은 제대로 기능할 수 없었다.[106] 공화국의 군대와 경찰이 제대로 기능하지 못하자 그 자리를 차지한 것은 노동자들과 공산당이었다. 이들은 내전이 시작되자 공화국의 무기고를 탈취하여 스스로 무장하였다. 그나마 공화국의 수도로서 행정부가 있던 마드리드에선 통제가 어느 정도 유지되었지만, 바르셀로나는 무정부주의자, 통합 노동자당, 공산주의자들에 의해 장악되었다. 이들은 바르셀로나의 최고급 호텔을 접수하여 사령부나 식료품 매점으로 활용하였다.[107]

내전 직전 30만 명의 조합원을 가지고 있던 무정부주의 노선의 전국 노동자 연합(CNT)은 내전이 시작되자 조합원이 200만 명으로 늘어났다. 내전 이전 100만 명의 노동자가 가입했던 사회주의 노선의 노동자 총동맹(UGT) 역시 개전 초기 200만 명으로 늘어났다.[108] 공

---

105) 레이몬드 카, 후안 파블로 푸시, 『스페인 현대사』, 대한교과서 주식회사, 1991. p.5.

106) 앤터니 비버, 『스페인 내전』, p.195.

107) 앤터니 비버, 『스페인 내전』, p.207.

산당 역시 25만 명의 당원을 갖게 되었다. 여기에 몰려든 사람의 대부분은 두 노조와 공산당이 공화국의 실세가 되었다고 판단한 기회주의자들이었다고 앤터니 비버는 말한다.[109] 즉 공화국이 내전에서 반란파를 제압하게 되면 노동자들의 세상이 올 것이라고 판단하여 노조에 가입한 사람들이 주류를 이뤘다는 것이다. 또한, 공화국이 승리하면 극우파 참여 전력으로 인해 체포될 것이 두려운 사람들도 공산당이나 노조에 가입했다고 한다.[110] 이렇게 된 데는 반란 초기에 승리를 낙관한 좌파의 오판이 크게 작용했다. 실제로 반란 초기에 마드리드는 혁명 도시의 분위기를 풍겼고 노조원들은 한껏 고무되어 있었다.[111] 예를 들어 내전이 시작된 지 얼마 지나지 않아 1936년 9월의 전국노동자연합 기관지는 "혁명의 진전을 가로막을 수 없다. [...] 내전이 시작되었으며 그것은 곧바로 자본주의의 파멸을 초래할 것이다"[112]라고 쓰고 있었다. 조지 오웰도 "스페인에서 벌어진 일은 사실 단순한 내전이 아니라 혁명의 시작이었다"라고 말했다.[113]

문제는 좌파들은 승리를 낙관했고 너무나 분열되어 있었다는 것이다. 노동자들은 모든 것이 분명해지면 서구 민주주의 국가들이 프랑코, 히틀러, 무솔리니를 타도하기 위해 자신들을 도우러 올 것이라는 순진한 믿음을 갖고 있었다.[114] 분열은 심각했는데, 무정부주의와 사회주의를 표방한 양대 노동조합 사이에 분열이 있었던 것은

---

108) 앤터니 비버, 『스페인 내전』, p.195.
109) 앤터니 비버, 『스페인 내전』, pp.195-196.
110) 앤터니 비버, 『스페인 내전』, p.196.
111) 앤터니 비버, 『스페인 내전』, p.196.
112) 황보영조, 「스페인 내전의 전쟁 이념 분석」, p.145 재인용.
113) 조지 오웰, 『카탈로니아 찬가』, 민음사, 2001. p.71.
114) 앤터니 비버, 『스페인 내전』, p.207.

물론이고 공산주의자들 역시 스탈린 계열과 트로츠키 계열로 나뉘어 있었다. 이 중에서 무정부주의자, 사회당 좌파, 마르크스주의 통일노동자당(POUM) 등 급진적인 좌파는 내전을 프롤레타리아 혁명의 기회로 삼고 있었다. 인민전선 내부의 분열은 1937년 5월에 바르셀로나에서 일어난 총격전으로 절정에 달했다. CNT와 POUM에 소속된 노동자들과 카탈루냐 공화파 사이에서 벌어진 시가전으로 말미암아 1천 명이 사망했다. 이러한 인민전선 내부의 분열은 공화파가 내전에서 패하는 중요한 원인이 된다.

이러한 좌파들의 분열은 반란파와의 전투에서도 왕왕 벌어졌다. 소련 군사고문관들이 파견되었으나 스페인의 공산주의 지도자들과 손발이 안 맞기 일쑤였고, 대규모 전투에서 체계적으로 대응하지 못했다. 전쟁이 발발하던 무렵 스페인 전장에 파견된 소련의 장군은, 일단 프랑코 반란파와의 싸움을 승리로 이끌고 나면 무정부주의자들과의 싸움이 불가피할 텐데 그것은 매우 잔혹한 싸움이 될 것이라고 모스크바에 보고했다.[115] 좌파 내 분열은 서로를 증오하는 수준에 이르렀으니, 스페인 내전은 프랑코 반란파가 잘해서 이겼다기보다는 공화파의 분열과 무능 때문에 패했다고 보는 게 맞다.

스페인 내전에서 프랑코 반란파가 승리할 수 있었던 데에는 나치독일의 지원이 결정적이었다. 파시즘 정권이 들어섰던 이탈리아와 포르투갈 역시 군대와 함께 탱크, 탄약 등을 지원함으로써 프랑코파를 도왔다. 독일 공군이 자랑하는 콘도르 군단은 새 무기와 새 전술을 시험하는 무대로 스페인 내전을 활용하였다. 바스크 지방의 작은 마을 게르니카가 잿더미로 변한 것 역시 독일 공군의 폭탄 실험장이

---

115) 앤터니 비버, 『스페인 내전』, p.739.

되었기 때문이다. 실제로 독일 공군은 폭탄의 종류와 파괴 정도를 측정하기 위해 공중과 지상에서 꼼꼼하게 촬영을 하기도 했다.[116]

한편, 당시 유럽의 악성종양과도 같은 파시즘과 싸우고 있던 공화파는 소련에 의존하는 길밖에 없었다. 스페인 내전이 세계대전으로 확전될 것을 우려한 프랑스, 영국 등이 불개입 원칙을 선언했기 때문이다. 당시의 실질적 최강대국이었던 미국 역시 공화파를 돕지 않았다. 공화파를 도운 것은 소련이 유일했는데, 그나마도 공화국 정부가 보유하고 있던 금을 스탈린에게 보낸 대가로 무기와 군사고문관을 파견했다. 파시즘에 반대하는 전 세계의 피 끓는 지성인과 노동자들이 스페인의 공화국을 지키고자 몰려들었고, 이들이 국제 의용군의 신화를 만들었다. 조지 오웰, 앙드레 말로, 어네스트 헤밍웨이 등 유명 작가들도 국제 의용군으로 참전하였다. 이때의 경험을 바탕으로 조지 오웰은 『카탈로니아 찬가』를, 앙드레 말로는 『희망』을, 헤밍웨이는 『누구를 위하여 종은 울리나』를 썼다. 국제 의용군은 보잘것없는 소총을 들고 정치적 신념에 따라 용감하게 싸웠지만, 최신무기와 체계적인 전술에 기반하여 싸우는 반란파를 당해낼 수 없었다. 하지만 노동자들의 국제 연대를 보여준 국제 의용군은 세계 노동조합사에 신화로 남았다. 한 영국 노동자의 스페인 내전 참전기를 다룬 켄 로치(Ken Loach) 감독의 <랜드 앤 프리덤 Land and Freedom>(1995)은 국제 의용군의 신화를 잘 보여준다.

한국 전쟁 역시 지역적 갈등의 소산인 동시에 세계적인 이념 대립의 맥락 속에 놓인 것이었다. 한국 전쟁은 분단에서 기인한 것이며, 분단은 냉전의 고착이라는 국제 환경의 산물이었다. 그랬기 때문에

---

116) 앤터니 비버, 『스페인 내전』, p.731.

세계의 자유 진영과 공산 진영은 한반도에서 치열한 총력전을 벌였던 것이다. 한국 전쟁의 결과로 세계적 층위에서의 냉전과 분단은 더욱 고착화되었다. 제2차 세계대전이 끝난 지 5년 후 벌어진 한국 전쟁은 비록 동족 간에 발발했지만, 이내 미국, UN, 중국 등이 참전하여 국제적인 대리전의 성격을 갖게 되었다. 이런 면에서 한국 전쟁은 제2차 세계대전 이후 인류가 치른 최대의 전쟁으로서 자본주의 진영과 사회주의 진영이 최초로 맞붙은 전쟁이었다. 만일 맥아더의 계획대로 만주에 있던 중공군을 공격했더라면, 실제 제3차 세계대전으로 확전되었을지 모른다.

전쟁이 남긴 상처

앞서 말한 것처럼 스페인 내전은 오랜 시간 쌓여온 사회 계층적, 종교적 원한이 터져 나온 것이었기에 전선에서뿐만 아니라 후방에서도 많은 잔학 행위가 벌어졌다. 약 10만 명의 사람들이 공산주의자라는 이유로 반란파에 의해 학살되었다. 한편 공화국을 지지하는 과격 추종자들은 3만 5천에서 4만 5천 명의 시민을 공화국의 적으로 몰아 살해했다. 여기에는 7천 명의 가톨릭 성직자가 포함되어 있었다.[117] 무신론자들이 교회에 불을 지르고 성직자를 살해한 것이다. 많은 집단 학살의 현장이 최근에야 발굴되고 있다.

스페인 내전이야 백 년 동안 쌓여 온 좌우파의 오래된 원한으로 민간인 사이의 잔학행위가 많았다고 해도, 한국 전쟁에서 벌어진 민

---

117) Michael Richards, *Historias para después de una guerra*, Madrid: Pasado y Presente, 2014. p.24.

간인 사이의 수많은 잔학행위는 설명되기 어렵다. 점령군이 바뀔 때마다 한 마을에 살던 사람들이 이념 때문에 서로 죽고 죽이는 살육전이 다반사로 벌어졌다. 증오의 이유가 된 정치적 이념들은 한반도에 들어온 지 오래되지 않았음에도 주민들이 이 정도로 이념에 사로잡히게 된 것은 안타까운 일이었다. 남한의 군과 경찰, 청년단은 1950년 6월 25일 기습 남침한 북한이 파죽지세로 밀고 내려오자 허둥지둥 후퇴하면서 감옥에 있던 좌익 정치범 상당수를 무자비하게 학살하였다. 수감자가 아닌 주민이라 하더라도 좌익이라는 혐의를 받은 사람은 무참하게 집단 학살당했다. 이들이 북한군에 접수되면 남한을 공격하는 세력이 될 것을 우려한 것이다. 나중에는 적과 내통했다는 이유로 어린이와 노인까지 학살하기도 했다. 이러한 학살은 전국적으로 수없이 많은 경우가 보고되었다. 학살된 민간인 숫자를 추정하기도 힘들지만, 한 연구는 약 10만 이상이 남한군과 방첩대에 의해 재판 없이 처형되었을 것으로 보고 있다.[118] 미군 역시 북한군이 민간인 피난민으로 위장하여 침투하는 것을 막기 위해 민간인을 적으로 간주하여 무차별 사살하기도 했고, 북한의 도시들에 대한 무차별 폭격으로 많은 수의 양민을 죽음으로 몰아넣었다.

공산주의자와 북한군에 의해 남한지역에서 자행된 양민학살은 더 참혹했다. 북한군은 낙동강 전선에서 밀려나 북쪽으로 올라가면서 수많은 학살을 자행하였다. 각 도시의 교도소에는 남한군이나 미군 등 포로 외에 남한 체제를 지지하는 양민들도 많았는데, 인민군은 몇백 명, 심하게는 몇천 명에 달하는 수용자를 구덩이에 묻거나 동굴 속에서 질식시키거나 우물 속에 처넣은 채로 집단 총살하는 등

---

118) 박명림,『한국 1950: 전쟁과 평화』, 나남, 2002. p.345.

잔인하게 학살하고 퇴각했다. 남한과 북한의 병사들은 적들에 의해 저질러진 참혹한 집단 학살의 현장을 발견하고는 복수심에 불타는 야수로 변해갔다.

스페인 내전에서 승리한 프랑코 정권은 약 5만 명의 공화국 포로들을 처형했다. 이 중에는 카탈루냐주 정부의 수반도 포함되어 있었다. 전쟁에서 패배한 공화국 공무원 가족과 병사들 45만 명이 프랑스로 도주했다.[119] 이들 대부분은 임시 수용소 등 열악한 시설에 수용되었고, 제2차 세계대전이 발발하여 나치에 의해 프랑스가 함락되자 강제로 전선에 끌려가기도 했다.

스페인 내전에 관한 가장 권위있는 저술의 하나로 꼽히는 『스페인 내전』의 저자 앤터니 비버는 책의 서론에서 프랑스 작가 앙투완드 생텍쥐베리의 말을 인용한다. "내전은 전쟁이 아니라 병(病)이다. 적이 내 안에 있고, 사람들은 거의 자기 자신과 싸운다." 그러면서 "하지만 스페인 내전은 그 이상이었다"라고 말한다.[120] 현재 스페인에서 스페인 내전의 기억을 간직한 세대는 거의 사라졌고, 한국에서도 한국 전쟁을 어린 시절에 겪은 세대는 얼마 남아있지 않다. 하지만 전쟁은 집단적 트라우마로서 두 나라 국민들의 의식 속에 깊숙이 자리 잡고 있다. 그 이후 모든 중요한 국가적, 사회적 사건은 직간접적으로 전쟁과 연관되어 있다고 해도 과언이 아니다. 두 나라에서 전쟁이 끝난 지 7,80년이 지났지만, 동족상잔의 기억은 아직도 짙은 그림자를 드리우고 있다.

---

119) 앤터니 비버, 『스페인 내전』, p.703.
120) 앤터니 비버, 『스페인 내전』, p.7.

2

두 독재자

한국과 스페인의 20세기는 프랑코와 박정희, 두 독재자를 빼고는
이야기할 수 없다. 그만큼 두 독재자가 남긴 영향은 절대적이었다.
두 독재자는 단순히 정치적으로 권좌에 오래 있었다는 것에 그치지
않는다. 그들은 다수 국민에게 나라의 아버지(國父)로서 종교적 숭
배를 받았으며, 국민의 정신을 개조하려 했다. 프랑코는 어려서부터
스페인 제국의 영광스러운 과거를 자랑스러워했고 그때로 돌아가야
한다고 생각했던 사람이다. 이를 위해 먼저 스페인이 잃어버린 과거

의 식민지를 되찾아야 한다고 보았다. 스페인 제국 시대에 대한 향수는 시대착오적인 망상이었지만, 그 당시 많은 스페인 사람이 공유하던 꿈이기도 했다.

두 사람 모두 야전 군인 출신이라는 공통점이 있다. 그들의 풍부한 야전 경험은 군대 내의 인맥을 두텁게 쌓을 기회가 되어 그들이 정권을 잡을 수 있도록 했다. 또한, 오랜 군 생활을 통해 익힌 지시와 복종의 문화는 반대 세력과의 대화와 타협을 거부하고 철권통치를 펼치는 데 활용되었다.

	프란시스코 프랑코	박 정 희
출생/사망년도	1892-1975	1917-1979
키	163㎝	158㎝
출신 학교	톨레도 육군포병학교	대구사범학교, 만주국 육군군관학교, 일본육군사관학교
집권 계기	스페인 내전(1936-39)	5.16 군사정변(1961)
집권 기간	36년(1939-1975)	18년(1961-1979)
집권 시 직위	총통(Caudillo)	대통령(5, 6, 7, 8, 9대)

군인으로서 민족주의 지도자가 되는 점에서는 프랑코(1892-1975)가 박정희(1917-1979)보다 좋은 가문 출신이라고 볼 수 있다. 프랑코는 대대로 많은 군인을 배출해온 집안에서 태어났다. 그의 아버지는 안달루시아에서 갈리시아로 이주해 온 해군 사무장이었다. 가톨릭 사제들이 운영하는 초등학교를 졸업한 프랑코는 그의 할아버지와 아버지의 뒤를 이어 해군장교가 되기 위해 해군사관학교에 들어가려고 했으나, 스페인이 미서 전쟁의 패전으로 많은 해외 식민지를 잃게 되자 해군사관학교는 한동안 휴교 상태에 들어갔다. 그래서 프

랑코는 톨레도에 있는 육군포병학교에 들어가게 된다. 이 학교에서 그는 성실한 장교 후보생이었으나, 그리 두각을 나타내진 못했고 312명 중 251등으로 졸업했다.[121] 하지만 북아프리카 외인군단에 자원한 그는 군인으로서 수완을 발휘하며 용맹을 떨치기 시작했다. 약혼녀와의 결혼식을 두 번이나 연기하고 긴급한 전투에 자원할 정도로 열정을 보여 젊은 나이에 진급을 거듭하였다. 한 번은 모로코의 반란군과 싸우다 목숨이 위태로울 정도의 중상을 입지만, 기적적으로 회복하게 된다.[122]

33세에 장군으로 승진하여 사라고사의 사관학교 교장으로 임명되지만, 실전을 선호했던 그는 주로 모로코에 주둔하는 군대를 지휘하게 된다. 1934년 이베리아반도의 북부 아스투리아스에서 노동자들의 봉기가 일어나자 모로코에 주둔하고 있던 군대를 동원하여 4천 명을 사살하는 등 잔인하게 진압한다. 본토에서 편안하게 근무하던 장교 대부분과 달리 북아프리카와 아스투리아스에서 많은 실전 경험을 쌓은 것이 스페인 내전을 승리로 이끄는 중요한 자산이 되었다.

무정부주의, 공산주의, 사회주의 등 좌파 사상에 물든 노동자와 정치가들이 국가를 위기로 몰고 가고 있다고 생각하던 그는, 1936년 좌파 연합인 인민전선이 선거에서 승리하자 다른 장군들과 함께 내전을 일으킬 쿠데타를 계획하게 된다. 스페인 공화국은 우파 군인들의 반란 소문을 듣고는 의심스러운 장군들을 수도에서 먼 곳으로 보냈다. 프랑코 역시 모로코를 거쳐 카나리아 제도에 보내졌는데, 스

---

121) 앤터니 비버, 『스페인 내전』, p.107.

122) Agustín Monzón, "Marruecos, la guerra que forjó la leyenda de Franco", *El Independiente*, 2019.12.22.
https://www.elindependiente.com/tendencias/historia/2019/12/22/marruecos-la-guerra-que-forjo-la-leyenda-de-franco/

페인의 보호령으로서 자주 폭동이 일어나던 모로코에 주둔했던 군인들은 본토에 있던 군인들에 비해 실전 경험이 풍부했다. 이렇게 해서 반란군은 오히려 강한 군사력을 보유하게 되었다. 프랑코는 작은 키에 배불뚝이 체형이라 외형은 전혀 군인 같아 보이지 않았지만 그는 과묵하고 용감한 군인이었다. 그리고 젊은 시절부터 철저한 반공주의의 신념을 지니고 있었다.[123] 그는 반란을 일으킨 군인들의 핵심적인 인물이긴 했지만 우두머리는 아니었다. 하지만 사령관이었던 에밀리오 몰라(Emilio Mola) 장군과 호세 산후르호(José Sanjurjo) 장군이 반란 와중에 사고로 죽게되자, 프랑코는 왕정을 지지하는 정치 세력과 파시스트 이념에 물든 사람들을 망라한 반란파의 총사령관(generalísimo)으로 임명되었다. 그리고 이탈리아의 무솔리니와 독일의 히틀러의 지원을 받아 3년 만에 전쟁을 승리로 이끈다.

박정희 역시 프랑코 못지않게 군인을 동경한 인물이었지만 그의 집안은 군인과는 거리가 멀었다. 게다가 쿠데타를 일으켜 민족주의적 지도자가 되기 전까지 그의 행적은 모순적이다. 일제 강점기에는 일본군으로 근무했기 때문이다. 그는 대구사범학교를 졸업하고 3년간 교사로 근무하다 만주국으로 가 육군군관학교에 입학한다. 교사보다는 군인이 적성에 맞았던 박정희는 만주군관학교를 2등으로 졸업했고, 우수한 졸업생에 대한 특전으로서 일본 육군사관학교에 입학하여 1등으로 졸업하게 된다. 1944년 일본육사를 졸업한 그는 만주로 다시 돌아갔다가 일본이 패망하자 광복 9개월 후 한국에 돌아온다. 그리고 1946년 한국 육군사관학교의 전신인 조선 경비사관학교를 졸업하고 한국군 육군 소위로 임관한다. 사관학교만 세 곳을

---

123) 앤터니 비버, 『스페인 내전』, p.108.

졸업한 셈인데, 덕분에 그는 군사 반란을 일으킬 수 있는 확실한 인맥을 구축하게 된다. 좌파 조직에 몸을 담았던 그는 여순반란 사건과 관련하여 체포되었고 사형을 언도받지만, 가까스로 처형의 위기를 넘기고 풀려난다. 한국 전쟁이 발발하자 국군 장교로 참전하였으며, 이는 그가 좌파 경력을 씻고 대한민국 애국주의자로 재탄생할 수 있는 기회였다. 실제로 그는 한국 전쟁을 바탕으로 승진을 거듭하여 육군소장이 되었다.

전쟁 이후 군부의 힘이 과대해진 남한 사회에서 대중의 절대적 지지를 얻지 못하는 정치 세력은 군사 혁명의 구실이 되기 쉬웠다. 전란을 거치면서 군부는 국가의 구원자로서 대중의 신뢰를 얻고 있었기 때문이다. 4.19 혁명으로 들어선 민주당 장면 정권하에서 학생 시위가 번지는 등 국가가 혼란에 빠지자 박정희는 1961년, 정변을 일으킬 것을 준비한다. 그는 육사 출신 야전군 장교들을 중심으로 군사 반란 조직을 확실히 구축했다. 그들은 당시의 정치 조직에 대해 불만에 차 있던 장교들을 회유했고, 반란파를 조성할 수 있었다. 그리고 '퇴폐한 민족도의와 국민정기를 바로잡기 위하여 청신한 기풍을 진작'한다는 공약을 앞세워 쿠데타를 일으켰다.[124]

1939년 스페인 내전에서 승리함으로써 정권을 잡은 프랑코는 곧이어 제2차 세계대전이 발발하자 중대한 기로에 서게 된다. 반대파를 숙청하고 폐허가 된 국가를 정비하는 데 정신이 없던 프랑코에게 히틀러는 추축국을 도와 전쟁에 참전할 것을 요구한다. 군대의 전열이 제대로 갖추어지지 않았지만 스페인 내전에서 독일과 이탈리아의 도움을 받아 승리한 프랑코로서는 거절하기 어려운 요구였다. 프

---

124) 김호기, 「박정희 시대와 근대성의 명암」, 『창작과 비평』, 통권 99호, 1998. p.104.

랑코는 나치에게 참전 조건을 협상하려고 했고, 막대한 군수품을 요청하는 것 외에도 모로코, 오랑, 위도 20도 이북의 사하라사막, 니제르 삼각주에 이르는 기니해안 지역을 대가로 요구했다.[125] 그 바람에 히틀러와 프랑코의 회담은 스페인이 참전한다는 원론적인 합의만 이뤘을 뿐 구체적인 조건에 대한 합의 없이 끝나게 된다. 프랑코의 탐욕에 혀를 내두른 히틀러는 "그 땅딸보 하사관을 다시 만나느니 이빨을 서너 개 뽑는 게 낫겠다"라고 말했다고 한다.[126] 그리고 무솔리니에게 프랑코와 협상해 보라고 했지만, 지중해에서 또 다른 라이벌을 두는 것이 내키지 않았던 무솔리니는 프랑코를 적극적으로 설득하지 않았다.[127] 프랑코는 정규군을 파견하는 대신 자원자를 받아 독소(獨蘇) 전쟁에 '청색연대(División azul)'라는 자원 부대만을 파견하였다. 이렇게 시간이 흐르는 동안 전세가 역전되어 추축국에게 불리하게 돌아가자 1943년부터는 연합국에 잘 보이려 노력한다. 그는 1944년 11월 해외 언론과의 인터뷰에서 내전 동안 자신이 이끈 국민파(nacionales) 진영 스페인은 한 번도 파시즘이나 국가사회주의였던 적이 없으며, 추축국들과 동맹을 맺은 적이 없다고 말했다. 이 말을 들은 히틀러는 프랑코의 뻔뻔스러움은 끝이 없다고 분노했다.[128]

쿠데타로 정권을 잡은 독재자들이 다 그렇듯 프랑코와 박정희는 집권 초기 정권의 정당화에 많은 힘을 쏟았다. 프랑코는 스페인 내전을 이교도에 맞서 신앙을 수호하고자 했던 십자군 전쟁으로서 성

---

125) 앤터니 비버, 『스페인 내전』, p.710.
126) 세바스천 벨푸어, 「1931년부터 현재까지의 스페인」, 레이몬드 카 『스페인 현대사』, p.330.
127) 앤터니 비버, 『스페인 내전』, pp.711-715.
128) 앤터니 비버, 『스페인 내전』, p.716.

스러운 전쟁으로 신화화했다. 그리고 가톨릭 신앙을 정치적 기반으로 삼아 '국가가톨릭주의(nacionalcatolicismo)'를 통치 이념으로 내세웠다. 프랑코 자신은 스페인을 위해 신이 보낸 자(homo missus a Deo)라고 국민에게 각인시켰다. 스페인 내전에서 좌파들이 많은 성직자를 죽이고 교회를 불태웠기 때문에, 가톨릭에 기반한 프랑코의 통치는 가톨릭 신앙의 전통이 뿌리 깊은 스페인 국민의 지지를 받을 수 있었다. 이 덕분에 프랑코는 왕도 폐위시킨 채 국가의 총통(Caudillo)이자 국가의 원수(Jefe del Estado), 그리고 군대의 총사령관(Generalísimo)으로 군림하며 제한 없는 권력을 휘둘렀다. 그는 자신이 원하는 법률과 법령을 공포할 수 있는 권한까지 보유하고 있었다.[129]

두 독재자 모두 재임 기간 동안 국가(國家)라는 큰 집의 가부장으로서 국민의 정신적 아버지로서 추앙받았다. 이들이 죽었을 때 많은 국민은 엄청난 충격을 받았고, 오열하며 큰 슬픔을 표출했으며 추모 행렬이 끊이지 않았다. 프랑코의 시신이 마드리드의 왕궁 앞 오리엔테 광장에 놓여졌을 때, 전국에서 달려온 30만 명의 인파가 줄을 서서 애도를 표했다. 프랑코 사망 당시에 마드리드, 바르셀로나, 세비야에서 긴급 실시된 설문 조사에 의하면, 프랑코의 죽음을 접했을 때 어떤 감정을 느꼈는지에 관한 질문에 49%는 "사랑하는 대상을 잃은 것과 비슷한 느낌"이라고 했고, 35%는 "보통"이라고 답했으며, 5%는 "(미래에 대한) 두려움"을 느꼈고, 나머지 5%는 다양한 의견을 피력했다.[130] 프랑코의 시신은 자신이 재임 시절에 건설한 '전몰자의 계곡' 십자가 아래에 있는 성당 바닥에 안치되었다. 세계

---

129) 레이몬드 카, 후안 파블로 푸시, 『스페인 현대사』, 대한교과서 주식회사, 1991. p. 21.
130) Antonio Cazorla-Sánchez, *Franco: The Biography of the Myth*, London: Routledge, 2013. p.222.

역사상 많은 독재자가 있었지만 프랑코와 박정희만큼 죽었을 때 추모를 받은 독재자는 흔치 않다.

독재와 반공주의

내전을 통해 정권을 잡은 스페인의 프랑코 정권이야 말할 것도 없고, 박정희 정권 역시 한국 전쟁이 심어놓은 강력한 반공의식 덕분에 성립되고 지속될 수 있었다. 프랑코를 지지한 일반 대중 중에는 가톨릭 신자도 많았지만, 공산주의자를 비롯한 극렬 좌파 때문에 스페인이 동유럽 국가들처럼 될 것을 두려워한 사람도 많았다. 프랑코는 집권하자마자 미처 망명을 떠나지 못한 좌파들을 숙청하는 작업에 들어간다. 그리고 무정부주의, 공산주의는 사회악으로 죄악시되어 이런 이념을 표방하는 모든 조직은 불법화된다. 프랑코 정권 내 공산주의자는 유대인, 프리메이슨과 더불어 스페인의 암으로 규정되어 추방, 투옥, 처형 등 박해를 받았다.

반대로 가톨릭은 종교를 넘어서 민족주의와 더불어 국가를 통치하는 이념이 된다. 이른바 국가가톨릭주의(nacionalcatolicismo)라 불렸던 이 통치 이념과 더불어 스페인은 또다시 종교 국가로 돌아간다. 이런 점에서 프랑코의 통치 시스템은 권위적이고 전체주의적이긴 했으나 독일이나 이탈리아의 파시즘과는 성격이 달랐다. 스페인 파시즘 정당이었던 팔랑헤도 전쟁이 끝날 무렵엔 거의 해체되다시피 했고, 그 자리를 가톨릭교회와 장군들이 차지하게 된다. 가톨릭이 다시 국교가 되어 수도원이 초등교육을 떠맡게 된다.

프랑코 비해 박정희는 쿠데타와 독재를 정당화할 수 있는 사상적 기반이 약했다. 하지만 한 가지 매우 유리한 조건이 있었으니, 좌파가 패퇴하여 힘을 잃은 스페인과 달리 한반도는 다시 분단되어 공산주의자들이 북쪽에 건재함으로써 공산주의의 위협이 가시화되어 남아있었다는 것이다. 5.16 군사반란이 비교적 쉽게 성공할 수 있었던 것도, 남한의 군사적 혼란을 틈타 북한이 다시 남침하여 남북이 충돌할 것을 우려한 윤보선 대통령이나 군부, 미국이 온건한 반응을 보였기 때문이다.[131] 박명림 교수의 설명처럼 반공주의는 박정희 정권에게 매우 유용한 통치 수단이었다.

> 남한에서 공산주의에 대한 반대는 국가형성과 수호의 근본기치였기에 국가의 존재이유 그 자체이기도 하였다. 가장 강력한 반공이 가장 강한 정당성을 갖는 인식이 일상화하였고, 행동의 근거를 제공했다. 반공주의는, 비약적으로 팽창한 군대와 함께 전후 한국에서 권위주의를 지속시킨 핵심요소였다.[132]

스페인 내전이 끝난 지 11년 후 한국 전쟁이 벌어졌다. 당시 스페인은 전쟁의 잿더미 속에서 국제적으로 고립된 채 국가적인 어려움을 겪고 있을 때였지만, 한국의 상황에 대해 관심이 많았다. 내전에서 승리함으로써 정권을 잡은 프랑코가 제2공화국을 원조했던 러시아에 반감을 품게 된 것은 당연했다. 프랑코 정권에게 러시아는 공산주의 진영의 우두머리로서 국제 사회의 악(惡)이었다. 그렇기에 한반도의 북쪽이 러시아에 의해 점령되자 프랑코 체제하의 스페인 언론은 한반도의 전쟁을 우려하기 시작한다. 1948년 여순반란 사건

---

131) 박명림, 「박정희와 김일성-한국적 근대화의 두 가지 길」, 『역사비평』 82. 2008. p.140.
132) 박명림, 『한국 1950. 전쟁과 평화』, p.35.

이 일어나자 스페인 언론은 한국에 대해 다음과 같이 썼다.

> 중요한 것은, 정부군이 반란자들에 대해 어느 정도 우위를 점하고 있다
> 는 사실이 아니라, 극동 지역에 전략적으로 매우 중요한 국토에서 또
> 다른 내전이 일어날 수도 있다는 점이다. [···] 역사는 되풀이 된다고 하
> 듯이, 결국 우리는 다시 한번 러시아 제국주의의 새로운 공격에 직면해
> 있다. 러시아가 어느 시기에 가서 마음만 먹는다면, 제3차 세계대전은
> 아마도 동북아시아에서 양대 세력인 미국과 러시아의 충돌로 일어나게
> 될 것이다.[133]

반공을 국시로 삼았던 프랑코 정권 하의 스페인이 한국 전쟁에서
남한을 심정적으로 지지한 것은 당연했다. 하지만 이 당시 스페인은
UN에 가입도 되어있지 않던 상황이라 군사적으로 남한을 돕는 것
은 불가능했다. 그리하여 스페인 언론은 한국 전쟁을 예의주시하며
많은 관심을 보였다.

해방 이후 남한 사회는 정치적으로 매우 불안정하고, 경제적으로
도 북한에 뒤져있었다. 하지만 한국 전쟁은 남한 사회가 전쟁 이후
발전할 수 있는 토대를 마련해 주었다. 우선 건국 직후의 이념적인
혼란이 한국 전쟁으로 인하여 반공산주의로 깨끗하게 정리될 수 있
었다. 또한, 한미 상호방위조약의 체결은 한미 동맹을 더 강화시켰
고, 이로 인해 남한은 군사적 위협으로부터 상당히 벗어나 미국의
도움으로 경제성장을 도모할 수 있는 발판을 마련했다. 이념적 혼란
이 정리되고 안보 위협에서 벗어나자 남한은 본격적으로 경제성장

---

133) "Hay amenaza de guerra entre la Corea del norte y la de Corea del sur, por la acción
de las bandas comunistas". Mundo. núm. 443, 1948.10.31., 304. 최해성, 「냉전형성기
(1945-1950) 프랑코주의 언론에 활용된 한국의 이미지」, 『이베로아메리카 연구』 19-1,
2008, p.187 재인용.

을 시작한다.

전쟁의 참혹함을 처절하게 겪은 국민에게 공산주의자들의 군사적 위협을 과장하는 것만큼 효과적인 전략이 없었다. 국민은 공산주의자들의 위협으로부터 보호해줄 강력한 지도자를 원했고, 박정희 정권은 이런 반공정서를 십분 활용하였다. 박정희 개인으로서도 전쟁 전 자신의 좌익 경력을 의심받지 않기 위해 더 강력한 반공 정책을 추진한 것일 수 있다. 북한의 김일성 역시 남북의 첨예한 대결 상황이 자신의 정권 유지에 유리했기에 남북 사이에는 전후에도 크고 작은 군사적 분쟁이 일어났고, 서로 간첩을 파견하는 등 긴장 상태를 유지했다. 이것은 남북의 권위주의 정권이 존립할 수 있는 정치적 환경이 되었다.

이렇게 해서 박정희 정권과 프랑코 정권은 공산주의의 위협을 과장하여 국민에게 각인시키며 반공을 국시(國是)로 삼았다. 프랑코는 군인들이 쿠데타를 일으키지 않고 스페인이 공산주의자 또는 무정부주의자의 손아귀에 들어갔다면 스페인은 동유럽 국가처럼 되었을 것이라고 국민을 교육시켰다.[134] 아나키즘은 물론 공산주의 사상은 사회악으로 간주되어 철저하게 금지되었다. 그러면서 프랑코 자신을 민족을 위기에서 구한 지도자로서 신격화시켰다.

박정희 정권은 지속적으로 북한의 위협을 국민에게 홍보했다. 실상 1960~1970년대 북한의 군사주의 전략은 남한 주민의 반공의식을 고취시켜 박정희 정권을 도와주는 역할을 했다. 북한은 무장공비

---

134) 스페인 내전에 관한 한 세계적인 학자인 앤터니 비버 역시 내전의 끝에 권위주의적인 좌파, 즉 공산주의 정부가 들어섰더라면 스페인은 중부 유럽이나 발칸 반도의 인민공화국들과 비슷한 나라로 1989년 이후까지 남아있었을 것이라고 말한다(앤터니 비버, 『스페인 내전』, p.740).

나 간첩을 보내서 국민을 살해하기도 했는데, 1968년 1월 북한은 무장공비 31명을 보내서 청와대를 습격했다가 실패했고, 같은 해 11월에는 120명의 무장공비가 울진 삼척지구에 침투하기도 했다. 이때 공비들에게 무참하게 살해된 23명의 민간인 중에서 살해된 당시 9살의 이승복 어린이가 "공산당이 싫어요"를 외치며 죽었다는 일화는 당시 학교를 비롯한 국민들의 반공교육에 크게 활용되었다. 또한, 북한은 1968년 1월 미국의 정찰함 푸에블로호를 나포함으로써 미국의 적대 의식을 키웠다.

공산주의 세력의 위협에 대한 강조와 과장은 필연적으로 군대를 키울 수 있는 명분을 제공했다. 1953년 전쟁이 끝났을 때 우리나라 군인의 의무복무 기간은 36개월이었다. 이는 1962년 30개월까지 줄어들었으나, 1968년 1.21 청와대 침투 사태와 함께 다시 36개월로 돌아갔다. 이때 예비군도 창설되어 군대를 제대하더라도 35세까지 향토예비군으로서 정기적인 훈련을 받아야 했다. 군복무 기간은 1977년 33개월로 줄어들었다. 프랑코 시대 스페인 병사의 의무복무 기간은 2년이었다. 하지만 22년 동안 예비군에 편성되어 있어야 했다.

프랑코 정권과 박정희 정권이 제2차 세계대전 이후의 냉전 구도 속에서 살아남을 수 있었던 것 또한 강력한 반공의지를 보여주었기 때문이다. 두 나라가 미국을 중심으로 한 자본주의 진영에 가담한 것은 당연한 수순이었고 이후, 두 지도자는 적극적으로 미국의 힘을 등에 업고자 했다. 제2차 세계대전 이후 스페인이 추축국의 하나로 여겨져 이에 대한 제재로서 국제적인 고립 상태에 처하자 이를 벗어나기 위해 미국과 결탁했고, 스페인 영토의 여러 곳을 미국의 군사

기지로 제공하기까지 했다. 이에 대한 대가로 미국은 스페인의 경제 개발을 위해 6억 달러를 지원하였고, 1955년 스페인을 UN에 가입시켜 국제 무대에 데뷔시켰다. 이렇게 해서 프랑코 정권 내내 스페인은 미국과 밀월 관계를 유지했다.

박정희 역시 미국에 기댈 수밖에 없었다. 1961년 5월 16일 쿠데타에 성공하자 그는 무엇보다 먼저 미국 워싱턴으로 날아가 미국 정부로부터 인준을 받으려고 했다. 이승만 정권 붕괴 이후 민주당 정권이 정국을 주도하지 못하고 사회적 혼란만 일으키자 미국은 새로운 정치 세력을 찾고 있었고, 전쟁 이후 강력해진 군부는 그 대안 중 하나였다.[135] 그렇기에 미국은 자신들에게 우호적인 태도를 보이는 박정희를, 그의 좌익 경력에도 불구하고 용인하기로 한 것이다. 그리하여 박정희는 더욱 반공을 강조할 수밖에 없었고, 권력을 잡은 내내 한국 전쟁에서 남한을 지켜준 미국과의 혈맹(血盟)을 강조하며 미국의 우산 아래 있으려 했다. 동북아시아에서 공산주의 진영의 팽창에 맞서 한미일 동맹 체제를 구축하려는 미국의 압력에 따라, 박정희 정권은 많은 국민의 반대에도 불구하고 1965년 일본과 수교하게 된다. 또한, 미국의 요청에 따라 베트남 전쟁에 30만 명이 넘는 전투 병력을 파병했다. 1970년대에 핵무기 개발 추진으로 미국 정부와 다소 갈등을 겪은 적은 있었지만 기본적으로 박정희는 미국의 지지 덕분에 비교적 공고하게 정권을 유지할 수 있었다.

135) 조석곤, 「박정희신화와 박정희체제」, 『창작과 비평』 33(2), 2005, p.275.

하나의 민족 만들기

프랑코와 박정희는 대중의 심리를 잘 이용한 독재자였다. 대중의 복종과 순응을 이끌어내기 위해 무엇보다 먼저 민족주의/국가주의를 고취하려 하였다. 냉엄한 국제 현실, 특히 공산주의의 위협으로부터 살아남기 위해선 민족이 단결하는 길밖에 없음을 강조하며 민족적 우월성을 과시하려 했다. 프랑코 정권 시절 관공서에는 'Todo por la patria'라는 표어가 정문에 붙어있곤 했는데, 이는 '모든 것은 조국을 위해'라는 의미로서 박정희가 친필로 써서 여러 곳에 남긴 '내 생명 조국을 위해'와 매우 흡사하다. 박정희는 '민족', '조국', '국민'을 강조하며 국민을 교육시켰다. 박정희 시대에 모든 학교 교실에 걸려있고 학생들이 조회 시간마다 암송해야 했던 「국민교육헌장」(1968)은 '우리는 민족중흥이 역사적 사명을 띠고 이 땅에 태어났다.'로 시작하여 '반공 민주 정신에 투철한 애국 애족이 우리의 삶의 길이며 […] 신념과 긍지를 지닌 근면한 국민으로서, 민족의 슬기를 모아 줄기찬 노력으로, 새 역사를 창조하자'로 끝을 맺는다.

또한, 박정희는 <새마을 노래>, <나의 조국> 등의 노래를 직접 작사, 작곡하여 전 국민에게 보급하였다. 이러한 교육을 받고 자란 한국인은 단일민족 개념에 의심을 품지 않는다. 같은 민족이 하나의 나라를 이루고 사는 것이 당연하기 때문에 남북통일은 당위성으로 인식된다. 이처럼 프랑코와 박정희는 한 민족, 한 국가를 앞세우며 이를 분열시키는 모든 세력을 반국가, 반민족 세력으로 규정하고 혹독한 탄압을 가했다.

박정희가 국민가요를 만들어 국가주의 정신을 고취시킨 것처럼 프랑코 역시 파시즘 향취가 물씬나는 <민족 Raza>(1942)이라는 영화의 시나리오를 직접 써서 가톨릭에 기반한 스페인의 민족의식을 고취시키려 했다.136) 이 영화는 프랑코가 하이메 데 안드라데(Jaime de Andrade)라는 필명으로 쓴 소설을 기반으로 하고 있는데, 스페인 현대사를 배경으로 1897년 미서 전쟁에서부터 1939년 스페인 내전의 종전에 이르기까지 격랑의 역사 속에서 국가를 위해 희생한 한 가족의 이야기를 담고 있다.

프랑코와 박정희는 스포츠를 정치에 활용하려는 공통의 행보를 보였다. 처음에 프랑코는 축구에 별로 관심이 없었지만, 대중이 축구에 열광하는 것을 보자 점차 관심을 두기 시작해서 말기에는 축구복권(la quiniela)에 탐닉할 정도로 팬이 되었다. 1902-1903 시즌에 창설된 국왕컵(Copa del Rey)은 공화국 시절엔 대통령컵(Copa del Presidente)이 되었다가 프랑코가 집권하면서 총통컵(Copa del Generalísimo)이 되었다. 초기에 그가 좋아했던 팀은 레알 마드리드가 아니라 '마드리드 체육 비행단(Atlético Aviación de Madrid)'이었다.137) 아틀레티코 데 마드리드 구단의 전신(前身)인 마드리드 체육 비행단은 1950년대 중반까지 레알 마드리드보다 우수한 성적을 거둔다.138) 그러다 1950년대 중반부터 레알 마드리드는 전설적인 회장 산티아

---

136) 스페인어 'raza'는 영어 'race'와 어원적으로 연결되기 때문에 '인종' 정도로 생각하기 쉽지만, 스페인어권에서 고유의 의미를 갖는다. 이는 언어적, 인종적, 민속적으로 동질적인 사람들을 일컫는 말로서, 한자 문화권의 '민족'과 의미가 유사하다.

137) 원래 아틀레틱 빌바오의 형제팀으로서 마드리드에 연고를 둔 아틀레틱 클룹 데 마드리드(Atlethic Club de Madrid)가 내전이 끝난 후 선수 구성에 어려움을 겪을 때, 내전 당시 프랑코파에 의해 창단된 공군 체육 비행단과 1939년 합병하여 '마드리드 체육 비행단'이 된 것이다. 군인 출신인 프랑코가 이 팀에 가장 애정을 가진 것은 어찌 보면 당연한 일이었다.

138) 프랑코가 정권 초기 레알 마드리드를 지원하지 않았다는 사실은 성적으로 입증이 된다. 프랑코가 정권을 장악한 1939년부터 1954년까지 15년 동안 레알 마드리드는 한 번도 리그에서 우승하지 못했고, 총통컵을 두 번 우승했을 뿐이다. 이 기간 동안 F.C 바르셀로나는 리그에서 다섯 번 우승했고, 총통컵에서 네 번 우승했다.

고 베르나베우의 지휘 아래 다섯 번 연속 유럽컵을 제패하는 전과를 올린다. 레알 마드리드가 국제 대회에서 우승하고 돌아오자 프랑코는 크게 기뻐하여 선수들을 위해 파티를 열고 국가 유공자 메달을 수여하기도 했다.

박정희 정권 시절인 1971년 대한축구협회는 '박대통령컵 쟁탈 아시아 축구대회'를 창설하였다. 외국에서는 박스컵(Park's Cup)이라고 불린 이 대회는 박 대통령이 사망할 때까지 계속 되었고 이후에 대통령컵 축구대회로 명칭이 바뀌었다가 1995년엔 코리아컵 국제축구대회로 개명되어서 1999년까지 지속되었다. 박정희 대통령 시절 한국은 이 대회에 화랑과 충무 두 팀을 출전시켜 어떻게든 우승을 차지하려 하였다.

박정희 정권은 스포츠를 통해 국민의 자긍심을 높이고 올림픽 등 국제 경기에서 우수한 성적을 올리기 위해 1966년 태릉 국가대표 선수촌을 만들었다. 여기에 국제 대회 입상 가능성이 높은 엘리트 체육 선수를 합숙시켜 집중적으로 육성하였다. 그리고 국제 대회에서 입상하는 경우 군면제, 연금 등의 혜택을 주었는데, 이러한 시설과 포상 제도는 서구 민주주의 국가에서 보기가 드문 경우였다. 특히 일반 국민에게는 병역을 '신성한 국방의 의무'라고 선전하면서도 국제 대회에서 입상한 선수들에겐 병역을 면제해주는 모순적인 제도를 만든 것인데, 이 제도는 지금까지도 시행되고 있다. 세계 챔피언이 되거나 올림픽에서 메달을 따면 공항에서부터 카퍼레이드가 벌어졌고, 선수들은 시민의 열렬한 환영을 받았다.

하나의 민족을 만드는 데 있어 프랑코 정권은 박정희 정권보다 더 어려운 경우에 처해 있었다. 스페인은 역사적으로 바스크, 카탈루냐 등의 지역 분리주의 전통이 강했기 때문에 프랑코가 지향하는 '하나의 국가/민족'을 만들기에 쉽지 않았다. 하지만 프랑코는 이를 밀어붙였고 모든 공적 기관에서 지역어와 외국어 사용을 금지하고 스페인어를 사용하도록 했다. 예를 들어 축구 클럽인 아틀레틱 빌바오라는 영어식 이름은 아틀레티코 데 빌바오(Atlético de Bilbao)로, FC Barcelona는 Barcelona Club de Fútbol로 바뀌었다. 하지만 프랑코가 죽자 이 이름들은 원래대로 돌아오게 되었다.

독재자에 대한 후대의 평가

프랑코는 1975년 11월 병상에서 죽었고, 박정희는 1979년 10월 심복 부하의 총탄을 맞고 죽었다. 이로써 두 명의 독재자는 사라졌다. 하지만 권좌에 있는 동안 두 독재자가 국민의 심리에 남긴 영향은 엄청난 것이어서, 그들의 흔적은 오래도록 유지되었다. 이렇게 될 수 있었던 데는 두 사람이 통치자로서 그들 자신을 신화화한 것도 있지만 역사, 민족, 문화유산을 신화화함으로써 국민에게 강력한 민족주의를 심어주었기 때문이다. 그들의 반대 세력이 그저 저항과 투쟁에 그쳤던 반면, 그들은 대중의 심리를 잘 이용할 줄 알았던 것이다.

스페인의 프랑코 추종자들은 신화적 역사관에 젖어 스페인 제국의 영광스러운 과거를 그리워했고, 그로부터 벗어난 20세기의 곤궁한 현실에서 스페인을 건져줄 구원자로서 프랑코를 신화화했다. 가톨릭 신자들은 프랑코를 무신론자에 맞서 가톨릭 신앙을 구한 가톨릭의 수호자로 여겼다. 또한, 국가 주도의 경제 정책으로 눈부시게 경제를 발전시켜 스페인이 유럽화되는 초석을 놓았고, 사회보장의 기틀을 마련했다고 믿는다. 비록 프랑코 정권은 독재를 했지만 스페인이 민주화되고 유럽화되는 데 거칠 수밖에 없었던 하나의 과정으로 치부하는 것이다.

박정희 역시 정치적 혼란 상태에 있던 나라를 북한의 위협으로부터 구하고, 새마을 운동을 통해 찢어지게 가난했던 민족에게 잘 살 수 있다는 신념을 심어준 구국의 영웅으로 추앙받았다. 경부고속도로를 건설하여 국토의 동맥을 놓았고 식목일을 지정하는 등 조림 사업을 강력하게 추진하여 민둥산을 울창한 숲으로 바꿔놓은 선견지명의 지도자로 예찬을 받았다.

유사한 치적을 남겼고, 유사한 불법 행위를 저질렀지만 두 독재자에 대한 후대의 평가는 다소 차이가 있다. 프랑코에 대한 평가가 좀 더 빨리 부정적으로 바뀌었다. 스페인 사회연구원이 실시한 프랑코와 그의 정권에 대한 설문조사에서, 1985년 18%의 국민이 프랑코 정권이 스페인에게 긍정적이었다고 했고, 46%의 국민이 긍정적인 면과 부정적인 면이 함께 있다고 답했다. 27%의 사람들은 부정적이라고 답했다. 같은 기관에서 2000년 실시한 설문에서는 10%의 응답만이 긍정적이라고 답했고, 46%는 긍정적인 면과 부정적인 면이 함께 있다고 했으며, 37%의 응답자가 부정적이라고 답했다.[139] 15년 만에 긍정적이라고 답한 사람이 8% 감소했고, 부정적이라고 답한 사람이 10% 증가한 것이다.

시간이 가면서 사람들은 점차 프랑코에 대해 관심을 가지지 않았

---

139) "25 años depués", CIS, Estudio N.2401, Dic. 2000, p.1.
http://www.cis.es/cis/export/sites/default/-Archivos/Marginales/2400_2419/2401/Es2401mar
.pdf

다. 프랑코 사망 30주년을 맞아 2005년 Cadena Ser 라디오 방송이 실시한 조사에서 스페인 국민의 56%는 프랑코에 관해 관심이 없다고 했고, 30%는 거부감이 든다고 했다.[140] 하지만 8%는 아직도 프랑코에 대한 향수가 남아있다고 응답했다. 다만 이 조사에서 53%의 응답자는 프랑코 체제가 아직도 스페인 사회에 영향을 주고 있다고 대답했다.

2007년 내전과 프랑코 정권에 의해 억압과 학대를 받은 피해자들에 대한 진상규명과 보상을 담은 역사기억법이 하원을 통과하여 공표됨으로써 프랑코 정권의 만행이 속속들이 밝혀지게 되었고, 이때부터 내전의 희생자들이 묻혀있는 '전몰자의 계곡'에서 프랑코를 파묘하자는 주장이 나오기 시작했다. 특히 2010년대 사회노동당의 대표로 선출된 페드로 산체스는 사회노동당이 집권할 경우 프랑코의 파묘를 공약으로 내걸었다. 결국 2018년 국민당의 라호이 정부가 물러나고 산체스가 집권하게 되자 프랑코 시신의 이장(移葬)은 국민적인 논쟁거리가 되었다. 처음엔 굳이 이장을 할 필요가 있을까 하는 부정적인 의견과 관심이 없다는 입장이 우세했지만, 논쟁이 본격화되면서 조금씩 이장에 찬성하는 사람들이 많아지기 시작했다. 그리하여 2019년 El mundo가 실시한 설문 조사에서 이장에 전적으로 찬성하는 사람이 31.3%, 대체적으로 찬성하는 사람이 11.9%였던 반면, 전적으로 반대하는 사람이 24.5%, 대체적으로 반대하는 사람이 8.3%로, 찬성이 반대 의견을 앞질렀다.[141] 찬성하는 사람이 전 국민

---

140) "Treinta años después, la figura de Franco produce indiferencia, según el Pulsómetro", *Cadenaser*, 18 nov. 2005.

141) Alvaro Carvajal, "Menos de la mitad de población aplaude la exhumación de Franco y un tercio se muestra en contra", *El mundo*, 2019,10,7. https://www.elmundo.es/espana/2019/10/07/5d9a385421efa084498b45e4.html

의 절반에는 이르지 못했지만(43.2%) 반대하는 사람보다(32.8%) 많았기 때문에 결국 2019년 10월 24일 프랑코의 유해는 전몰자의 계곡에서 파묘되어 마드리드 교외의 공동묘지로 옮겨지게 되었다.

박정희 역시 프랑코와 마찬가지로 시간이 가면서 부정적인 평가가 늘어갔지만, 최근까지 역대 대통령 평가에서 1위를 달리고 있다. 2015년 광복 70주년을 맞아 한국 갤럽이 실시한 조사에서 우리나라를 가장 잘 이끈 대통령은 박정희(44%), 노무현(24%), 김대중(14%) 순이었다.[142] 하지만 그렇다고 해서 박정희가 국가적 영웅으로 남아 있는 것은 아니다. 특히 음험한 공작을 통해 많은 희생자를 만들었고 민주화를 탄압한 것은 씻을 수 없는 과오이다. 시간이 가면서 프랑코와 박정희의 시대를 직접 경험한 세대가 점점 사라져가고, 이들에 대한 평가도 더욱 객관화될 것으로 보인다.

---

142) 갤럽리포트, 「데일리 오피니언 제174호(2015년 8월 1주)- 역대 대통령 평가와 그 이유」. https://www.gallup.co.kr/gallupdb/reportContent.asp?seqNo=676

3

독재 정권의 빛과 그림자

국가 주도의 경제성장

쿠데타를 통해 정권을 쥔 두 독재자는 반공을 통해 반대 세력을 억누르고, 경제성장을 통해 정권의 영속성과 정통성을 도모하고자 했다. 기원의 정통성이 취약하기에 성취를 통한 정통성을 확보해야 할 두 정권으로서는 경제개발이 무엇보다 절실했다. 제2차 세계대전 이후 권위주의 정부가 들어선 많은 국가에서 이른바 개발독재 모델이 채택되었지만 실패한 국가들이 대부분이다. 그 중에서 한국과 스페인은 성공한 케이스로 꼽힌다.

박정희와 프랑코는 강력한 카리스마로 독재를 펼치며 민주주의를 억압했지만, 전쟁의 폐허 위에서 경제개발 계획을 뚝심 있게 밀어붙여 상당한 성과를 거두었다. 흥미로운 것은 두 사람 모두 국가 주도의 경제개발 계획을 세워서 추진했다는 것이다. 내전 직후 1940년대 국제적 고립 상태에서 자급자족 정책(autarquía)을 채택했던 프랑코 정권은, 1950년대 중반 이래로 국제 사회로 나오면서 본격적인 경제 개발 정책을 추진하게 된다. 이것이 1959년부터 시작된 경제안정화 계획(Plan de Estabilización Económica)이다. 개발 대신 안정화라는 말을 쓴 것은 그 당시 불안정한 환율과 높은 인플레이션 등 스페인 경제가 매우 불안정한 상황에 있었기 때문이다.

내전에서 승리한 프랑코는 초기에는 군인들을 중심으로 내전에서 공을 세운 자신의 심복들을 각료로 기용하였으나, 스페인이 개방되는 1950년대 말부터 정치색이 옅은 오푸스 데이(Opus Dei) 계열의 기술 관료들을 기용하여 오로지 경제 논리에 입각하여 정책을 추진하도록 했고 외국 투자자들에게 문호를 개방하였으며 스페인을 국제통화기금(IMF), 유럽경제협력기구, 국제부흥개발은행(IBRD)에 가입시켰다.

프랑코 정권은 1959년부터 국가 주도의 경제개발 계획을 세우고 자동차, 조선, 화학 등의 중화학공업에 투자하기 시작한다. 이러한 경제개발 정책은 외국인에 대한 문호 개방, 적극적인 관광산업 개발과 맞물려 성과를 보이기 시작한다. 60년대 이래 스페인의 경제성장은 국제 사회에서 '스페인의 기적'이라고 불릴 정도로 성공적인 것이었다. 이 시기를 거치면서 농업국가였던 스페인은 산업화되고 도시화된 현대적 국가로 거듭나게 되었다. 1973년 석유파동이 있기 전까지 연평균 7%의 GDP성장률을 기록하며, 이 시기 주요국가 중에서 일본 다음으로 높은 경제성장률을 기록하였다.[143] 이에 따라 국민의 생활도 급속도로 향상되었는데, 1959년 유럽연합 국가 평균 개인소

---

143) 물론 이것은 이 시기의 주요국만을 대상으로 한 것이며, 한국은 포함되지 않는다. 1960
    년대 한국의 경제성장률은 스페인보다 더 높았다.

득의 58%에 불과하던 스페인의 개인소득은 해마다 증가를 거듭하여 1975년 81%에 이르게 되었다.[144]

산업혁명기를 제대로 거치지 못한 탓에 경제적으로 유럽 중심 국가에 뒤쳐지며 일종의 콤플렉스를 갖게 된 스페인인들에게 60년대의 경제적 도약은 명실상부하게 유럽의 일원이 될 수 있다는 자신감을 안겨 주었다. 또한, 이것은 정치적으로 보자면 프랑코 체제가 범국민적으로 용인되고 정당화될 수 있는 중요한 구실을 제공하는 것이었다. 쿠데타와 내전을 통해 집권했지만 눈부신 경제성장을 이룸으로써 프랑코 체제는 대중 사이에서 정당성을 확보할 수 있었다. 또한, 국민적 관심이 유럽화라는 외부의 목표로 향하게 되자 내부의 결속은 훨씬 쉬워졌다. 프랑코 정권 역시 적어도 경제적인 측면에서는 유럽화를 간절히 원했다. 유럽과 통합되는 것이 경제를 발전시킬 수 있는 유일하고도 확실한 길임을 확인한 이상, 경제발전을 통해 정권을 합법화하고 업적을 인정받고 싶어했던 프랑코 정권은 1964년부터 유럽 공동시장에 가입하기 위해 유럽 국가들과 협상하기 시작한다.

박정희가 5.16 군사 반란으로 집권한 1961년, 남한의 1인당 국민총생산(GNP)은 82달러였던 데 비해, 북한은 195달러로 북한이 2배 이상 앞서 있었다.[145] 1979년 박정희가 사망했을 때 남한의 1인당 GNP는 1,640달러로서, 박정희가 정권을 잡은 18년 동안 20배로 성장했다. 당시 북한의 1인당 GNP는 1,114달러로, 남한은 박정희 집권 동안 김일성이 집권한 북한 경제를 완전히 따돌렸다. 이렇게 남북한의 경제발전에 차이가 나게 된 가장 중요한 이유는 자유경쟁의

144) *Un siglo de España*, Agencia EFE, 2002, p.297.
145) 박명림, 「박정희와 김일성」, p.142.

시장경제 체제가 폐쇄적인 통제경제 체제보다 우월했기 때문이다. 하지만 정권의 정당성을 경제성장에서 찾기 위해 국가가 나서서 해외에서 차관을 도입하는 등 적극적인 노력을 기울였던 박정희 정권의 국가적 전략 또한 큰 몫을 했음을 부인하기 어렵다.

알다시피 박정희 정권 역시 1962년부터 국가 주도의 경제개발 계획을 세우고 수출 주도 경제성장 정책을 강력하게 밀어붙여 1962~1971년 동안 연평균 9.3%의 고도성장을 이루게 된다. 경공업 위주의 수출 정책이 효과를 거두자 고부가가치 산업을 육성할 필요성과 자주국방의 욕구가 맞물려 1970년대에 들어서는 제철, 석유, 화학, 기계, 조선 등 중화학 공업을 중점적으로 육성했다. 베트남 파병은 이러한 산업을 지원하기 위한 박정희 정권의 필요성에 의해 추진된 것이었다.[146]

이러한 경제개발은 적어도 외형적으로 큰 성공을 거두게 되었고, 박정희 정권의 정당화에 크게 기여한 것은 물론이다. 1970년대 초가 되자 남한의 경제력은 북한을 추월했다. 그리고 1977년 국민소득 1,000달러와 수출 100억 달러를 달성했다. 수출 10억 달러에서 100억 달러에 도달하는 데 독일이 11년, 일본이 16년 걸렸지만, 한국은 7년밖에 걸리지 않았다. 그러나 이러한 눈부신 경제성장의 이면에는 적은 임금에 과도한 노동 시간을 강요당한 노동계급의 희생이 있었으며, 수출로 획득한 부가 일부 계층에만 분배되어 빈부격차가 심화되었고, 급격한 부동산 상승으로 졸부들이 생겨나고 권력층이 부패하는 등 사회적 부작용을 낳았다. 이른바 부동산 불패 신화는 현재까지 이어져 높은 주택가격은 가계에 많은 부담을 주게 되었다. 또

---

146) 조석곤, 「박정희신화와 박정희체제」, p.281

한, 양적 성장에만 집착한 나머지 모든 산업 분야가 균형 있게 발전하는 내실 있는 성장이 이루어지지 못했다는 비판도 제기되었다.

프랑코 정권은 박정희 정권보다 더 노골적으로 국가기업을 만들어 중화학공업을 육성했다. 프랑코 정권은 1941년 국가산업기구(INI, Instituto Nacional de Industria)라는 거대한 기업 집단을 만들고 여기에 Aceralia(철강), SEAT(자동차), E.N.Bazán-ASTANO(조선), Pegaso(트럭), Repsol(석유화학), Endesa(전력) 등의 국가기업을 창설하였다. 이어서 Iberia(항공), CASA(비행기제조), Aviaco(항공화물) 등의 민간기업까지 국영화하여 포함시켰다. 일종의 국가적 재벌 기업인 국가산업기구는 국가의 전폭적인 지원을 입고서 1960년대 스페인 경제성장에 중추적인 역할을 수행하였다. 이를테면 1950년 창설된 국영자동차 기업 SEAT는 스페인 자동차산업의 상징으로서, 이 회사에서 1957년 생산되기 시작한 SEAT 600은 1973년까지 80만대 가량이 팔리며 스페인의 국민차로서 사랑을 받았다.

스페인의 자동차산업이 활성화되자 유럽과 미국의 자동차 회사들은 유럽 내에서 임금이 싼 스페인에 앞다투어 공장을 세웠고, 스페인은 1990년대까지 세계 5위의 자동차 생산 국가가 될 수 있었다. 1923년 창립되어 프랑코 정권하에서 국영기업이 된 항공기 제조사 CASA는 1960년대 국가적 지원에 힘입어 전투기와 수송기를 생산했고, 그중 CN-235 수송기는 전 세계 20여 개국에 수출되었으며 우리나라도 이 기종을 10여 대 이상 수입하였다. 국가산업기구에 속했던 기업들은 민주화와 더불어 모두 민영화되었다. SEAT는 Volkswagen 그룹에 편입되었고, Iberia는 British Air에 매각되었으며 CASA는 Airbus에 들어가는 등 유럽연합 내의 다국적 기업들과 합병되었다.

Seat 600(1957-73)

현대 포니(1975-1990)

　박정희 정권 역시 포항제철, 한국중공업 등 여러 공기업을 세워 중화학공업을 육성했지만, 프랑코 정권처럼 국영기업 집단을 만들지는 않았다. 대신 현대, 삼성, 대우 등의 기업에 종목을 지정하여 국가가 특혜를 줘가며 지원하였고 그 결과 국가 권력과 유착된 대기업이 크게 성장하였다.

　하지만 적어도 외형적으로 성공을 거둔 산업화 덕분에 박정희와 프랑코는 독재를 펼쳤음에도 불구하고 국가 지도자로서 위치를 공고화할 수 있었다. 하지만 이러한 성공이 국가 지도자의 카리스마 있는 영도력 덕분이었는지, 아니면 당시의 우호적인 국제 경제적 환경이 국가에 내재해 있던 조건과 맞물려 효과를 발휘한 것인지 논란이 있다.[147] 마찬가지로 프랑코 정권 하의 경제 성장에 대해서도 다른 시각이 존재한다. 프랑코 체제의 비효율적인 재정 운용과 부패를 고려한다면 1960년대 스페인의 경제성장은 외국의 영향, 무엇보다 서유럽의 경제 붐에 힘입어 많은 외국 자본이 인건비가 저렴한 스페인에 투자된 것이 컸다는 주장도 있다. 한국의 경제성장에 대해서도

---

147) 1960~1970년대 우리나라의 경제성장이 박정희 정권의 공(功)만으로 볼 수 없다는 입장은 박정희 정권의 경제개발 초안이 이승만 정부에서도 입안되었으며, 1964년 1차 경제개발 계획이 민주당 정부에서 입안된 것과 크게 다르지 않다는 것을 이야기한다.

박정희 시대 경제의 양적 팽창을 인정하더라도 대내적 불평등 및 대외 종속의 심화를 내포한 환상에 불과하다는 평가도 있을 수 있다.148) 하지만 이러한 회의주의적 시각에도 불구하고, 프랑코 시대와 박정희 시대에 양국의 경제는 크게 성장한 것이 사실이고, 두 지도자의 리더십과 결단력이 큰 역할을 한 것은 부인하기 어렵다. 모든 사회 현상을 하나의 요인으로 설명할 수 없듯이 그 시대의 경제 성장은 다양한 요인이 어우러진 결과라고 보는 것이 합당할 것이다.

독재에 대한 저항과 억압

당연하게도 두 독재자의 치세 동안 철권정치에 대한 거센 저항이 있었다. 특히 경제발전으로 인해 대량 소비사회로 진입하게 되자 이에 걸맞는 정치적 민주화에 대한 요구가 본격화되기 시작한다. 프랑코 정권이 1960년대에 접어들어 본격적인 경제개발과 함께 관광을 개방하자 많은 외국인이 몰려오기 시작한다. 스페인에서 휴가를 보내는 유럽인들과 함께 자유주의 문화가 들어오게 되자, 젊은 세대를 중심으로 권위주의 정권에 저항하는 움직임이 본격화된다. 그동안 강력한 철권 통치에 의해 움츠러들었던 지역 민족주의 또한 저항을 시작한다. 특히 바스크 지역의 분리주의 운동이 강력하게 일어났고, 급진 세력이 1959년 무장 운동 단체인 ETA를 조직하여 투쟁을 벌이기 시작한다. ETA의 투쟁이 본격화된 것은 1960년대 말부터인데, 1968년 자신의 조직원을 살해한 경찰을 암살한 것으로 시작하여 점

---

148) 김호기, 「박정희 시대와 근대성의 명암」, p.97.

차 투쟁의 강도를 높여갔다.

물론 프랑코 독재 정권은 고문, 테러, 학살 등 반인권적 도구를 활용하여 민주화를 요구하는 세력을 잔인하게 탄압했다. 특히 조직도에도 없는 비밀경찰이 음험한 공작을 펼치며 반정부 인사들을 감시하고 체포했다. 프랑코 정부의 대응이 강력할수록 바스크 무장 독립운동 단체(ETA)의 투쟁심 또한 불타올랐고, 이들은 바스크 민족주의를 탄압하는 정부 핵심 요인들을 암살하며 맞섰다. 그러자 프랑코 정권은 지역 민족주의에 대한 탄압의 공세를 늦춰서 개인 간의 사적인 대화에서는 바스크어, 카탈루냐어 등을 사용할 수 있도록 하는 등 억압의 강도를 낮췄으나 ETA의 무장 투쟁을 막을 수는 없었다. 결국 ETA는 1973년 프랑코가 내각 수반으로 임명한 카레로 블랑코(Carrero Blanco) 수상마저 폭탄 테러로 암살한다. 정권 2인지의 피살은 사실상 프랑코 정권의 종말을 의미하는 것이었다. 1975년 초에 집행된 2명의 ETA 요원에 대한 사형 집행은 스페인 국내에서는 물론 국제적으로도 큰 저항을 불러왔으며, 이를 기화로 민주화에 대한 요구는 더 커지게 되었다.

박정희 정권 역시 중앙정보부 등을 통해 비밀리에 정치인이나 기업인은 물론 학생과 일반 시민의 삶까지 속속들이 감시하고 통제했다. 1961년 6월 3천 명의 특무대 요원으로 출발한 중앙정보부는 대북정보 수집을 비롯하여 국내 정치에까지 관여하는 권력 내의 권력 기관으로서 박정희의 친위대였다.[149] 김호기 교수는 박정희 시대가 반공병영사회(anticommunist regimented society)였다고 말한다.[150]

149) 김호기, 「박정희 시대와 근대성의 명암」, p.108.
150) 김호기, 「박정희 시대와 근대성의 명암」, p.108.

박정희 정권 역시 반공과 부국강병(富國强兵)의 논리로 민주화를 요구하는 세력을 가혹하게 탄압하였다. 박정희 정권이 처음으로 직면한 대규모 반정부 저항은 1964년 한일 국교 정상화를 위한 한일회담반대 운동이었다. 야당과 재야 세력, 학생들의 반대로 전국적인 시위가 일어나자 박정희 정권은 비상계엄을 선포하여 반대 세력을 탄압했고, 결국 1965년 한일기본조약이 조인되기에 이른다. 비록 군의 개입으로 반정부 시위는 사그라들었지만, 반정부 투쟁은 지하에서 지속되어 박정희 정권 내내 지속된다.

박정희 정권은 70년대에 접어들어 대대적인 저항에 봉착하는데, 1972년 유신헌법, 1975년 긴급조치 등을 발표하며 전면적인 강압에 나선다. 프랑코 치하의 비밀경찰과 마찬가지로 중앙정보부의 요원들은 민주화 인사를 납치하고, 고문하고, 암살했다. 스페인에서와 마찬가지로 반정부 투쟁의 핵심 세력은 대학생들이었다. 대학가에서는 민주화를 요구하는 시위가 끊이지 않았고, 많은 학생들이 긴급조치 위반으로 투옥되고 군대에 끌려가곤 했다.

4
민주화의 험난한 여정[151]

　프랑코(1975년)와 박정희(1979년)는 비슷한 시기에 죽었다. 강력한 카리스마로 오랫동안 국가를 장악해왔던 두 독재자가 사라지자 곧 민주주의 시대가 올 것처럼 보였지만, 독재에서 민주화로 이행하는 것은 그렇게 간단한 일이 아니었다. 스페인의 민주화 과정과 한국의 민주화 과정은 큰 차이를 보인다. 스페인의 민주화 과정은 큰 유혈충돌 없이 정치 지도자들의 협상으로 진행된 반면, 한국의 민주화 과정은 또 다른 쿠데타와 독재자 출현, 이에 따른 시민들의 항거와 공권력에 의한 유혈 진압 등, 혼란과 비극으로 점철되었다. 사실 20세기에 접어들어 독재 체제로부터 민주화를 달성한 많은 후발 국가들이 한국과 유사한 민주화 과정을 거쳤다는 점에서 스페인의 민주화 과정은 특이한 것이다. 투쟁과 폭력 대신 대화와 타협으로 민주화를 달성했다는 점에서 스페인의 케이스가 바람직해 보이지만,

---

151) 임호준 「내전의 기억과 스페인의 과거청산」, 안병직 편, 『세계의 과거사 청산』, 푸른역사, 2005. pp.292-327. 일부가 포함되어 있음.

모든 면에서 긍정적인 것은 아니었으며 많은 문제점을 내포하고 있었다.

1975년 오랫동안 병상에 누워있던 프랑코가 죽었을 때 스페인 국민이 느꼈던 가장 지배적인 감정은 불안감이었다. 물론 오랜 독재가 끝나고 새롭게 도래할 시대에 대한 기대감도 있었지만, 내전의 기억이 남아있는 상황에서 좌우의 갈등은 불을 보듯 뻔한 것이었고 이로 인해 평화가 깨질 것을 우려하지 않을 수 없었다. 그런 점에서 내전의 오래된 원한이 프랑코 사후 스페인 사회에 분열을 가져올 것이라는 우려가 팽배해졌다. 이에 따라 무엇보다 사회적 혼란과 분열을 막고 국민적 화해를 도모하는 것이 가장 중요하게 보였다.

스페인의 민주화 과정은 이러한 현실 인식에서 나온 양보와 타협의 산물이었다. 우선 우파의 입장에서 보자면, 프랑코 체제의 원칙과 기득권을 버리고 민주적인 체제로 이행하기로 한 것 자체가 양보였다. 프랑코에 의해 후계자로 임명되어 우파의 중심에 있었던 국왕 후안 카를로스(Juan Carlos)는 우파들에겐 배신자로 보였다. 그는 민주주의로의 개혁이 부진하자 프랑코에 의해 지명되었던 수상을 해임하고 당시 무명이었던 아돌포 수아레스(Adolfo Suárez)를 수상으로 임명하였다. 수아레스 수상은 군부 등 보수 세력의 불만과 위협에도 불구하고 정치개혁법안 국민투표 통과(1976.11), 공산당 합법화(1977.4), 자유 총선거 실시(1977.6), 몽클로아 협약(1977.10), 신헌법 국민투표 통과(1978.12)로 이어지는 민주화 여정을 성공리에 진행시킴으로써 훗날 평화로운 민주화 이행에 일등 공신으로 평가받게 된다.[152]

---

152) 2000년에 실시된, 스페인의 민주화에 가장 기여한 정치가와 정당을 묻는 설문 조사에서 아돌포 수아레스는 사회노동당 대표 펠리페 곤살레스를 큰 격차로 따돌리고 1위를 차지했다("25 años depués", CIS. Estudio N.2401, Dic. 2000, p.3).

한편, 좌파의 입장에서 보자면 즉각적이고 철저한 민주주의로의
이행이 아닌 점진적인 민주화에 동의한 것이 양보의 핵심이었다. 이
를테면 공산당 합법화를 얻는 대신 공화제가 아닌 군주제를 허용했
고, 몽클로아 협약을 통해 노조의 파업 중지, 임금 동결 등에 동의한
것이다. 하지만 좌파의 입장에서 가장 큰 양보는 과거를 거론하지
않기로 하고 사면법에 동의해준 것이었다. 물론 이것은 당시의 정치
석 역학 관계 속에서 어쩔 수 없는 선택이기도 했다.

1977년 6월, 38년 만에 실시된 민주적인 선거에 의해 집권한 민
주중도연합(UCD)은 야당인 사회노동당(PSOE)의 동의를 얻어 사면
법을 그해 10월에 선포했다.153) 이 법은 그때까지의 모든 정치적인
범죄에 대해 면죄부를 주자는 것이 골자였는데, 이로써 당시 감옥에
갇혀있던 반프랑코 진영의 정치범들이 모두 석방되었다. 하지만 동
시에 이 법은 프랑코 시대 관리들에 의해 자행된 모든 잔혹 행위에
대해서도 면죄부를 주는 것으로서, 프랑코파에게는 이전 정권의 정
치적 책임으로부터 자유로워지는 것을 의미했다. 국민 대부분은 '화
해'를 앞세운 이 법을 환영했지만, 실제로 이 법이 의미하는 바를 잘
알진 못했다.154)

이렇게 합의대로 진행된 민주화에 대해 스페인 국민이 모두 찬성
한 것은 아니었다. 중도 성향의 국민은 대체로 동의했지만, 정치적
견해에서 좌·우 극단에 있던 이들은 불만을 표출했다. 프랑코가 죽

---

153) 오히려 이 사면법에는 당시의 극우파 그룹이 투표하는 것을 거부했다. 극우파 외에 바
스크의 급진적 민족주의자 그룹도 이 법을 거부했다.

154) Paloma Augilar, "Justicia, política y memoria: Los legados del franquismo en la transición
española", Las políticas hacia el pasado: Juicios depuraciones, perdón y olvido en las nuevas
democracias, eds. Barbona de Brito, Alexandra, Paloma Aguilar y Carmen Conzález
Enríquez, Madrid: Istmo, 2002, p.149.

으면 바로 민주화 시대가 도래할 것으로 믿었던 열성 좌파에게 프랑코 잔당이 주도하는 민주화 조치는 미온적이고 기만적으로 보였다. 이들은 학생들과 함께 더 신속하고 철저한 민주화를 요구하는 시위를 벌였고, 거리에서 극렬 좌·우파의 충돌이 벌어지기 일쑤였다. 좌파 지식인 사이에서는 '환멸(desencanto)'이라는 정서가 지배해서 "프랑코에 맞서며 더 잘 살았었네(Contra Franco vivíamos mejor)"라는 말이 유행했다. 이 시기의 많은 문학, 영화 작품이 이러한 환멸의 정서를 표현하고 있다. 예를 들어 좌파적 성향의 시인 힐 데 비에드마(Gil de Biedma)는 1982년의 시에서 '이 시대는 나의 것이 아니다 / […] / 단 한 순간도 행복할 수 없는 / 나는 초대받지 못할 새로운 날이 밝았다'라고 토로하기에 이르렀다.155)

한편, 극렬 우파 쪽에서도 프랑코 사후의 민주화 과정은 불만스러운 것이었다. 이들 역시 "프랑코 밑에서 더 잘 살았었네(Bajo Franco vivíamos mejor)"라는 말로 그들의 실망감을 표현했다. 민주화에 불만이 컸던 군부 보수 세력 중 테헤로(Tejero) 대령은 1981년 2월 23일 국회의사당을 긴급 점령하는 쿠데타를 일으킨다. 여야 의원들이 한창 토론 중인 국회의사당에 난입한 테헤로 대령과 부하들은 총을 쏘며 삽시간에 국회의사당을 공포의 도가니로 몰아넣었다. 모든 국회의원이 책상 밑으로 몸을 숨겼으나 맨 앞줄에 있던 수아레스 총리와 국방장관만이 꼿꼿이 앉아 쿠데타 세력에 저항했다. 대부분의 국민이 지지하지 않았던 이 군부의 쿠데타는 12시간 만에 실패로 끝나고 만다.

1982년 치러진 총선에서 야당인 사회노동당(PSOE)이 승리를 거둠으로써 스페인의 민주화는 완료된 것으로 여겨졌다. 내전 이전의

---

155) Jaime Gil de Biedma(1982), *Las personas del verbo*, Barcelona: Seix Barral, p.70.

공화국 정부 이래로 좌파 정당이 정권을 장악한 것은 처음이기 때문이다. 이로써 독재자가 사망한 지 7년 만에 스페인은 평화적으로 민주주의를 달성하는 데 성공했다. 스페인 사람들은 이렇게 평화적으로 민주화를 달성한 방식에 대해 압도적인 지지를 보내고 있다. 2000년 스페인 사회연구원이 실시한 조사에서 86.1%의 국민이 스페인식 민주화 방식에 긍지를 가지고 있다고 대답했다.[156]

한편, 스페인에 비해 한국의 민주화 과정은 훨씬 험난했다. 박정희가 사망한 후 정치적 공백 상태를 틈타 또 다른 장군(전두환)이 동조 세력을 규합하고 군사 반란을 일으켜 권력을 접수한 뒤 대통령이 되었다. 이 과정에서 민주화를 요구하며 시위 현장에 나섰던 많은 사람이 희생되었으며, 특히 1980년 5월 광주에서 계엄군이 발포한 총에 맞아 많은 무고한 시민이 희생되었다. 전두환 정권은 시위를 빌미로 계엄을 선포하고 정권을 장악했다. 미국은 처음엔 신군부의 쿠데타에 반대했으나, 혼란을 틈탄 북한의 남침 가능성을 우려하여 이내 이들 세력을 용인하고 말았다.

스페인에서도 프랑코 사망 후 혼란의 시기가 있었지만, 우리나라처럼 권력의 공백 상황이 발생하지 않았던 데는 국왕의 존재와 역할이 컸다고 보인다. 게다가 프랑코는 박정희처럼 갑작스럽게 죽은 것이 아니라 몇 년 동안 병상에 있었기 때문에 그의 죽음 이후엔 후안 카를로스가 왕으로 즉위하여 권력을 이양 받는 것으로 공식화되어 있었다. 독재자가 죽은 후 앞서 말했듯 스페인에서도 우리나라와 같이 군부의 쿠데타 시도가 있었다. 하지만 일반 시민은 물론 군부 내에서도 동조하는 세력이 거의 없었기 때문에 실패할 수밖에 없었다.

---

156) "25 años después", CIS. Estudio n0 2,401, dic. 2000, p.3.

스페인에서는 국왕이 있었던 데 반해, 우리나라에선 강력한 카리스마를 가졌던 박정희가 갑자기 죽었을 때 국민적인 구심점이 되어 줄 사람이 없었다. 게다가 야당 정치 지도자들마저도 서로 분열했기 때문에 혼란은 가중되었다. 결국 군부에서 또 다른 군사 반란자가 나오고 말았다. 전두환은 박정희처럼 장기 집권을 의도하기도 했으나 범국민적인 민주화 요구에 의해 결국 7년 만에 정권을 내려놓는다. 스페인에서 오랜 민주화 투쟁 경력을 가진 펠리페 곤살레스가 정권을 잡은 1982년을 민주화의 원년으로 보듯이, 1993년 김영삼 정권이 들어섰을 때 비로소 민주화가 달성되었다고 볼 수 있다.

5

현대 소비사회로의 변화와
새로운 문화 건설[157)

　무려 36년 동인 지속된 프랑코 시내는 말할 것도 없고, 18년간의 박정희 시대 역시 경제적, 사회적으로 많은 변화를 가져왔다. 두 독재자가 정권을 잡았을 무렵 두 국가는 1차산업의 비중이 큰 농업 중심의 국가였다. 그러다 산업화에 성공하면서 두 나라의 사회는 급격하게 변모하게 된다.

　스페인은 바스크와 카탈루냐 정도에만 산업 기반이 있었을 뿐 다른 지역은 농업에 의존하고 있었다. 그러다 1950년대 말부터 정부 주도의 산업화 정책이 추진됨으로써 많은 공장이 생겨나고 도시가 발전하기 시작했다. 도시에 많은 일자리가 생기자 지방으로부터 많은 인구가 유입되어 스페인에서도 이촌향도(離村向都) 현상이 벌어지게 되었다. 가장 척박한 지대인 반도의 남부와 중부의 농촌에서

---

157) 이 장에는 다음 논문의 일부가 포함되어 있음.
　　임호준, 「프랑코이즘의 청산에 있어 80년대 초 모비다 문화의 정치적 함의: 알모도바르 초기 영화의 문화적 파장을 중심으로」, 『스페인 어문학』, 30. 2004. pp.295-318.

바르셀로나, 빌바오, 마드리드, 발렌시아, 사라고사 등 동북부 지역의 도시로 많은 인구가 이주했다. 도시 중에서 가장 급속하게 발전한 곳은 마드리드였다. 공화국 시절까지 행정의 중심지에 불과했던 마드리드에 외국계 회사들이 몰려와 지점을 개설하면서 마드리드는 일약 금융과 상업 도시로 변모했다. 마드리드의 1인당 소득 역시 가파르게 상승하여 민주화 시대에는 바르셀로나를 추월하게 되었다. 번성하는 도시들은 주변 농촌 지역에서 몰려온 이주자들로 붐볐고, 농촌 지역은 젊은 사람들이 떠나버려 노인들만 남게 되었다. 프랑스와 영국에서 반 세기 동안 진행되었던 도시화가 스페인에서는 20년밖에 걸리지 않았다.158) 1960년대를 거치면서 스페인 사람들의 삶의 질은 급격하게 향상되었고, 스페인은 대량 소비사회의 면모를 보이기 시작했다.

이촌향도의 현상은 우리나라에서도 마찬가지였다. 1960년대부터 산업화가 추진되면서 서울, 부산, 대구 등 기존의 도시들은 물론 포항, 울산, 여수 등 공업 지대가 들어선 새로운 도시로 농촌 인구가 몰려들었다. 이런 현상은 1980년대까지 지속되었으며, 프랑코 정부와 마찬가지로 한국의 정부도 늘어나는 도시 인구를 흡수하기 위해 쉴새없이 아파트를 지었지만 도시의 아파트값은 하루가 다르게 폭등했다. 단적인 예로 1960년 64%였던 농어민은 1980년 31%로 감소하였다.159) 도시 변두리에는 영세민들의 판자촌이 넓게 펼쳐졌고, 공장 주변에는 근로자들을 위한 쪽방이 몰려있었다. 신분 상승을 꿈꾸거나 일확천금을 노리는 사람들로 도시에는 욕망과 에너지가 넘

---

158) Raymond Carr and Juan Pablo Fusi, 『스페인 현대사』, p.131.
159) 김호기, 「박정희 시대와 근대성의 명암」, p.96.

쳐났다. 공업의 발달로 집마다 TV, 냉장고가 보급되었고, 중산층만 되어도 승용차를 소유할 수 있게 되었다. 스페인의 경우 가장 큰 도시인 마드리드, 바르셀로나가 인구 5~6백만 명 정도의 도시로 발전한 반면,[160] 우리나라의 경우엔 서울을 중심으로 한 수도권에 1,000만 이상의 인구가 모여들어 지나치게 서울 중심의 도시화가 진행된 경향이 있다.

도시화는 필연적으로 국가 전체의 사회 분위기가 개인주의화, 세속화되는 결과를 가져왔다. 게다가 스페인에서는 1960년부터 프랑코 정권의 적극적인 관광객 유치 정책에 따라 영국, 독일, 프랑스 등 유럽 국가 사람들이 스페인에서 휴가를 보내기 위해 대규모로 몰려오기 시작했다. 휴가를 즐기는 이들의 자유분방한 분위기는 프랑코 치하의 스페인 사람들에게 많은 영향을 주며 자유의 중요성을 깨닫게 해주었다. 이 시기 전성기를 구가하던 The Beatles 밴드는 1965년 스페인을 방문하여 마드리드와 바르셀로나의 투우장에서 공연하였다. 젊은 관객들이 난동을 부릴 것을 우려하여 당국이 삼엄하게 통제하자 부모들은 아이들을 공연장에 보내지 않았다. 그럼에도 투우장에 몰려든 5천 명의 스페인 젊은이들은 비틀즈의 공연에 열광하며 프랑코 정권에 대한 정치적 항거를 표현했다.[161]

알다시피 1960년대말부터 1970년대 초까지 청년 저항 문화가 전 세계를 휩쓴다. 프랑스에서 일어난 68 학생혁명은 그 정점에 있었고, 성적 자유를 부르짖는 움직임부터 히피, 반전운동에 이르기까지

---

160) 마드리드와 바르셀로나 근교의 일일생활권을 포함한 숫자로서, 행정구역상 엄밀하게 치면 마드리드가 300만, 바르셀로나가 160만 정도 밖에 안 된다.

161) Carlos Toro, "Los Beatles en España: qué concierto el de aquella noche", *El mundo*, 2015.6.29. https://www.elmundo.es/cultura/2015/06/29/559030e7268e3ef11e8b457e.html

세계는 새로운 패러다임 속에 놓인 듯했다. 하지만 이 시기 강력한 독재자 밑에 놓여있던 스페인과 한국의 젊은이들은 이런 분위기를 만끽할 수 없었다. 한국에서는 장발과 미니스커트를 경찰이 단속하는 해프닝이 벌어졌고, 스페인에서는 세계적으로 히트한 <파리에서의 마지막 탱고>(1972)가 상영 금지되는 바람에 사람들은 국경을 넘어 프랑스에 가서 이 영화를 봐야 했다. 장발, 청바지, 미니스커트로 상징되는 1970년대 우리나라 청년들의 저항 문화는 찻잔 속 태풍이었다. 정치적으로 조직화되어 지하에서 활동한 학생운동만이 저항의 명맥을 이어갔다고 할 수 있다.

프랑코가 죽자 스페인 사람들은 뒤늦은 변화의 여정을 시작하게 된다. 시대착오적인 독재 체제에서 유럽적인 민주화 스페인을 만드는 것은 오랜 독재 시대의 잔재를 씻어내고 새로운 문화 정체성을 만드는 작업이었다. 그 구심점은 아이러니하게도 프랑코 행정부가 위치해 있던 수도이자 보수 문화의 상징처럼 여겨졌던 마드리드였다. 사회노동당 소속의 티에르노 갈반(Tierno Galvan) 시장은 마드리드를 자유로운 공기가 숨쉬는 새로운 도시로 탈바꿈하기 위해 모든 지원을 아끼지 않았다. 이런 분위기 속에서 유명한 '마드리드 모비다(Movida madrileña)'가 탄생한다. '모비다'는 새롭고 발랄한 감수성을 지닌 젊은 대중예술가들이 유행시킨 일종의 청년 저항 문화였다. '모비다'는 시기적으로 늦기는 했지만 스페인의 젊은 세대가 세계적 조류에 합류한 것을 의미했고, 태생적으로 외부 모방의 성격이 상당히 강했다. 그 당시 유럽의 젊은 층이 향유하던 팝 음악과 정치의식을 그대로 모방하여 자기 정체성화하였고, 그 결과 펑크, 마약, 페미니즘, 게이 해방 운동이 유행하게 되었다.[162] '모비다'는 당시 스페인의 사회적 분위기와 맞물려 서구의 펑크나 히피 문화에 비해 훨씬 더 환호적인 기질을 갖게 되었다.163) 이로써 근엄한 도시 마드리드는 일약 청년문화의 중심지로 바뀌었고, '모비다'는 바르셀로나를 비롯하여 스페인의 다른 대도시로 퍼져나가며 스페인 문화의 토양을 바꾸게 된다. 독재자가 죽은 지 10년이 지나 스페인은 유행 국가가 되었고 마드리드는 문화의 메카가 된 것이다.164)

'모비다'의 중심에는 영화감독 페드로 알모도바르(Pedro Almodóvar)가 있었다. 라만차(La mancha)의 작은 마을에서 상경하여 마드리드의 전화국에서 일하던 그는 밤에는 '모비다'에 심취하며 예술적 끼를 발휘하기 시작한다. 아마추어 단편 영화를 만들고 언더그라운드 잡지에 코믹 꽁트를 기고하는가 하면, 글램록(Glam rock) 그룹을 결성하여 활동함으로써 이내 '모비다'의 중심인물로 떠오른다. 모비다의 광란적이고 정신분열적인 몸짓을 고스란히 담고 있는 그의 첫 상업 영화인 <페피, 루시, 봄(Pepi, Luci, Bom y otras chicas del montón)> (1980)과 <열정의 미로(Laberinto de pasiones)>(1981)는 예술 영화 전용관에서만 상영되었음에도 당시 스페인 사회에 적지 않은 파장을 일으켰다. 세련되고 화려한 시각적 스타일로 포장된 그의 영화는 섹슈얼리티와 젠더에 관한 전통적 관념을 허물고 종교적 교리에 도전장을 내미는 것이었다. 한시적인 유행으로 끝날 수 있었던 '모비

162) 임호준, 「프랑코이즘의 청산에 있어 80년대 초 모비다 문화의 정치적 함의: 알모도바르 초기 영화의 문화적 파장을 중심으로」, 『스페인 어문학』, 30. 2004. p. 298.

163) Núria Triana Torbio. "A Punk called Pedro: la movida in the films of Pedro Almodóvar". *Contemporary Spanish Cultural Studies*. ed. Barry Jordan and Rikki Morgan-Tamosunas, London: Arnold, 2000 p.275.

164) Paul Ille, "La cultura posfranquista. (1975-1990): La continuidad dentro de la discontinuidad". AA.VV. *Del Franquismo a la posmodernidad*. Madrid: Akal, 1995. p.29

다'가 언더그라운드에서 표면으로 부상하며 문화사적 의의를 인정받을 수 있었던 것은 당시의 사회적, 정치적 상황이 맞아떨어졌기 때문이다. 1985년 6월호 *Rolling Stone Magazine*은 다음과 같이 썼다.

> 마드리드는 마치 1960년대의 샌 프란시스코처럼 새로운 음악, 공예품, 지성인들의 토론, 마약, 자유연애, 밤샘 클럽, 한없는 이상주의가 일상 풍경을 차지하는 문화적 오아시스로 변모했다. 도시가 새롭게 탄생한 것이다.165)

한국 역시 급속한 경제개발로 자본주의가 발달하고 대량 소비사회로 변모했지만, 정치와 문화는 같은 속도로 발전하지 못했다. 그래서 1970년대엔 장발이나 미니스커트 단속 같은 웃지 못할 해프닝이 벌어졌고, 문화 창작물에도 엄격한 검열이 실시되어 미풍양속을 해친다는 이유로 많은 대중가요가 금지곡이 되고, 영화의 씬이 잘려나가곤 했다. 1990년대에도 장정일, 마광수 같은 작가들의 작품이 음란물로 지정되어 작가들이 옥고를 치르는 상황이 벌어지기도 했다. 한국과 스페인 모두 민주화 시대에 이르러 사회가 빠르게 변모하다보니 연령대마다 다른 감수성과 가치관을 보유하게 되어 세대간 소통의 어려움과 갈등이 지배적인 경향이 되어 버렸다. 보수적 문화를 신봉하는 장년 세대와 부박한 자본주의 상품문화에 익숙한 젊은 세대 사이의 거리는 점점 멀어지게 되었다.

---

165) Hamilton M. Stapell, *Making Madrid: Culture, Politics and Identity after Franco*, New York: Palgrave, 2010, p.1.

다양성의 나라와
효율성의 나라

Ⅲ

정치와 경제의 차이

1. 통치 구조의 차이

2. 양당 체제에서 다양성의 체제로

3. 스페인의 지역주의 문제

4. 역전된 경제력

5. 농업국가의 전통과 혁신

6. 스페인의 대표 산업과 한국

7. 관광산업

1

통치 구조의 차이

스페인은 세습되는 왕이 존재하는 국가이다. 하지만 실질적인 통치는 선거에서 가장 많은 하원 의석을 차지한 정당의 당수가 수상이 되어 맡게 된다. 수상은 행정부의 장관을 지명하여 하원의 비준을 받고 헌법에 근거하여 민주적으로 통치하게 된다. 이러한 통치 시스템을 스페인에서는 의회군주제(monarquía parlamentaria)라고 표현한다. 흔히 다른 나라에서 입헌군주제라고 명명하는 시스템과 비슷하다.

하지만 조금 다른 점도 있다. 입헌군주제를 채택하는 많은 국가에서 국왕은 실권이 없는 상징적인 존재인 반면, 스페인의 국왕은 국가의 영도자로서 군대의 총사령관이다. 국가 통치에도 상당한 권한을 갖는데 예를 들자면 수상 후보를 지명하고 의회를 해산할 권리를 갖는다. 물론 관행적으로 총선에서 최다석을 차지한 정당의 수장을 수상으로 지명한다. 스페인 국왕은 외국의 정상이 스페인을 방문했을 때 왕궁으로 초대하여 현안을 논의하고, 외국을 방문하여 국가 간 신뢰를 쌓기도 한다. 전쟁이 일어나면 군대를 실질적으로 지휘하진 않더라도 국가를 방어할 의무를 갖는다.

스페인의 의회왕정은 오랜 역사를 갖고 있다. 근대에 접어들어 프랑스 혁명 등 민주주의에 대한 대중의 인식이 높아지자, 1812년 스페인 역사상 처음으로 카디스 의회에서 자유 선거, 권력 분산, 의회 제도를 규정하는 헌법이 공표되었다. 혁명을 통해 왕을 처형하고 민주주의를 쟁취하려고 했던 프랑스에 비해 스페인은 비교적 온건하게 민주주의의 초석을 놓았던 것이다.

	스페인	한국
통치 제도	의회 군주제	대통령제(단임)
국회의원 수	350명(하원)	299명
총선 회기	4년	4년
정당 제도	다당제	다당제
지자체장 선출 방식	지방의회 다수당이 차지	개별 선거

하지만 당시 국왕이었던 페르난도 7세는 2년 후 이 헌법을 무시하고 절대왕정을 선언해 버린다. 그럼에도 유럽의 민주화 물결에 힘입은 자유주의 세력은 1868년 혁명을 일으켰고, 1873년 스페인은 역사상 처음으로 공화국을 선포한다. 공화국의 선포와 함께 당시의 국왕 아마데오 1세는 폐위되었다. 하지만 공화국은 11개월 동안 대통령이 세 번이나 바뀌는 극심한 정치적 혼란을 겪었고, 결국 왕정으로 복고되었다. 이후 알폰소 12세(1874-1886), 알폰소 13세(1886-1931)가 통치했지만 이미 국민 사이에선 민주주의에 대한 인식이 싹튼 터라 왕의 권력은 예전 같지 않았다. 혼란 끝에 다시 왕은 폐위되고 1931년 제2공화국이 선포되어 1936년까지 좌파와 중도우파가 번갈아 집권한다. 1936년 선거에서 좌파 연합인 인민전선이 승

리하자 군부가 쿠데타를 일으켰고, 여기에 보수 우파가 합세한 것이 스페인 내전이다.

제2공화국 선포와 함께 망명을 떠났던 스페인 왕실은 내전이 일어나자 프랑코 반란파를 지지했다. 특히 부르봉 왕조의 적통(嫡統)인 알폰소 13세의 아들 돈 후안은 전쟁에서 승리한 프랑코를 칭송하며 자신을 왕으로 옹립시켜줄 것을 기대했다. 하지만 프랑코는 1947년 국가 원수지 계승법(Ley de sucesión en la jefatura

카디스 헌법(1812)

del Estado)을 통해 자신이 왕을 대신하여 국가를 통치하는 것을 공식화한다. 이 법은 1조에서 스페인은 가톨릭 국가로서 전통에 따라 왕국으로 칭한다. 하지만 프랑코가 국가의 원수이자 군대의 총사령관으로서 종신으로 국가를 통치하고, 그 후계자는 왕이 됐든 섭정자가 됐든 프랑코가 결정하여 의회의 동의를 거치도록 했다. 국가 원수직 계승법은 1947년 7월 국민투표를 거쳐 최종 공표되었다.

돈 후안은 자신이 프랑코 정권하에서 왕위에 오를 수 없다는 것을 알자 전략을 바꾼다. 프랑코와 비밀 회담을 가져 자기 아들 후안 카를로스를 스페인으로 보내 프랑코의 보호 아래 스페인에서 교육시키는 데 합의한다. 프랑코는 당시 열 살이었던 후안 카를로스를 국내에 입국시켜 육, 해, 공군 군사 학교를 두루 거치게 했고 마드리드 대학을 졸업시키면서 보수적인 교육을 통해 자신의 지지자로 키운다. 1962년에는 그리스와 덴마크 왕가의 소피아 공주와 결혼시킨다. 1969년 프랑코는 후안 카를로스를 자신의 후계자로 선포하여 자신이 사망한 이후에는 스페인의 왕정복고를 공식화하였다.

1975년 프랑코가 사망하자 후안 카를로스가 국왕으로 즉위하면서 스페인의 왕정이 복원되었다. 후안 카를로스 1세는 개혁 성향의 아돌포 수아레스(Adolfo Suárez)를 정부 수반으로 임명하고 민주화를 근간으로 한 정치 개혁을 맡긴다. 수아레스 수상이 주도한 여야 합의에 의해 1978년 제정되어 선포된 스페인 헌법은 스페인이 군주국이라는 점과 스페인 왕의 존재, 권한을 명시하고 있다. 한 마디로 왕은 국가의 수장이지만 정부와 의회의 결정을 따라야 한다는 것이다. 이로써 오랜 전통을 가진 스페인의 왕정 시스템은 민주화 이후에도 유지될 수 있게 되었다.

후안 카를로스 1세는 프랑코 사망 후 민주화의 버팀목이 되면서, 1981년에 일어난 군부 쿠데타에 단호하게 대응하는 등 재임 초기에 스페인의 민주화에 큰 공을 세운 것으로 평가되었다. 하지만 그와 왕실이 여러 추문에 휩싸이면서 국민의 평가는 점점 악화되기 시작했다. 2012년 스페인이 한창 경제위기를 겪던 시기에 보츠와나로 코끼리 사냥을 갔던 사실이 언론에 보도되면서 비판 여론이 높아졌고, 왕은 공개적으로 사과했다. 하지만 설상가상으로 그의 딸 크리스티나 공주와 사위가 부패 사건에 연루되고 사위인 우르당가린에게 실형이 선고되자 국민 여론은 극도로 악화되었으며, 결국 후안 카를로스 1세는 2014년 아들인 펠리페에게 왕위를 물려주고 퇴위한다. 최근에는 사우디 고속철 사업에 스페인 업체들이 참여한 것과 관련하여 사우디아라비아의 왕으로부터 거금을 받아 스위스 은행에 보관 중인 것이 밝혀져 여론이 악화되고 경찰의 수사를 받을 위기에 직면하자 망명을 떠났다.

1968년생인 펠리페 6세는 아버지와 마찬가지로 어려서부터 스페인의 여러 군사학교에서 교육을 받으며 왕위 계승자로서 자격을 쌓아왔다. 그는 2004년 방송 진행자인 레티시아 오르티스(Letizia Ortiz)와 결혼했는데, 당시 레시티아의 이혼 경력이 논란이 되었다. 그러나 가톨릭교회는 레티시아의 이전 결혼이 가톨릭식 결혼이 아니었다며 왕자의 결혼을 승인하였다. 가톨릭 교리에 철저하지 않은 국민은 오히려 상대방의 이혼 경력을 마다하지 않은 펠리페 왕자의 순애보에 박수를 보냈다. 결혼 이후 두 사람은 2녀를 낳았다. 2014년 왕위에 오른 펠리페 6세는 왕실에 대한 스페인 국민의 곱지 않은 시선을 의식하여 시종일관 국민 눈높이에 맞는 행보를 보여왔다. 국민들의 어려운 경제 사정을 고려하여 국왕 급료의 20%를 자진 삭감하였고, 부패 사건에 연루된 둘째 누나 부부의 공작 작위를 박탈하였다. 그는 헌법에 명시된 왕의 의무를 충실히 이행하기 위해 국내의 자치주 정부들을 순회 방문하고 라틴아메리카를 비롯한 해외 국가들도 방문하며 스페인의 외교 관계에 도움을 주고 있다. 또한, 군사학교에서 헬리콥터 조종사 훈련을 받았던 그는 스페인의 육해공 합동 군사 훈련에도 참가하고 있다.

이러한 노력 덕분에 펠리페 6세는 아버지 후안 카를로스보다 국민으로부터 훨씬 높은 지지를 받고 있다. 2019년에 일간지 *El mundo*가 펠리페 6세 즉위 5년을 맞아 실시한 설문 조사에서 국민들의 62.8%가 펠리페 6세의 역할을 긍정적으로 평가했다. 20.8%만이 부정적으

로 평가했고, 11.2%는 보통이라고 응답했다.[166]

하지만 민주 사회에서 특권을 세습하는 왕실의 존재에 반대하는 사람도 많다. 대표적으로 포데모스(Podemos) 정당은 왕정을 반대한다. 포데모스의 당수이자 사회노동당 정부에서 부수상을 맡고 있는 파블로 이글레시아는 "펠리페가 계속 왕으로 있고 싶으면, 선거에 나가야 한다", "제대로 된 국가에선 왕정이 있을 수 없다"라고 주장한다.[167] 2020년 실시된 설문조사에서 스페인 사람의 41%는 공화국을 선호한 반면, 35% 만이 왕정에 찬성했다.[168] 특히 젊은 세대에서 공화정을 선호하는 사람이 두드러졌다. 이것은 현 국왕인 펠리페 6세의 인기가 떨어졌다기보다는, 젊은 층일수록 왕이라는 특권층의 존재에 거부감을 갖기 때문으로 보인다.

전제군주제에서 입헌군주제로 발전했다가 두 번의 공화정과 독재를 거친 후 다시 입헌군주제와 내각제로 돌아간 스페인과 달리, 우리나라는 입헌군주제 경험이 없다. 대한제국이 멸망할 때까지 전제군주제가 유지되었다. 하지만 구한말 조선에서도 입헌군주제를 도입하자는 주장이 있었다. 입헌군주제라는 새로운 방식은 1880년대부터 『한성순보』 등을 통해 간간이 소개되었지만, 이 제도의 도입을 하나의 운동으로 추진한 것은 1890년대 말의 독립협회였다. 1897년 대한제국을 선포한 고종은 독립협회와 협의 하에 중추원을 혁신하여 50

---

166) "El rey recupera la imagen de la Corona y logra el apoyo general de los españoles", *El mundo*, 2019.7.1.
https://www.elmundo.es/espana/2019/07/01/5d18ee91fc6c83c73f8b463a.html

167) Jaime Peñafiel, "¿Monarquía o república?", *República*, 2016.9.19.
https://www.republica.com/reino-de-corazones/2016/09/19/monarquia-o-republica-2/

168) "Un 41% apoyaría la república en referéndum y 35% la monarquía, según encuesta". *EFE*. 2020.10.12. https://www.efe.com/efe/espana/destacada/un-41-apoyaria-la-republica-en-referendum-y-35-monarquia-segun-encuesta/10011-4365523

명의 의관 중에서 25명을 독립협회와 보부상 계열에게 칙선을 양도함으로써 처음으로 민간참정제도를 시도하였다.[169] 1900년대에 접어들어 입헌군주제에 대한 관심이 고조된 것은 서구 열강이나 일본이 인민의 권리를 존중하고 개인의 자유를 보호하여 애국심이 생기게 함으로써 부강한 나라가 될 수 있었다고 인식하였기 때문이다.[170] 우리나라 역시 스페인과 마찬가지로 유사 이래 세습 전제군주가 집권해왔기에 국민들로서는 갑자기 왕이 없는 공화제를 상상하기 어려웠을 것이다. 게다가 조선은 신분 제도가 엄격했기 때문에 일반 평민의 대표가 의회를 구성하는 하원이 성립될 가능성도 없었다.

그러다가 임시정부 시절부터 갑자기 공화제로 선회하게 된 것은 대한제국의 적통을 이을 만한 마땅한 군주가 없었기 때문이다.[171] 중국으로의 망명을 계획했던 고종은 1919년 독살로 의심되는 증상으로 급서하게 되었다. 1907년 헤이그 특사 사건으로 일제에 의해 고종이 강제 퇴위되고 순종이 강제 즉위했으나, 그는 선천적으로 병약했던 데다 독살 미수 사건의 후유증으로 자손을 볼 수 없었다. 순종 때 국권이 일본으로 넘어갔고 이왕(李王)으로 격하되었으며, 고종의 왕세자 이은(영친왕)은 강제로 일본으로 보내져 일본인과 결혼함으로써 대한제국의 왕조가 끊어지게 되었다.

그랬기에 1919년 상해에 설립된 대한민국 임시정부는 공화제를 선택할 수밖에 없었고, 초대 대통령으로 이승만을 추대하였다. 1925년 이승만이 하야하자 집단 지도체제로 바뀌었다가, 1940년에는 의정원에서 주석을 선출하는 주석제를 채택하였다. 1945년 일제로부

---

169) 황태연, 『백성의 나라 대한제국』, 청계출판사, 2017. pp.601-602.

170) 한홍구, 「왕정은 왜 왕따당했나」, 『한겨레 21』, 2002.6.12.

171) 한홍구, 『대한민국사: 단군에서 김두한까지』 한겨레 신문사, 2006.

터 해방이 되었을 때 영친왕을 귀국시켜 왕정복고를 말하는 사람은
아무도 없었고, 공화제로 가는 것이 당연한 수순이었다. 그리하여
1948년 이승만은 다시 대한민국의 대통령이 되었다.

건국 이후 적어도 형식적으로는 줄곧 민주적인 시스템이 유지되
었다는 점은 스페인과 다른 점이다. 스페인의 프랑코 시대에는 36년
동안 민주적인 선거가 없었다.[172] 이에 비해 우리나라에선 이승만
정권이든 박정희 정권이든 선거를 없애지는 못했다. 박정희도 쿠데
타로 권력을 쟁취했지만 군복을 벗고 선거를 통해 대통령 자리에 올
랐다. 그후 두 번 더 직접 선거를 치러 대통령이 되었다. 비록 관제
선거나 부정선거의 시비는 늘 있었지만, 민주주의의 형식은 지키려
했다. 스페인보다 민주주의 경험이 일천한 한국에서, 스페인 독재자
보다 한국 독재자가 민주적 절차에 더 신경 썼다는 것은 아이러니하
다. 비록 경제적으로는 후진국이었지만 국민의 의식 수준은 상당히
높았기에 이런 현상이 벌어졌을 것이다.

이와 같이 우리나라는 전제군주제에서 바로 공화제로 바뀌고 대
통령이 통치하게 되었다. 입헌군주제와 의원내각제를 가미한 스페인
의 방식에 비해, 대통령제는 대통령에게 권한이 집중되는 특징이 있
다. 대통령 선거에서 1위를 하기만 하면 모든 권력을 독점하게 되며,
안 그래도 입헌군주제의 경험을 거치지 않은 우리나라에서 대통령은
전제군주와 같은 위상으로 인식될 가능성이 많았다. 최근에도 대통령
은 무소불위의 권력을 행사하기에 '제왕적 대통령'이라고 불리기도

---

172) 프랑코 정권에 대한 찬성과 반대를 묻는 국민투표는 1947년, 1966년 두 번 실시되었고
프랑코 정권은 압도적인 찬성표를 받았다. (레이몬드 카 외, 『스페인 현대사』 p.26.) 박
정희도 유신헌법에 대해선 1972년과 1975년에 국민투표를 실시하여 압도적 찬성을 받
음으로써 정당성의 명분을 확보하려 했다.

한다. 한홍구 교수도 "(우리나라에서) 지난 50년간의 '민주공화제' 실험에도 '군주제'가 내용적으로 극복되었다고는 할 수 없다"라고 말한다.[173)

원칙적으로는 행정부, 사법부, 입법부가 독립되어 있지만 행정부의 수반인 대통령이 다른 권력기관을 압도하는 것이 현실이다. 대통령 한 사람의 신념과 행동에 따라 국가의 방향과 상황이 크게 달라지게 된다. 이에 비해 입헌군주제 하에서 의원내각제를 실시하고 있는 스페인에서는 권력을 독점하는 인물이 없다. 4년에 한 번씩 치러지는 총선에서 승리한 정당의 대표가 국왕에 의해 총리 후보로 지명된다. 총리 인준을 받기 위해서는 하원 350명 과반수 이상의 동의를 얻어야 하는데, 현재와 같은 정당구도 하에서 한 정당이 과반수를 차지하긴 어려워 다른 정당과 연립정부를 구성할 수밖에 없다. 그렇기에 행정부의 수반인 총리가 강력한 추진력을 갖기 어렵다. 한국의 대통령은 입법, 사법, 행정을 총괄하여 지나치게 많은 권한과 권력을 행사하는 것이 문제인 반면, 스페인의 수상은 국왕이라는 상징적 상관(上官)이 존재하는 데다 연립정부를 구성한 다른 정당의 입김에서 자유로울 수 없어 책임정치를 실현할만큼 입지가 튼튼하지 않은 것이 문제로 보인다.

---

173) 한홍구, 「왕정은 왜 왕따당했나」, 『한겨레 21』, 2002.6.12.

2

양당 체제에서 다양성의 체제로

한국과 스페인의 정치 지형은 유사한 점이 많다. 군부 독재가 끝나고 민주화가 되었지만, 구체제 계승 세력과 반독재 투쟁 계승 세력 사이의 대결과 반목은 현재까지도 양국의 정치 구도를 형성하고 있다. 물론 보수정당은 독재 세력의 계승자라고 내세우지 않고 진보정당 또한 반독재 패러다임 속에 있지 않다고 하지만, 국민의 정서에는 이분법적인 프레임이 아직도 유효한 듯하다.

스페인도 민주화 초기에는 양당제 시스템이 지배했었다. 1975년 프랑코가 사망한 후 정치적 전환기를 거쳐 1982년 야당인 사회노동당(PSOE)이 집권하게 되었다. 스페인 내전에서 패한 인민전선에 속했던 사회노동당은 1996년까지 의회군주제하에서 스페인을 통치하게 된다.

펠리페 곤살레스(Felipe González) 수상이 이끈 사회노동당은 민주화의 초기 국면에서 우파 세력과 이념적인 대결을 지양하고 경제를 중시하는 실리적인 정책으로 국민의 폭넓은 지지를 받았다. 특히 스페인인들의 오랜 숙원이었던 유럽연합(EU) 가입을 적극적으로 추진하여 포르투갈과 함께 1986년 1월 1일자로 유럽의 일원이 되었다. 1986년에는 북대서양 조약기구(NATO)에의 잔류 여부가 국가적인 이슈가 되었다. NATO는 소련과 대치하고 있던 상황에서 서유럽 국가들과 미국이 결성하고 있던 군사 협의체였다. 스페인 내전 당시에 소련은 공화국을 도왔기 때문에 사회노동당으로서도 소련과 대립할 이유는 없었다. 그러나 유럽연합의 주축이 NATO에 가입하고 있었기 때문에, 사회노동당은 유럽화를 지향하기 위해 국민을 설득하고 국민투표를 실시하여 NATO에 잔류하도록 했다.

이러한 실리적인 정책 덕분에 사회노동당은 오랜 기간 집권할 수 있었고(1982~1996년), 그동안 스페인 경제는 꾸준히 성장하였다. 하지만 관료들의 부패 스캔들이 터지면서 1996년 선거에서 사회노동당이 패하고 국민당(PP, Partido Popular)이 집권하게 된다. 국민당은 프랑코 체제에 참여했던 정치인들로 구성된 '국민연합(AP, Alianza Popular)'을 이어받은 우파 정당으로서, 프랑코 사망 후 20년 만에 정권을 잡은 것이다. 국민당 역시 유럽화를 적극 추진했고 국민투표를 거쳐 1999년 스페인을 유로존에 가입시켰다. 유로존에서 상대적으로 물가가 저렴하고 금리가 높았던 스페인에는 유럽의 자금이 몰려들었고, 경제적으로 호황을 누리게 된다. 친미 성향의 호세 마리아 아스나르(José María Aznar) 총리는 국민적 논란에도 불구하고 이라크 전쟁에 스페인 병력을 파견하였다. 2004년 총선에서도 국민당의 승리가 예상되었는데, 총선을 불과 일주일 앞두고 마드리드 아토차 역에서 192명이 사망하는 폭탄 테러 사건이 일어난다. 정부는 사건의 배후가 바스크 무장 독립해방운동 단체인 ETA라고 발표했다. 하지만 국민들은 알 카에다의 소행을 ETA에게 돌려, 이라크 파병으로 인한 정치적 책임을 회피하고 총선에서 이기려고 하는 정부의 거짓말로 보았다. 일주일 만에 민심은 국민당에 등을 돌렸고, 사회노동당이 어부지리로 총선에서 승리하게 된다.

2004년부터 집권한 사회노동당의 사파테로 행정부는 이라크에서 스페인 병력을 철수시켰으며, 동성 결혼을 허용하고 임신 14주 이내에서 낙태를 허용하도록 법을 개정했다. 또한, 2007년에는 과거사 청산을 위한 '역사기억법'을 제정하여 통과시켰다. 하지만 2009년부터 스페인 경제는 미국발 금융위기의 직격탄을 맞았고 수십 년 동안 겪어보지 않았던 경제 하강 국면에 들어서게 된다. 국민의 지지를 잃고 경제위기를 극복할 능력이 없었던 사파테로 정부는 2011년 11월 조기 총선을 실시하고 권력을 다시 국민당에게 넘겨주게 된다. 2011년 총선에서 압도적인 격차로 사회노동당을 누르고 집권한 국민당은 마리아노 라호이(Mariano Rajoy) 총리를 필두로 경제위기 극복에 나서게 된다. 은행들이 도산하고 실업률이 27%까지 치솟자 라호이 행정부는 국가 부채를 줄이기 위해 공무원의 임금을 삭감하고 국가의 재정 지출을 줄이는 등 극단적인 긴축 재정을 실시한다. 이것은 스페인의 위기 극복을 위해 긴급 자금을 수혈해준 독일 등 유럽연합의 요구사항이기도 했다. 라호이 정부의 적극적인 재정 개혁 덕분에 스페인 경제는 서서히 위기 국면을 벗어나 2015년에는 3.2%의 높은 성장률을 달성하는 데 성공했다. 그러나 국민당 정부는 또다시 부패 스캔들로 발목을 잡히고 말았다. 국민당이 불법적인 검은 돈을 정치자금으로 받아왔다는 것이고 라호이 수상 역시 이를 인지하고 있었다는 혐의를 받았다.

이즈음 스페인 정치에 지각 변화가 나타나기 시작한다. 오랫동안 정권을 나누어 가졌던 사회노동당과 국민당 외에 다른 전국 정당들이 약진하기 시작한 것이다. 물론 두 거대 정당 외에도 군소 정당들이 존재해 왔지만, 이들은 지역에서만 표를 얻었지 전국적인 지지를 얻진 못했었다. 국민당이 123석, 사회노동당이 90석을 얻은 2015년 총선에서, 갓 창설된 좌파 계열 포데모스(Podemos) 정당이 69석을, 우파계열 시민당(Ciudadanos)이 40석을 얻어 원내 3, 4당이 되었다. 지향 이념은 확연하게 다르지만 30대의 젊은 리더가 이끈다는 점에서 공통점이 있는 두 신생 정당은 양대 기성 정당에 회의적인 유권자들의 마음을 움직였다.

마드리드 대학 경제학 강사였던 파블로 이글레시아스(Pablo Iglesias)의 개인적 카리스마에 의존하는 포데모스 정당은 긴축 재정으로 가장 큰 고통을 받은 젊은 층을 파고들었다. 경제위기 동안 정부가 공무원 신규 채용을 중지하고 재정 지출을 줄이자 청년 실업률은 50%까지 치솟았다. 직업을 구할 수 없는 젊은 층은 정부에 불만을 가질 수밖에 없었고, 결혼 커플도 줄어들고 출산율도 급전직하했다. 포데모스는 스페인의 유럽 지향에 반대하고 남미의 대중 우선주의를 지지한다. 파블로 이글레시아스는 베네수엘라 전 대통령의 정책을 지지한다고 여러 번 밝힌 바 있다. 기존 사회노동당보다 더 좌파적이라고할 수 있다. 한편, 바르셀로나 출신 알베르토 리베라(Alberto Ribera)가 이끄는 시민당은 실용적인 우파 노선을 지향하며, 국민당의 부패 스캔들에 실망한 온건 우파 유권자들의 마음을 움직였다. 시민당은 지역의 다양성을 존중하고 자치를 지지하지만 카탈루냐의 독립에는 반대한다.

이렇게 상당한 의석수를 확보한 전국 정당이 늘어나다 보니 의원내각제하에서 어느 정당도 과반수를 획득하지 못해 행정부를 꾸리기 위해선 정치적 지향성이 다른 정당들이 연합해야 하는 상황이 되었다. 모든 정당이 하원의 과반인 175석에 한참 모자란 성적표를 받은 2015년 총선에서, 국왕은 먼저 123석을 얻은 국민당에게 정부를 구성할 기회를 주었다. 하지만 국민당이 연정에 실패하자 이번엔 90석을 얻은 사회노동당에게 기회를 주었다. 제2당 대표가 총리가 될 수 있었던 상황이었다. 사회노동당은 시민당과 연합했으나 하원에서 과반수의 동의를 얻는 데 실패했다. 그리하여 국왕은 2016년 6월 다시 총선거를 실시하도록 선포하였다. 하지만 7개월 만에 정치 지형이 크게 바뀌지 않아 각 당은 직전 선거와 비슷한 의석수를 갖게 되었다. 정부 구성이 난항을 겪자 국왕이 중재에 나섰고, 결국 국민당과 시민당이 연정하고 사회노동당이 투표를 포기하는 것으로 하여 10월 19일이 되어서야 국회 동의를 거쳐 정부가 구성되기에 이르렀다. 무려 1년 가까이 스페인은 정부가 없이 표류했던 것이다.

하지만 국민당은 과거의 부패 스캔들에 발목을 잡혔고, 2018년 하원에서 수상 불신임 투표가 가결되어 라호이는 사임하고 그 자리를 원내 제2당 대표인 페드로 산체스(Pedro Sánchez)가 승계하게 되었다. 스페인 헌정 사상 처음으로 총리 불신임 투표를 통해 집권하게 된 산체스 수상은 자신이 무신론자라고 밝혔고, 이에 왕과 헌법 앞에서 선서하는 자리에 스페인 역사상 처음으로 성경이나 십자가가 설치되지 않았다. 2019년 4월 조기 총선이 실시되었으며, 여기에서 사회노동당은 123석을 얻어 11년 만에 승리를 거두었다. 그러나 산체스 수상은 연정 파트너를 구하는 데 실패하여 정부를 구성하지 못했다. 이에 2019년 11월 재선거가 실시되었고, 사회노동당은 120석으로 승리를 거두었다. 놀랍게도 이 선거에서 반이민자, 반동성애자 기치를 내건 극우파 Vox가 52석을 얻었으며, 대신 중도 보수 시민당은 10석에 그쳤다.

스페인의 정치 지형 내에서 중도 좌파에 속하는 사회노동당은 정부를 구성하기 위해 지향점이 다른 여러 정당과 협상을 벌여야 했고, 또한 반대파 정당에게 승인투표에서 기권해 줄 것을 요청해야 했다. 결국 2020년 1월 사회노동당과 포데모스 연합은 연립정부를 구성하고 과소연정으로 가까스로 국회의 승인을 얻었다. 카탈루냐 독립에 대한 입장, 유럽연합에 대한 입장이 판이하게 다른 두 정당은 협상을 통해 정부 내각을 구성했고, 포데모스의 파블로 이글레시이스는 부총리가 되었다.

조금 더 지켜보아야 하겠지만, 스페인은 이제 본격적인 다당제 시대에 접어든 것 같다. 국민의 성향이 다양해졌기 때문에 사회노동당과 국민당 양당으로는 국민의 의사를 반영하기 어렵게 된 것으로 보인다. 문제는 의원내각제 형태의 통치 형태에서 다당제가 되어 의석이 여러 당으로 나뉘면 집권을 위해 연립정부가 구성되는 경우가 많을 것이라는 점이다. 그런 경우 총리가 정국의 주도권을 쥐고 정책을 펼치기는 어려울 것이다. 반면 총리가 자신의 신념에 따라 독단적으로 정국을 운영하는 것을 피할 수 있다는 장점도 있다. 다만 최근 스페인의 경우처럼 상당한 의석을 가진 여러 정당이 지나치게 대립하면 정부가 구성되지 못하고 표류하는 경우가 생기게 된다. 실제로 2015년 이후로 스페인은 수상만 있고 정부가 없는 기형적인 상황이 10개월 이상 두 번이나 펼쳐졌고, 2019년엔 4월 총선 이후 정부 구성이 되지 않자 11월에 재선거가 벌어지기도 했다. 이럴 때 중앙의회에 의석을 확보한 지역주의 정당들이 결정적인 캐스팅 보트를 행사하게 되었다. 또한, 지향 이데올로기가 다른 여러 당이 서로 대립하는 상황이 펼쳐질 수밖에 없기에 중재자로서 왕의 존재가 중요해진 것으로 보인다.

우리나라는 스페인과 달리 아직도 실질적으로 양당제 구도 속에 있다고 보인다. 물론 국회의원을 배출한 정당은 여러 개이지만 모두 소수에 그치기 때문이다. 보수와 진보로 나뉜 거대 양당이 50년 전부터 이어진 정치적 대립 구도의 영향을 받고 있음은 부정하기 어렵다. 우리나라에서 스페인과 달리 양당제 구도가 쉽게 깨어지지 않는 것에 대해 전문가들은 소선거구제의 영향이 크다고 분석한다. 소선거구제에서는 한 명만 당선되기 때문에 아무래도 군소 정당 후보가 당선될 가능성이 크지 않기 때문이다. 스페인은 전국이 50개의 중대 선거구로 나뉘어 있고 비례대표제를 채택하고 있어[174] 우리나라 선거 제도에 비해 군소 정당의 후보도 당선될 가능성이 높다.

지역주의와 중앙 정치

스페인과 한국의 정치에는 지역주의가 강하게 작용하고 있다. 스페인에서는 지역의 독립운동이 일어날 정도이니 한국에 비해 지역주의가 더 발달해 있다고 말할 수 있겠다. 이러한 지역의 정서를 반영하듯 스페인에서는 지역에 기반한 정당들이 많고 전국적인 상하

---

174) 세우타와 멜리아에서는 예외적으로 최다 득표자 1인이 당선되는 소선거구제가 유지되고 있다.

원 선거와 지방자치 선거에서 지역민들의 많은 표를 받고 있다. 우리나라 정치에서는 전국 정당이 특정 지역에서 몰표를 받는 현상이 나타나고 있지만 지역 정당이 성공한 예는 많지 않다. 하지만 스페인에서는 지역 정당이 지역을 발판으로 중앙 정치에까지 진출하고 있다. 스페인에서 지역 정당이 가장 발달한 곳은 바스크와 카탈루냐 지역이다. 그리고 갈리시아, 카나리아, 나바라, 안달루시아 등에서도 지역 정당이 지역민들의 많은 호응을 얻고 있다.

바스크 민족당(PNV)은 1895년에 창설된 정당으로서, 1879년에 창설된 전국 정당인 사회노동당 다음으로 오래된 정당이다. 바스크 민족주의의 아버지로 불리는 사비노 아라나(Sabino Arana)가 창설하여 1979년부터 현재까지 바스크 의회 선거에서 대부분 최다석을 차지하며 주정부를 이끌어왔다(2003~2010년 제외). 중도 보수 성향의 바스크 민족당은 바스크의 자치를 공고히 하되 독립을 지향하지는 않기 때문에 바스크 무장 독립운동 단체 ETA에는 반대하는 입장이다. 바스크의 독립을 주장하는 좌파 민족주의 정당으로는 1978년에 창설된 HB(Herri Batasuna)가 있었다. 이 정당은 불법 단체인 ETA와의 연관성이 꾸준히 제기되었고, 결국 ETA에 자금을 제공한 준 사실이 밝혀져 2003년에 강제 해산되었다. HB에서 활동하던 정치인들과 좌파 계열의 독립 주창자 그룹이 합쳐져서 형성된 정당이 바스크 연합(EH Bildu)이다. 바스크 지방 선거에서 우파 계열인 바스크 민족당이 좌파 계열인 바스크 연합을 계속 이기고 있는 것을 보면, 바스크인들은 독립보다는 안정된 자치를 원하는 사람이 더 많다는 것을 알 수 있다.

한편 카탈루냐의 대표적인 지역 정당은 1931년 창당된 '카탈루냐 공화좌파(ERC)'와 1978년에 창당되어 민주화 시대 이래로 2010년까지 카탈루냐를 통치한 중도 우파 '일치와 단결(CiU)'이 있다. 카탈루냐 공화좌파는 스페인 제2공화국이 출범하던 시기에 창당된, 카탈루냐 독립을 지향하는 사회민주주의 정당이다. 이들은 제2공화국 정부 아래서 카탈루냐 정부를 장악하며 독립을 위한 꿈을 키워갔으나, 내전의 패배로 수포로 돌아간다. 정당의 리더이자 카탈루냐 정부의 수반이었던 류이스 콤파니스(Lluis Companys)는 스페인 내전이 끝난 직후 프랑코파에 의해 처형되고 말았다. 프랑코의 독재 기간 동안 비밀결사로서 반독재 운동을 펼치던 카탈루냐 공화좌파는 1975년 프랑코가 죽고 지방자치 정부가 복원되어 당이 합법화되자 다시 제도권 정치로 들어온다. 그러나 카탈루냐 주민들은 2010년대에 이르기까지 독립 지향의 카탈루냐 공화좌파를 과격한 좌파로 보며 많은 표를 주지 않았다. 이들은 카탈루냐 지방 선거에서 3~5위 정도의 성적을 거두었을 뿐이다.

민주화 시기부터 2010년대까지 카탈루냐 정부를 장악했던 정당은 중도 우파 민족주의자들의 연합인 일치와 단결(CiU)이다. 민주화 이행기인 1978년에 두 개의 카탈루냐 보수 정당의 연합으로 구성되었고, 리더인 조르디 푸졸(Jordi Pujol)의 카리스마 덕분에 카탈루냐 선거에서 과반에 가까운 의석을 확보하며 1980년부터 2003년까지 카탈루냐 정부를 이끌었다. 실용적인 노선을 지향하며 카탈루냐의 자치를 지키되 독립을 지향하진 않았다. 23년간 카탈루냐 정부 수반이었던 조르디 푸졸은 열렬한 유럽화 옹호자로서 역시 유럽화 주창자인 중앙 정부의 수상 펠리페 곤살레스(1982~1996년 재임)와 보조를 맞춰 스페인의 유럽연합 가입을 성사시키고 민주화 초기 시대를 안정적으로 이끄는 데 큰 공을 세웠다.

하지만 2000년대에 접어들어 카탈루냐에서 독립운동의 열기가 고조되면서 정당 지형에도 일대 변화가 밀어닥친다. 1980, 90년대에 과반에 가까운 높은 지지를 받았던 일치와 단결은 1999년 선거에서 처음으로 제2당이 되었고, 조금씩 표를 잃어갔다. 2003년에는 23년 만에 카탈루냐 의회의 야당이 되었다. 2012년 선거에서 30% 득표로 1위를 하긴 했지만 정부를 구성하기 위해 다른 강성 좌파와 연립정부를 구성해야 했고, 결국 카탈루냐 공화좌파와 연립정부를 구성하게 된다. 일치와 단결의 리더이자 카탈루냐 정부의 수반이었던 아르투르 마스(Arthur Mas)는 2015년 지방선거를 지역민들에게 독립 여부를 묻는 선거로 규정하고, 독립을 주장하는 모든 정파를 모아 '모두 함께 예스(Junts pel Sí)'라는 연합체를 구성하여 선거에 임했다.

바스크와 카탈루냐 외에도 갈리시아, 안달루시아, 카나리아, 칸타브리아, 나바라, 발렌시아 등에 지역 정당이 있으며, 이들이 지역 선거에서 선전하며 주정부를 장악할 때도 많았다. 카나리아 동맹(CC), 칸타브리아 지역당(PRC) 등이 그런 정당들이다. 지역 정당은 지역 선거에서 가장 유력한 정당으로서 주정부를 장악하고 있을 뿐만 아니라 지역의 지지를 기반으로 스페인 총선에서도 상당한 의석을 차지하며 중앙 정치에서 캐스팅 보트의 역할을 하고 있다. 실제로 2019년 12월 선거에서 하원 350석 중에서 바스크 민족당 10석, 카탈루냐 공화좌파 10석, 카탈루냐 독립파 5석, 바스크 연합 2석, 카나리아 동맹 1석, 갈리시아 민족블럭 1석을 차지하여 상당한 권력을 행사하고 있다. 보수 정당과 진보 정당이 팽팽하게 맞선 상황이라 지역주의 정당이 캐스팅 보트를 행사하면서 지역주의는 더욱 큰 목소리를 내게 되었다.

수많은 지역 정당이 지역 단체와 지방 의회뿐만이 아니라 중앙 정치에까지 진출하고 있는 스페인에 비해, 우리나라는 지역 정당이 거의 없다고 해도 과언이 아니다. 하지만 우리나라의 중앙 정당들도 특정 지역에서의 압도적 우세를 기반으로 전국적인 주도권을 장악하려는 전략을 취하며, 이러한 지역주의는 우리나라 정치에 매우 중요한 인자가 되고 있다. 다만 스페인에서는 이념의 차이에 따라 복수의 지역 정당이 있어 지역민 개인의 정치적 입장을 대변해줄 수 있는 반면, 우리나라에서는 특정 정당이 이념과 관계없이 지역에서 많은 표를 받는 현상이 나타나고 있다. 이것은 우리나라에 스페인과 다른 지역주의 정서가 있다는 것을 의미한다.

3

스페인의 지역주의 문제

바스크의 분리독립 운동

스페인 북부에 250만 명, 프랑스 남부에 50만 명 정도 거주하고 있는 바스크인들은 연원이 불분명한 특이한 족속이다. 이들은 인종적으로 고립된 유럽의 섬과 같은데, 이들의 말(Euskera)이 인도 유럽어와 완전히 다른 것을 보면 현대 유럽인을 이루는 인도 유럽어족이 유럽에 오기 전에 먼저 이베리아반도에 살고 있었던 것으로 보인다. 스페인 북부 지역의 험준한 산세 덕분에 바스크인들은 오랜 세월 독자적인 언어와 문화를 유지해올 수 있었다. 하지만 이들은 한 번도 정치적으로 독립된 국가를 이루지 못했고, 시기에 따라 카스티야 왕국, 스페인의 일부로 편입되어 왔다.[175] 그렇지만 바스크의 이질성은 명백했기 때문에 중세부터 제정된 바스크의 자치법은 중앙 정부

---

175) 바스크와 아라곤 북부지방에 위치하여 11~12세기에 전성기를 누린 나바라 왕국의 경우, 주민의 절반 이상이 바스크인으로 구성되었고 나머지 주민들도 바스크의 영향을 크게 받았지만, 순수하게 바스크 국가라고 보기는 어렵다.

로부터 대체적으로 인정받아 왔다. 물론 자치권이 위협받거나 폐지된 적도 있었다. 대표적으로 19세기 자유주의자들은 바스크의 자치권이 스페인이 근대국가로 발전하는 데 걸림돌이 된다고 보고, 그들이 정권을 잡았을 때 자치권을 폐지했다. 바스크는 보수주의자들을 도와서 전쟁을 벌였으나 세 차례의 전쟁에서 패하고 말았다.

한편, 19세기 말부터 바스크에는 강력한 민족주의 운동이 벌어진다. 여기에는 두 가지 배경이 있다. 첫 번째는 오랫동안 유지되어 온 바스크 자치권(fuero)이 자유주의자들에 의해 폐지된 것이 바스크인들의 저항적 민족주의를 불러왔다. 두 번째는 18세기 말부터 독일을 중심으로 유럽에 민족주의 담론이 퍼지기 시작한 것이다. 민족을 신화화하고 민족의 원류를 찬양하는 철학적, 정치학적 사상은 문학과 예술에서는 낭만주의로 표출되었다. 바스크에서도 바스크 민족의 원류를 찾고 자연환경을 탐사하는 저술들이 출간되었다. 이러한 바스크 민족주의를 배경으로 1895년에는 바스크 민족주의를 표방하는 PNV(Partido Nacionalista Vasco) 정당이 창설되었다. 바스크 민족주의자들의 당면 목표는 빼앗긴 바스크의 자치권을 다시 찾아오는 것이었고, 궁극적인 목표는 바스크의 독립이었다.

바스크의 자치권이 비약적으로 강화된 것은 제2공화국 시기(1931~1936년)였다. 이 시기에 자치권이 복구되어 1934년 주정부가 재건되었고, 1936년에는 바스크의 자치법령(Estatuto de Autonomía)이 제정되어 공표되었다. 하지만 스페인 내전에서 프랑코 반란파가 이김으로써 바스크의 자치법령은 폐지되었다. 바스크는 19세기 카를리스타 전쟁에서 보수파 편에 섰지만, 스페인 내전에서 제2공화국 편에 선 것은 모두 자치권을 지키기 위함이었다. 바스크는 이념과 관계없이 줄타기를 했지만 불행히도 모두 지는 편에 서게 되었다. 스페인을 강력한 중앙 집권제에 기반한 전체주의 국가로 만들고자 했던 프랑코 정권은 지역어 사용을 금지하는 등 지역 민족주의를 탄압했다. 바스크 내에서도 제2공화국을 열성적으로 지원했던 비스카야(빌바오 중심)와 기푸스코아(산 세바스티안 중심) 지방을 '반란 지역'으로 규정하여 모든 자치권을 몰수했다. 그러나 주민의 상당수가 프랑코파에 동조했던 나바라(팜플로나 중심)와 알라바(비토리아 중심)에는 행정 조직을 유지할 수 있게 허락했다. 프랑코 정권하에서 바스크 민족주의가 고사 상태에 이르자, 1959년 바스크 민족주의 운동 단체인 ETA가 창설되었다. 설립초기 ETA는 정치적 이념이나 투쟁목표가 불확실했다. 민족주의를 우선할 것인지, 바스크 노동자들의 해방을 위한 계급 투쟁을 우선할 것인지 내부적으로 논란이 많았다.[176] 그러다 1960년대 중반부터 점점 독립을 지향하는 혁명적인 노선을 걸으며 무장 투쟁을 하기 시작한다. '바스크의 땅과 자유'라는 의미의 ETA는 프랑코 정권의 요인들을 암살하며 프랑코 정권에 대항한다. ETA는 본격적으로 무장 투쟁을 시작한 1968년부터 무장 투쟁의 종식을 선언한 2010년까지 모두 829명을 살해했는데, 그중에서 340명은 민간인이었다.[177] 이런 이유로 ETA는 스페인, 프랑스는 물론 유럽연합과 미국 정부에 의해 테러리스트 그룹으로 규정되었다.

1976년 프랑코의 사망과 함께 스페인이 민주화 이행기에 접어들자 바스크에서는 자치권이나 독립을 요구하는 다양한 목소리가 봇

---

176) 황보영조, 「1960년대 에따 내부의 이념투쟁: 민족 대 계급」, 『이베로아메리카 연구』, 23.2(2012), pp.176-77.

177) Oficina de Comunicacion del Ministerio del Interior, "Victimas de ETA". 2009.7.30. http://www.mir.es/DGRIS/Terrorismo_de_ETA/ultimas_victimas/p12b-esp.htm

물처럼 터져 나오게 된다. 수아레스 총리가 이끄는 과도 정부는 새로운 바스크 자치법령을 제정하여 통과시켰는데, 바스크에 대해 완전한 조세권과 자치법령, 행정권이 인정되어 제2공화국 때보다 더자치의 수준이 높아졌다는 평가를 받았다. 1978년 헌법에 의해 바스크의 모든 지역이 동일한 재정적 자치권을 인정받았고, 유럽의회 역시 1997년 이를 인정하였다. 자치권을 되찾게 되자 이제는 독립에 대한 열망이 바스크 근본주의자들 사이에서 타올랐다. ETA의 요인 납치와 살해 행위는 민주화 이행기에 정점을 이루었고, 사회노동당이 집권한 1982년부터 조금 줄기는 했지만 한 해 3,40명이 희생되었다. 급기야 ETA에 반대하는 반테러 조직 GAL에 의해 1983년부터 1987년까지 ETA 요원이나 ETA에 동조적인 사람들, 또는 전혀 관계없는 사람들까지 27명이나 희생되기도 했다. 훗날 재판 과정에서 사회노동당 정부하의 내무부가 GAL을 지원한 것이 드러나 큰 정치적, 사회적 파장을 일으켰다.[178] 물론 이러한 행위는 바스크의 민족주의와 독립 의지를 더욱 불타오르게 했다.

그러나 폭력이 격화될수록 비폭력과 평화를 원하는 목소리도 커져갔고, 바스크인들 사이에서도 폭력적인 방법에 의한 독립운동에 회의를 표하는 사람이 다수에 이르게 되었다. 또한, 바스크에 대규모 이민자가 유입되고 스페인의 유럽화가 진행되면서 현재 바스크의 자치권에 만족하는 사람들이 점차 늘어나게 되었다. ETA와 마찬가지로 바스크 독립을 주장하는 정당인 HB는 1990년 바스크 지방 선거에서 역대 최고 성적인 18.3%의 득표를 기록하기도 했으나,

---

178) "Un informe de la CIA afirma que Felipe González acordó la creación de los GAL", *Público*, 2020, 6, 15.

ETA의 폭력에 반대하는 주민이 점차 늘면서 2001년 선거에서는 10.1%를 득표하는 데 그쳤다. 독립 주창자들이 목소리를 잃게 되자 ETA는 존립 기반을 상실했고, 무장 투쟁 종식과 자진 해산을 선택할 수밖에 없었다.

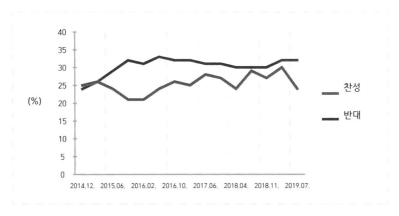

독립에 대한 바스크 주민들의 입장 변화[179]

현재 바스크 지역은 개인 소득세(IRPF)와 법인세를 주정부가 징수하여 관리하고 있다. 다만 국가의 기본적인 비용인 국방, 외교, 행정, 인프라 확충 등에 대해서는 중앙 정부에 일정액을 제공한다. 바스크 정부의 소득세율은 역사적으로 중앙 정부보다 낮기 때문에 바스크 주민들은 스페인 다른 지역의 주민들보다 세금을 덜 내는 편이다. 스페인에서 가장 부유한 지역 중 하나면서도 세제상의 혜택을 보는 데다, 자신들이 내는 세금을 다른 지역에 보내지 않기 때문에

179) Angel Luis de Santos, "El 35% de los vascos se muestran contrarios a la independencia, su nivel histórico más alto", *La razón*. 2019. 4.12.
https://www.larazon.es/espana/el-35-de-los-vascos-se-muestran-contrarios-a-la-independencia-su-nivel-historico-mas-alto-HK22829169/

적어도 경제적인 면에서 중앙정부에 갖는 바스크인들의 불만은 거의 없다. 이것이 바스크 분리독립 운동을 저지시킨 중요한 요인임은 명백해 보인다.

카탈루냐의 분리독립 운동[180]

바스크의 분리독립 움직임이 잠잠해지자 2010년대에 접어들어 카탈루냐 분리독립 운동이 스페인 정치의 최대 쟁점으로 떠올랐다. 바스크의 분리독립 운동이 한창이었던 민주화 이행기와 1980년대에 카탈루냐는 보수파 리더인 조르디 푸졸의 실용주의 노선에 따라 분리독립 등 과격한 주장을 펴지 않고 스페인 헌법에 의해 보장받은 카탈루냐의 자치권하에서 카탈루냐의 산업화와 유럽화에 주력했다. 그 결과 카탈루냐는 스페인에서 가장 산업화된 지역의 지위를 잃지 않고 건실한 경제적 성장을 이루었다. 카탈루냐와 바스크의 1인당 GDP는 스페인 평균의 120%에 해당되며, 유럽연합 평균을 상회한다. 카탈루냐에는 스페인 인구의 16%가 살고 있는데, 카탈루냐의 GDP는 스페인 전체의 20%에 해당한다. 카탈루냐 사람들은 스페인 세수(稅收)의 20%를 납부하지만 14%밖에 돌려받지 못하고 있다고 믿는다.[181]

---

180) 이 장에는 임호준, 「카탈루냐 분리독립 운동에 대한 한국 미디어의 편향된 인식」, 『이베로아메리카 연구』 29.2, 2018, pp.55-82의 일부가 포함되어 있음.

181) "The big reason Catalonia wants to secede may be economic: it's one of the richest regions in Spain", *Marketplace*, 2017, 9,29.

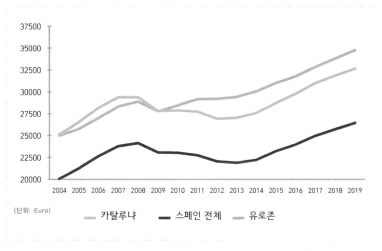

37500
35000
32500
30000
27500
25000
22500
20000

2004 2005 2006 2007 2008 2009 2010 2011 2012 2013 2014 2015 2016 2017 2018 2019

(단위: Euro)　　━ 카탈루냐　　━ 스페인 전체　　━ 유로존

2004~2019년 카탈루냐, 스페인, 유로존의 1인당 GDP 변화[182]

　　카탈루냐 분리독립 운동과 관련된 역사적 논쟁의 핵심은 과연 카탈루냐가 스페인에서 분리된 독립적인 국가로서 기능한 적이 있는가 하는 점이다. 10세기 프랑크 왕조의 바르셀로나 공작령으로 시작한 카탈루냐는 자신들의 통치자를 가진 독립적인 조직이었으나 아라곤 연합왕국의 일원이었고, 1469년 아라곤과 카스티야의 결혼 동맹으로 맺어진 스페인 국가 조직에 편입되었다. 스페인 제국하에서 부왕령의 지위를 가지고 있었으나 왕실이 부과하는 조세와 징병에 대해 무조건 복종해야 하는 위치는 아니어서 번번이 왕실의 요청을 거부하곤 했다. 그러다 강력한 중앙 집권형 근대국가를 이상형으로 하는 프랑스의 부르봉 왕가가 스페인 왕위를 계승하게 되었고, 1714

182) Teresa Romero, "Gross domestic product (GDP) per capita in Catalonia, Spain as a whole and the Eurozone between 2004 and 2019", *statista*, 2021.1.12.
https://www.statista.com/statistics/327120/gdp-per-capita-in-catalonia-spain-and-eurozone/

년 부르봉 왕가의 펠리페 5세는 무력으로 카탈루냐를 제압하고 자치권을 빼앗아 버린다.

그래서 결국 카탈루냐가 독립된 국가였는가 하는 점은 관점에 따라 달라질 수 있는 애매한 사실인 것이다. 19세기 말 세계적으로 민족주의의 바람이 불었을 때, 카탈루냐에서도 고유 언어를 중심으로 한 카탈루냐 정체성을 신화화하는 운동이 일어났다. 1931년 스페인에 제2공화국이 선포되었을 때, 카탈루냐에서도 카탈루냐 공화국이 선포되었다. 하지만 제2공화국 정부와 협상한 끝에 카탈루냐는 스페인 제2공화국 내에서 제네랄리탓(Generalitat)이라고 불리는 자체 정부와 내각, 의회, 법원을 설치하고 정치적 자치권을 보장받는 것으로 합의되었다. 다만 카탈루냐의 자치법령은 스페인 의회의 승인을 거치는 것으로 정리되었다. 제2공화국에서 복원되었던 카탈루냐의 자치권은 스페인 내전이 끝난 후 프랑코 정부에 의해 모두 몰수된다. 프랑코는 바스크의 일부 지역(알라바, 나바라)에 약간의 자치권을 허락해준 것과 달리, 스페인 내전에서 무정부주의자들의 아성으로서 바르셀로나를 중심으로 프랑코 반란파에 저항했던 카탈루냐에는 조금의 자비도 허락하지 않았다. 프랑코가 사망한 후 1978년 제정된 스페인 헌법에 의해서 카탈루냐의 제네랄리탓과 자치기구가 부활하였고, 카탈루냐 자치법령도 카탈루냐의 주민투표와 스페인 의회의 승인을 거쳐 공표되었다.

이렇듯 무장 독립투쟁이 벌어져 많은 인명이 희생된 바스크와 달리 카탈루냐는 최근까지 비교적 평화롭게 스페인 정부와 공존하고 있었다. 그러다 2010년대에 접어들어 카탈루냐에서 갑작스럽게 분리독립 운동이 일어난 것은 많은 외신이 분석하듯 스페인의 경제위기와 관련이 있어 보인다. 스페인이 경제적으로 순조롭게 성장하던 2000년대 중반까지만 해도 카탈루냐의 독립운동은 기미를 보이지 않았기 때문이다. 경제위기를 극복하기 위해 국민당 정부가 공공지출을 대폭 감축하고 고통스러운 구조조정에 들어가자, 이에 대해 스페인 전역에서 불만이 터져 나왔다. 이때 카탈루냐인들의 불만을 카탈루냐의 민족주의 정당들이 선거에서 표로 흡수하였고, 이를 기반으로 독립운동에 불을 지핀 것이다.

카탈루냐에서 오랫동안 제1당으로 군림하며 카탈루냐를 통치해온 '일치와 단결(CiU)'의 당수 아르투르 마스(Artur Mas)는 2010년 제네랄리탓의 수반으로 선출되었다. '일치와 단결'은 카탈루냐의 보수 우파 정당으로서 카탈루냐의 자치권을 지키되 독립을 추구하지는 않는 입장을 취해왔다. 그런데 2010년 카탈루냐 선거에서 '일치와 단결'은 과반을 넘지 못한 채 제1당이 되었고, 독립을 강령으로 하는 카탈루냐 공화좌파(ERC)와 연립정부를 구성할 수밖에 없었다. 그런데 경제위기의 국면에서 스페인 국민당 정부의 긴축 정책에 대한 불만이 높아지며 카탈루냐 민족주의가 불타오르게 되자 마스를 중심으로 한 카탈루냐주 정부와 '일치와 단결'은 카탈루냐의 독립을 추구하는 것으로 목표를 전환한다. 아르투르 마스는 스페인 중앙 정부의 반대에도 불구하고 카탈루냐 독립을 위한 정치적 절차에 돌입한다. 2012년엔 카탈루냐 주민들에게 독립 의사를 물어보기 위해 선거를 2년 앞당겨 실시했고, 2013년에는 카탈루냐 의회에서 카탈루냐의 주권과 자결권을 통과시켰다.

아르투르 마스는 2014년 카탈루냐 독립을 위한 주민투표를 실시하려 했으나 스페인 정부의 반대로 인해 수포로 돌아갔다. 그러자

2015년 주선거를 독립 여부를 묻는 선거로 규정하고, 독립을 주장하는 모든 정파를 모아 '모두 함께 예스(Junts pel Sí)'라는 연합체를 구성하여 선거에 임했다. 한편, 카탈루냐의 중도 우파 세력으로서 지지를 잃어가던 '일치와 단결'은 2014년에 터진 조르디 푸졸 가족의 스위스 은행 계좌와 관련된 부패 스캔들로 직격탄을 맞고 2015년 해산되었다. '모두 함께 예스'는 카탈루냐주 선거에서 39%의 지지로 원내 제1당이 되었다. 하지만 절반에 훨씬 못 미치는 표를 받아 독립을 원하는 주민이 절반을 넘지 않는다는 것이 확인되었다.

2016년 독립 지향 민중연대(CUP)의 대표로서 아르투르 마스에 이어 주정부의 수장이 된 카를레스 푸지데몬(Carles Puigdemont)은 10월 1일 독립을 묻는 카탈루냐 주민투표를 실시하겠다고 선포했다. 스페인 대법원은 이 투표가 위헌이자 불법이라고 발표했고, 중앙 정부는 강력하게 처벌하겠다고 경고했다. 유럽연합 역시 회원국의 법을 위반하는 것은 유럽연합의 법을 위반하는 것이라는 성명을 발표했다. 중앙 정부의 처벌 경고에도 불구하고 2017년 10월 1일 독립을 묻는 카탈루냐 주민투표가 실시되었는데, 이 투표는 "당신은 카탈루냐가 독립적인 공화국이 되는 것을 원하십니까?"라는 질문에 찬성 또는 반대로 대답하는 것이었다. 투표함을 둘러싸고 경찰과 충돌을 빚어 여기저기서 많은 부상자가 속출한 이 투표에 카탈루냐 주민 43.03%가 참여하였고, 그중 90.18%가 찬성 표를 던졌다. 스페인 정부와 대법원은 물론 유럽연합은 이 투표가 무효라고 선언했다.

이러한 반대와 경고에도 불구하고 카탈루냐 정부의 푸지데몬 수반은 이 투표에 근거하여 10월 10일 카탈루냐의 독립을 선언했다. 그러나 이 선언의 효력은 대화를 위해 몇 주 동안 유예한다고 덧붙였다. 스페인 정부는 푸지데몬에게 10월 19일까지 독립선언 여부를 결정하라고 통보했다. 그리고 대답이 없자 헌법 155조를 발동하여 카탈루냐 자치정부와 의회를 해산시키고 수반을 해임하였다. 이 조항은 스페인 중앙 정부의 명령에 불복종하거나 헌법을 어기는 자치정부에 대해 의회를 해산하고 지방선거를 실시하며, 자치 경찰권을 몰수할 수 있도록 되어있다. 1978년 헌법 제정 이후로 이 조항이 발동된 것은 이번이 처음이었다. 독립을 추진한 정치인들은 반역 및 선동 혐의로 기소되었고, 이에 푸지데몬 등은 벨기에로 도피하였다.

의회가 해산됨에 따라 중앙 정부에 의해 2017년 12월 카탈루냐주 선거가 다시 치러졌고, 분리독립을 지향하는 정당들이 135석 중 70석을 차지하여 과반을 넘겼다. 이에 푸지데몬을 비롯한 분리독립 정치인들은 카탈루냐 공화국이 헌법 155조를 위반했다고 평가하며 중앙 정부가 카탈루냐 주민의 의사를 존중하여 독립운동과 관련하여 구속된 정치인들을 풀어줄 것을 요구했다. 그러나 독립 지향 정당들 사이에도 정책 방향에 대한 입장 차이가 커서 논란 끝에 2018년 5월, 카탈루냐주 정부를 접수할 연립정부를 간신히 구성하였고, 독립주의자인 킴 토라(Quim Torra)가 푸지데몬에 이어 행정 수반을 맡게 되었다. 그는 2017년 10월 1일 실시한 카탈루냐 주민투표에 기반하여 카탈루냐 공화국 건설에 앞장서겠다고 말했다. 그리고 사회노동당 산체스 정부가 집권하는 데 도움을 준 대가로 카탈루냐의 자결권을 인정하라고 압박하고 있다. 하지만 스페인 대법원은 독립을 추진했다가 체포된 카탈루냐 부지사 등에게 선동죄 및 공금횡령죄를 적용하여 징역 9~13년의 중형을 선고했다. 외국에 체류 중인 푸지데몬 지사에게는 유럽 체포 영장을 발부하여 스페인으로의 송환을 시도하고 있다. 카탈루냐 독립운동 지도자들에 대한 대법원의 판결이 나오자 카탈루냐 각 지역에서 소요 사태가 일어나기도 했다. 하지만 독립선언이 실패로 돌아간 후 카탈루냐 주민들의 여론은 독립을 원하지 않는다는 쪽으로 선회하였다.

카탈루냐는 지로나, 예이다, 바르셀로나, 타라고나 네 개의 지역으로 이루어져 있다. 농촌 지역인 지로나, 예이다에는 독립을 원하는 사람들이 많은 반면, 도시 지역인 바르셀로나와 타라고나에는 독립을 반대하는 사람이 많은 편이다. 또한, 학력이 높을수록 독립에 반대하는 사람이 많다. 이것은 현실적으로 따져 보자면 카탈루냐가 독립할 경우 당장 득보다 실이 많기 때문이다. 유럽연합은 회원국이 만장일치로 찬성해야 새로운 회원을 받아들이도록 규정되어 있기에 카탈루냐가 독립하면 유럽연합에서도 탈퇴해야 하고, 유로화를 쓸 수 없기에 새로운 화폐를 만들어야 하는데 그 비용도 천문학적인 데다 새로운 화폐가 국제적으로 경쟁력을 가질지에 대해 모두가 회의적이다.

카탈루냐 독립운동의 국면에서 여러 명사(名士)들이 자신의 입장을 밝혔다. 카탈루냐가 고향인 조셉 과르디올라(Josep Guardiola) 축구 감독은 여러 차례 자신이 카탈루냐 독립을 지지하고 있음을 밝혔고, 독립을 위한 가두시위에 나서기도 했다.[183] 반면 마요르카가 고향인 테니스 스타 라파엘 나달(Rafael Nadal)은 카탈루냐의 독립운동이 안타깝다고 말하며, 자신은 분리주의에 반대한다는 입장을 거듭 피력했다.[184] 한편, FC 바르셀로나에서 뛰는 세계적인 축구스타 리

---

183) "Guardiola vuelve a la carga por la independencia de Cataluña", *ABC*, 2019.4.5.
184) "Rafael Nadal", No concibo un España sin Catalunya, *El Nacional*, 2019.2.22.

오넬 메시(Lionel Messi)는 카탈루냐가 독립하면 바르셀로나팀을 떠난다는 조항을 자신의 계약서에 포함시켰다.[185] 과르디올라와 나달이 독립주의자와 반독립주의자의 입장을 대변한다면, 메시의 입장은 카탈루냐의 독립으로 인해 손해를 보고 싶지 않은 제3자의 입장을 대변하는 것으로서 카탈루냐가 독립하기 어려운 현실적인 난관을 보여준다고 할 수 있다.

결국, 많은 카탈루냐인들에게 독립 주장은 독립 자체를 목표로 한다기보다는 더 많은 자치권을 얻기 위한 투쟁 수단으로 인식되고 있다. 문화적 이질성으로 보자면 카탈루냐보다 바스크가 더 명백한데도 바스크에서 독립을 원하는 주민의 비율이 카탈루냐보다 높지 않은 것은 바스크가 다른 지역에 비해 혜택을 보고 있기 때문이다. 바스크에 비해 카탈루냐는 1714년 자치권이 몰수된 이후 제2공화국 때 행정 조직이 부활했었지만 조세 독립권을 가진 적은 없었다. 그렇기에 프랑코가 사망한 후 민주화 시기 중앙 정부와 조세 부과와 사용에 관하여 협상할 때 바스크와 같은 특권을 요구하기 어려웠다.[186] 그 후 부유한 지역인 카탈루냐에서는 소득이 많은 사람이 누진세를 많이 부담하게 되면서 세금에 대한 카탈루냐인들의 불만은 커졌으나, 이제 와서 바스크와 같은 특권을 요구하여 중앙 정부로부터 양보를 받아내기는 어려워진 것이다. 이런 불만이 경제위기를 겪으면서 독립 열기로 표출된 것으로 볼 수 있다.

---

185) Esteban Urreiztieta, "Messi impone una cláusula al Barcelona en caso de independencia", *El mundo*, 2018.1.4.

186) 당시 카탈루냐 Generalitat 의 수반이었던 조르디 푸졸이 중앙정부에 대한 자신의 영향력을 행사하기 위해 조세 독립을 하지 않았다는 설도 있다.

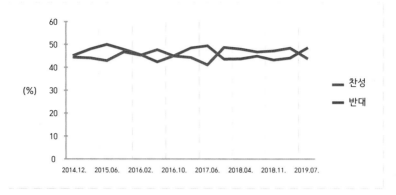

독립에 대한 카탈루냐 주민들의 입장 변화 (Centre d'Estudis d'Opnio (CEO))

현 집권당인 사회노동당 정부는 카탈루냐의 자치권을 의제로 놓고 카탈루냐 정부 수반과 대화하자는 입장이지만, 카탈루냐 정부 수반은 분리독립을 계속 추진하겠다는 입장이고 또한 독립운동으로 인해 수감되어 있는 정치 지도자들의 석방을 요구하고 있어 합의에 도달하긴 어려울 전망이다. 카탈루냐의 좌파 정치인들은 독립을 기치로 주민들로부터 표를 얻고 있기 때문에, 독립의 열기가 사그라들지 않는 한 독립주의 정치인들과 독립운동을 위헌적인 범죄 행위로 규정하는 보수정당 정치인들과의 접점은 거의 없어 보인다.

스페인의 지역 분권주의와 한국의 중앙 집권주의

한국인의 눈으로 보자면 스페인의 지역 민족주의는 이해하기가 쉽지 않다. 인종과 언어가 전혀 다른 바스크야 그렇다 치더라도, 카탈루냐를 비롯하여 갈리시아, 안달루시아까지 지역 민족주의가 발달해 있는 것은 국가로서 스페인이란 무엇인지 생각하게 만든다. 어쩌면 우리나라는 지구상에서 민족 만들기(nation-building)가 가장 잘된 나라이고 스페인은 가장 안된 나라일 수 있다. 이 차이는 어디에서 온 것일까?

이것은 1장에서 논의한 것처럼 스페인이 통합국가로 성립되면서 특이한 과정을 거쳤기 때문으로 보인다. 즉 우리나라는 신라나 고려 등 한 나라로 통일되는 과정이 한 왕국이 다른 왕국을 정복하는 방식이었다. 세계 대부분의 국가가 이런 식으로 통일되어 현재의 국가 단위가 되었다. 하지만 스페인의 경우 이베리아반도에 있던 기독교 왕국들은 적대감이 크지 않은 상태로 공존하고 있었고 ― 아라곤 연합왕국의 경우 ― 합쳐질 때도 결혼 동맹이라는 우호적인 방식으로 결합되었다. 그 결과 정치적으로는 통일 국가가 되었지만, 소왕국들의 행정 조직, 사법 체계, 조세 시스템은 각자 그대로 유지되었다.

그렇다면 이베리아반도에 있던 여러 왕국이 이렇게 특이한 방식으로 통일된 이유는 무엇일까? 그것은 반도에 침입한 아랍인을 몰아내기 위한 재정복 전쟁이 오래 지속되었고 그 과정에서 공동의 적에 맞서 싸우는 기독교 왕국들끼리 연대감이 형성되었기 때문으로 보인다. 어차피 재정복 전쟁은 종교 전쟁이었기에, 이교도를 맞아 기독교를 수호하기 위한 십자군 전쟁을 수행하고 있는 왕국들끼리 협력 관계가 생기지 않을 수 없었다. 그렇기에 재정복 전쟁 말미인 15세기에 우호적인 방식으로 통합된 것이다. 혼인을 통한 통합의 당사자였던 카스티야 왕국의 이사벨과 아라곤 연합왕국의 페르난도는 당시 국제적인 상황으로 볼 때 연대하여 큰 국가를 만드는 것이 유리하다는 것을 알았기 때문에 통합을 추구했던 것이다. 프랑스에서 강력한 왕권 중심의 중앙 집권 국가를 추구했던 부르봉 왕가가 18세기부터 스페인 왕위를 이어받게 되었을 때, 그들의 눈에는 스페인이 국가처럼 보이지 않았다. 그래서 그들의 왕위 계승에 반대했던 카탈루냐를 정복하여 자치권을 모두 빼앗아 버렸다. 하지만 바스크의 자치권은 인정해 주었으니, 그들이 보기에도 바스크의 이질성은 명백해 보였던 것이다.

20세기에 접어들어 제2공화국 시기(1931~1936년) 지역 자치주의는 다시 부활하였으나, 스페인 내전을 통해 집권한 프랑코가 이를 없애버렸다. 하지만 스페인이 민주화되면서 지역들은 자치권을 회복했고, 각 지역은 서로 다른 수준의 자치를 실행하고 있다. 물론 이 중에서 바스크의 자치권이 가장 크고 그 다음이 카탈루냐다. 두 지역은 주요 국가에 외교 대표부까지 파견하고 있고, 축구 대표팀을 운용하며 다른 국가의 대표팀과 친선경기도 벌이고 있다.

우리나라는 10세기에 고려가 건국한 후 줄곧 하나의 국가로 기능해왔기 때문에 한 민족, 한 국가라는 인식을 당연하게 받아들이고 있다. 또한, 외세로부터 여러 차례 대규모 침략을 받고 이에 맞서 싸우면서 민족국가 의식이 매우 강해졌다. 1995년 김영삼 정부는 지방자치제를 도입하였고, 그때부터 주민이 지역단체장을 투표를 통해 직접 선출하는 등 지역 의회가 설치되었다. 하지만 스페인과 달리 우리나라는 중앙 집중과 국가 권력이 너무 강했기 때문에, 이러한 외형적인 지방자치 시스템이 있어도 대부분의 중요한 사안은 모두 중앙 정부에 의해 결정된다고 봐도 무방하다. 재정 면에서 보더라도 현재 세금의 약 80%는 중앙 정부가 징수하며 이 중에서 약 20%의 예산을 부족한 지자체에 교부하고 있다.[187] 그렇기에 중앙 정부의 교부금에 의존하지 않고는 지방자치단체 대부분이 유지될 수 없다. 문제는 지자체 간의 재정 자립도 격차가 너무나 크며, 그렇기에 중앙 정부는 지자체에 내려 보내는 교부금에 큰 차이를 둘 수밖에 없다는 점이다.

하지만 민족국가 개념이 강한 우리나라 사람들은 중앙 정부가 세금의 대부분을 거둬서 부유한 지역에는 교부금을 적게 주고 모자라는 지역에는 많이 주는 것을 당연하게 여긴다. 중앙 정부가 세금을 과도하게 걷는 것에 불평하긴 하지만 자신이 낸 세금이 다른 지역을 위해 쓰인다는 것을 충분히 이해한다. 국토의 균형발전이라는 대의에 동의하지 않는 사람이 거의 없기 때문이다. 이렇게 중앙 정부가 지역에 대해 막강한 권력을 행사하기 때문에 오히려 우리나라는 지방자치단체가 직접 징수하는 세금을 늘리는 등 지자체의 권한을 높이는 방향으로 나아가려 한다. 하지만 스페인의 경우에서 보듯 지방정부의 자치권이 커지고 중앙 정부의 역할과 기능이 축소되면, 지역 간 격차가 큰 우리나라에서도 지역 갈등이 일어날 소지가 다분하다.

이렇듯 스페인과 한국은 중앙 집권화와 지역 분권화의 극단적인 두 사례를 보여준다. 어떤 역사적인 과정을 거쳐 이런 시스템이 정착되었든, 모든 정치 시스템에는 장단점이 있기 마련이다. 스페인은 발달된 지역 민족주의 덕분에 지역마다 뚜렷한 개성을 갖게 되었고, '천의 얼굴을 가진 나라'로 세계인들의 머리에 각인되었다. 오늘날 무엇보다 다양성이 존중되는 사회가 된 것에는 이러한 사회적, 역사

---

187) 전슬기, 「문정부 '52조 지방 분권의 꿈'… 중앙정부 몫 줄일까, 13조 증세될까」, 『조선비즈』, 2017.10.27.
　　 https://biz.chosun.com/site/data/html_dir/2017/10/27/2017102701393.html

적 배경이 있어 보인다. 반면 한국은 효율성을 중시하는 중앙 집권 하의 사회 체제로 이만큼 국가를 외형적으로 발전시켜 온 것으로 보인다. 스페인에서 지나친 지역자치 전통의 문제점이 불거지고 있듯이, 최근 우리나라에서도 지나친 중앙집권주의를 경계하는 목소리가 나오고 있다.

4

역전된 경제력

스페인은 한때 '해가 지지 않는 제국'을 이루었지만, 이때는 아직 산업이 본격적으로 발달하기 전이라 식민지로부터 들여 온 귀금속과 자원을 유용하게 쓰지 못했고 영토 관리를 위해 끊임없이 전쟁을 치르느라 국가에 부가 쌓일 틈이 없었다. 또한, 18, 19세기에는 유럽 중심부와 종교적, 사상적으로 분리되어 있어 북유럽 중심의 산업혁명에 동참하지 못했다. 그러다 보니 스페인의 경제 수준은 유럽 중심 국가의 60~70% 선에 머물러 있었다. 뒤늦게 19세기 말부터 20세기 초까지 근대화의 시기가 있었고 이때 바스크의 철강산업, 카탈루냐의 방직산업이 발달하게 되었다. 비스카야만(灣)에 엄청난 철광석이 매장되어 있었기에 영국 자본과 기술이 들어와 철광석을 채취하고 철강을 생산했다.

뒤늦게 추진되던 스페인의 근대화는 1936년부터 3년 동안 벌어진 스페인 내전으로 제동이 걸린다. 내전은 스페인의 산업적 기반을 완전히 파괴했고, 2차 세계대전이 발발하는 바람에 스페인은 산업 기반의 복구에 필요한 물자를 구할 수 없었다. 게다가 스페인은 제2차 세계대전에서 추축국에 우호적인 국가로 분류되었기에 종전 후 연합국을 지원하기 위해 미국이 마련한 마샬플랜에도 포함되지 못했다. 그리하여 경제개발이 시작되기 전인 1950년대 초까지 스페인 경제는 최악의 상황에 몰려있었다. 1인당 GDP는 유럽 중심 국가의 40% 수준까지 떨어졌다.

한국의 근대화는 스페인에 비해서 한참 늦었다. 스페인에서 최초로 철도가 개통된 것이 1848년이고 전기가 도입된 것이 1852년인데, 우리나라는 이보다 약 50년이나 늦은 1898년에 전기가 들어왔고 1899년이 되어서야 일본에 의해 최초의 철도로서 경인선이 개통되었다. 스페인에서도 근대화의 초기 국면에 철광석을 위주로 한 광산개발과 방직산업이 주를 이룬 것처럼, 우리나라에서도 북한 지역의 광산개발과 남한의 방직산업이 근대화 초기 핵심산업이었다.

스페인의 산업 기반이 3년에 걸친 내전으로 황폐화되었듯이 우리나라 역시 1950년부터 벌어진 한국 전쟁으로 인해 치명타를 맞는다. 남한의 주력 산업이었던 면방직산업 시설물의 피해율은 64%에 이르렀다.[188] 스페인과 마찬가지로 전쟁 후 경제 복구에 결정적인 힘이 된 것은 미국의 원조였다. 이 덕분에 남한의 제당, 제분, 방직산업 등 공업화의 기틀이 갖춰졌다. 스페인의 프랑코 정권이 그랬던 것처럼 박정희 정권 역시 미국과 정치적으로 밀접한 관계를 유지하며 경제성장에 도움을 받았다.

스페인 경제는 프랑코 정권이 추진한 경제개발 정책으로 나아지기 시작했는데, 1940년대 자립경제에서 개방경제로 나아가기 시작한 것이 주효했다. 프랑코 정권은 확실하게 친미 정책을 취했고 1953년 미국과 협약을 맺어 스페인에 미군 기지를 두는 조건으로 원조를 받

---

188) 이대근, 『현대 한국경제론』, 한울 아카데미, 2008, p.60.

는 데 성공한다. 그리고 1955년에는 UN에 가입하고, OECD(1958), IMF(1959), World Bank(1969) 등에 가입하며 개방화에 나선다. 1959년부터 1974년까지 GDP 평균 7.4% 이상의 성장을 거듭하여 '스페인의 기적'을 이룬다.[189] 한편, 1960년 82달러에 불과하던 한국의 1인당 국민소득은 1979년 1,636달러로 20배 불어났다. 이 동안 연평균 성장률은 9.3%에 달했다. 두 나라 모두 1960, 1970년대 성공적으로 공업화에 성공한 것이다. 두 나라 중에서 더 극적으로 경제가 성장한 곳은 한국이었다. 왜냐하면 스페인은 유럽에 있었기에 근대화의 세례를 받아 어느 정도 산업적 기반이 있었지만, 우리나라는 워낙 가진 게 없었기 때문에 경제 규모가 몇 배로 늘어나기가 쉬웠기 때문이다. 프랑코가 사망한 후 1970년대 오일쇼크와 함께 스페인 경제의 확장기는 끝이 나고, 높은 실업률과 인플레이션을 겪게 된다. 중화학공업 의존도가 높았던 한국도 오일쇼크를 겪었지만, 석유값이 올라 중동 국가들이 돈을 벌자 우리나라 건설사와 근로자들은 중동으로 진출하여 오일 머니를 벌어들였다. 그 결과 우리나라 경제는 1970년대에도 지속적으로 발전하였고, 1980년에 이르면 우리나라는 스페인의 1/3 정도에 해당하는 경제력을 보유하게 되었다.

1980년에서 2000년 사이 스페인 경제는 제2차 오일쇼크와 정치적 불안정으로 몇 번 침체기를 겪으며 비틀거렸지만, 한국 경제는 견고한 성장을 거듭하게 된다. 1980년대 한국 경제는 몇 가지 큰 문제를 안고 있었다. 박정희 정부 때 고도성장을 위해 외국으로부터 많은 차관을 도입했기에 국가는 막대한 빚을 지고 있었는데, 미국

---

189) Juan Manuel Matés Barco, "La economía durante el régimen de Franco(1939-1975)", Javier Paredes ed. *Historia contemporánea de España(siglo XX)*, Barcelona: Ariel, 1998, p.834.

연방준비은행(FRB)이 금리를 20%까지 올리는 바람에 외채는 더 늘어났고 경제에 어두운 그림자가 드리워져있었다. 또한, 1970년대의 성장 정책으로 부동산 값이 폭등하고 물가가 치솟는 인플레이션도 큰 문젯거리였다. 하지만 놀랍게도 한국은 1980년대 초반 인플레이션을 잡고 물가 안정화를 이룬 후 또 다시 고도성장의 길에 들어섰다. 이에 맞춰 1980년대 후반에는 3저(低) 시대 — 저금리, 저유가, 저환율 — 가 도래하여 한국 경제에 날개를 달아주었고 또 다시 고도의 경제성장을 이룰 수 있었다. 비록 과도한 성장 정책으로 1997년 IMF 사태를 맞기도 했지만, 2000년에 이르러 1인당 국민소득은 11,947달러를 기록하여, 그해 14,713달러였던 스페인이 추격 가시권에 들어왔다.

스페인과 한국의 산업화 전략은 비슷했다. 전통적인 농업 중심에서 탈피하여 공업화, 특히 중공업을 발전시키고 외국과의 교역을 늘리는 것이었다. 두 국가에서 이 전략은 상당히 효과적이었고 덕분에 두 국가의 경제는 건실하게 성장할 수 있었다. 그런데 유럽 국가들에 둘러싸여 있던 스페인보다 일본과 중국에 가까이 있었던 우리나라가 더 유리한 환경에 있었다고 할 수 있다. 우리보다 기술력에서 한발 앞서 있었던 일본은 공업의 벤치마킹 대상이 되었고, 막대한 인구에다 경제개방을 시작한 중국은 한국 상품의 거대 시장이 되었다. 물론 관세가 없는 유럽연합 국가들도 스페인에게 큰 시장이었다. 하지만 공업이 발달한 유럽연합 국가들에게 스페인이 수출할 것은 농산물, 섬유류, 자동차 정도밖에 없었다. 다만 유럽연합으로부터 많은 관광객을 받아들일 수 있었고, 이것이 스페인 경제에 큰 기여를 한 것은 사실이다.

2008년 세계 금융위기의 직격탄을 맞기 전까지 2000년대 초반은 스페인 경제의 호황기였다. 유로존에 가입한 후 많은 자금이 흘러들어와 경제성장을 부추겼다. 그 결과 서유럽 국가들이 거의 0%에 가까운 성장률을 보이는 동안 스페인은 연 3% 이상의 성장을 이루었다. 유럽연합 내에서 스페인은 가장 활기 찬 국가였고 많은 이민자가 스페인으로 몰려왔다. 스페인은 27개국으로 확대된 유럽연합 국가 내에서 명목상 1인당 소득이 유럽 평균을 넘어서(105%) 이탈리아를 앞질렀다.[190]

그러나 2008년 미국을 시작으로 전 세계에 불어닥친 금융위기는 스페인 경제를 강타했다. 유럽연합 국가 중에서도 스페인이 가장 큰 피해를 본 이유는 2000년대 호황으로 부동산 가격이 폭등하자 건설 회사들이 앞다투어 주택과 건물을 짓는 바람에 부동산 분야에 잔뜩 거품이 끼었기 때문이다. 갑작스럽게 부동산 가격이 폭락하고 실업률이 급증하자 은행 대출을 받아 부동산을 산 개인들이 채무를 이행할 능력을 잃게 되었다. 이어 건설 회사들과 거대 은행이 파산하고 실업자들이 쏟아져 나오면서 스페인 경제는 이제까지 겪어보지 못한 심각한 위기 국면에 빠지게 된다. 2009년 스페인 경제성장률은 −3.8%를 기록했고, 2013년까지 5년 동안 마이너스 성장을 하게 된다. 스페인 경제로서는 이제까지 겪어보지 못한 최대 위기 상황이었다. 우리나라 역시 세계 금융위기의 영향을 받아 2009년 경제성장률이 0.9%까지 떨어졌다. 하지만 이듬해 6.5%로 반등하며 별로 타격을 입지 않고 세계 금융위기 국면을 빠져나왔다.

금융위기의 초기에 스페인의 사회노동당 정부는 위기 상황을 부인했고, 소득세 인하, 공공투자 확대, 중소기업 금융 지원 등 각종 경기 부양책을 내놓으며 소비 심리를 회복하고 일자리를 창출하려 했다. 하지만 지속 가능하지 않은 성급한 경기 부양책은 일시적 효

---

190) https://en.wikipedia.org/wiki/Economy_of_Spain

과만 있었을 뿐 오히려 스페인의 국가 채무와 재정 적자 비율을 더 악화시켰다. 사태가 심각해지자 1,000억 유로의 긴급 자금을 투입하여 금융위기를 막으려 했다. 그리고 어쩔 수 없이 연금 동결, 공무원 임금 삭감 등에 나서야 했다. 하지만 상황이 점점 악화되어 스페인의 채무 불이행(디폴트) 위험성이 커졌다.

경제위기가 심화되자 사회노동당 사파테로 총리는 총선 이전인 2011년 사임했고, 조기 총선이 실시되어 보수파인 국민당이 대승을 거두었다. 사회노동당 정부에 이어 2011년 집권한 국민당 정부는 부실한 금융기관을 지원하고자 2012년 6월 유럽연합 집행위, 유럽중앙은행, IMF에게 1,000억 유로에 달하는 구제 금융을 신청했다. 그리고 가혹한 이행 조건을 받아들여 사회 각 영역에 대한 고통스러운 구조조정을 실시하였다. 부가가치세가 인상되었고, 공무원들의 보너스가 중단되었으며, 실업보험도 축소되었고, 군대도 축소되었다. 또한, 기업이 해고를 쉽게 할 수 있도록 노동 유연성도 높였다. 이러한 뼈를 깎는 구조조정은 서서히 효과를 발휘하여 2014년 드디어 스페인 경제는 마이너스 성장을 벗어나 1.4% 성장하고 각종 경제 지표도 나아지기 시작하면서 경제위기 국면을 벗어나게 되었다. 2015년에는 그동안 축소되었던 분야들이 정상화되면서 3.2%의 고성장을 기록했다.

스페인이 경제위기를 겪는 동안 드디어 한국의 1인당 소득은 스페인을 근소한 차이로 추월했다. 2016년 스페인의 1인당 소득이 26,505달러였던 데 비해, 한국의 1인당 소득은 29,289달러를 기록했다. 그동안 차이는 조금 더 벌어져 2019년 스페인의 1인당 소득은 29,600달러인데 한국은 31,846달러가 되었다.[191] 50년 전, 비교도

---

191) The World Bank Data, GDP per capita (current US$)-Korea, Spain. 2021.03.12. 기준.

되지 않을 만큼 격차가 컸던 양국의 경제력은 2010년대에 접어들어 역전된 것이다. 하지만 우리나라가 그동안 인플레이션을 더 겪었기 때문에 물가 수준을 비교하여 실질 구매력으로 환산하면 아직은 스페인이 나아 보인다. 스페인을 여행하는 한국 대학생들이 스페인의 마트에 가면 싼 물가에 놀라곤 한다. 게다가 대도시의 집값은 한국이 스페인의 몇 배는 된다. 2018년 조사에 의하면 세계 주요도시 중 생활비 면에서 서울은 싱가폴, 취리히, 홍콩 등에 이어 세계 6위의 도시인 반면, 바르셀로나와 마드리드는 34위와 35위에 자리하고 있다.192) 그렇기에 외형적인 경제력에서 역전되었다고는 하지만, 삶의 수준 면에서 우리나라가 앞섰다고 보기는 어렵다. 어쨌든 1960년대에는 다섯 배, 1980년대에는 두 배 이상 차이가 났던 두 나라의 경제력이 이제는 비슷해졌다는 것은, 우리나라 국민의 입장에선 뿌듯한 일이다.

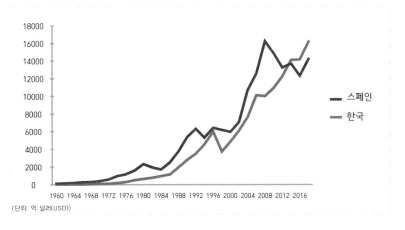

GDP 변화 양상(The World Bank)

---

192) The Economist Intelligence Unit, 2018.

농업국가의 전통과 혁신

　스페인과 한국은 전통적으로 농업국가라는 공통점이 있다. 한반도에는 산지가 많고, 이베리아반도에는 척박한 토질이 많아 농사를 지을 수 있는 땅이 많지 않은데도 전통적으로 농업에 의존해서 살아왔다는 것은 주민들이 각박한 삶을 살았다는 것을 의미한다. 이베리아반도 중부의 토질도 원래 현재처럼 나쁘진 않았다고 한다. 하지만 카스티야평원에 많은 양을 키우면서 양떼가 목초를 다 뜯어먹음으로써 토지의 황폐화가 가속화되었다. 또한, 밀농사의 경우엔 쌀농사에 비해 토양이 쉽게 나빠지기 때문에 이베리아반도 토질의 황폐화를 더 앞당겼을 것이다.

　최근 통계로 스페인의 경지 면적은 전 국토의 33.6%에 해당하지만 한국은 17%밖에 되지 않는다.[193] 스페인의 경지 비율이 높은 것은 물이 많이 필요한 쌀농사에 비해 물이 별로 필요하지 않은 작물

---

193) 신유선, 손미연, 박동규, 『통계로 본 세계 속의 한국농업』, 한국농촌경제연구원, 2018, p.28.

(밀, 보리, 올리브 등)을 많이 생산하기 때문이다. 예를 들어 올리브나무는 강수량이 얼마 없어도 잘 자라기 때문에 중부 메세타 지역이나 안달루시아평원에는 올리브나무가 심어진 곳이 많다. 덕분에 스페인은 올리브 생산에서 독보적인 세계 1위 국가로서 전 세계 올리브유 생산량의 40% 이상을 차지하고 있다.[194]

비록 전체 산업에서 농업이 차지하는 비중은 줄었지만, 스페인은 농업 경쟁력 면에서 다른 국가에 우위를 보이며 유럽연합 내에서 농업으로 많은 이득을 보고 있다. 올리브 외에도 스페인은 오렌지, 고추, 토마토 등의 세계적인 수출국이다. 또한, 최근의 트렌드에 맞춰 전체 경작지의 8.7%(2016)에서 유기농 경작을 하고 있다. 이는 면적 상 유럽연합 국가 중에서 가장 넓고,[195] 1.2%에 불과한 우리나라 유기농 경작지 비율을 크게 웃도는 것이다.[196] 세계적으로 유기농 농작물에 대한 수요가 커지면서 스페인산 유기농 작물은 유럽 시장에서 큰 인기를 끌고 있다. 또한, 스페인은 매우 질 좋은 돼지고기 생산 국가로서 세계에서 세 번째로 많은 돼지고기를 수출하고 있다. 덕분에 스페인은 농축산물 수지 면에서 한 해 150억 유로의 흑자를 기록하고 있으며, 이는 유럽연합 내에서 네덜란드 다음이다.[197] 스페인이 전통적인 농업국으로서 시대의 흐름에 맞춰 유기농법 등을

194) https://www.researchgate.net/figure/Main-olive-oil-producing-countries_fig1_236684723

195) 김용렬, 이정민, 우성휘, 이청은, 『2018년 주요국 농업, 농촌, 식품 동향』, 한국농촌경제연구원, 2019, p.27.

196) 김문희, 김충현, 박동규, 『통계로 본 세계 속의 한국농업』, 한국농촌경제연구원, 2019, p.31.

197) Michael Hennigan, "Netherlands top agri-food exporter in Europe; Ireland in 10th ranking", Finfacts, 28 Sep. 2017.
http://www.finfacts.ie/Irish_finance_news/articleDetail.php?Netherlands-top-agri-food-exporter-in-Europe-Ireland-in-10th-ranking-811

통해 농업의 새로운 활력을 찾은 데 비해, 우리나라의 농업은 점차 경쟁력을 잃어가고 있다. 우리나라는 농촌 인구의 비중이 점차 낮아지고 있다. 2003년 18.7%였던 농촌 인구는 2018년 17.1%로 낮아졌다.[198] 농림어업 취업자 비중도 2002년 8.8%에서 2014년 5.0%로 감소하였다.[199] 게다가 농촌 인구의 10명 중 6명은 60세 이상의 고령일 정도로[200] 농촌 인구의 고령화도 빠르게 진행되고 있다. 미국, 영국, 독일 등 선진국에서도 농림어업 취업자 비중이 줄어들고 고령화되는 추세에 있지만, 우리나라처럼 진행 속도가 빠르진 않다.

스페인이 농축산업의 수출과 수입에서 많은 흑자를 기록하고 있는 데 비해 우리나라는 수입에 의존하는 비중이 점점 커지고 있다. 2016년 우리나라의 농축산물 수입액은 230억 달러나 되는데, 수출액은 62억 달러에 불과하다.[201] 그 결과 우리나라는 일본, 중국, 영국에 이어 세계 네 번째로 농축산물 분야의 무역수지 적자가 많은 나라가 되었다. 스페인이 농축산물 분야 무역수지에서 세계 5위의 흑자국인 데 비해, 우리나라는 농축산물의 대외 의존도가 상당히 심각하다고 할 수 있다. 우리나라의 곡물 자급률은 27.2%에 불과하다.[202]

우리나라의 농업이 스페인과 달리 경쟁력을 잃게 된 것에는 여러 가지 요인이 있다. 무엇보다 우리나라는 스페인보다 국토 면적이

---

198) 김문희, 김충현, 박동규,『통계로 본 세계 속의 한국농업』, 한국농촌경제연구원, 2019, p.18.

199) 신유선, 손미연, 박동규,『통계로 본 세계 속의 한국농업』, 한국농촌경제연구원, 2018, p.19.

200) "농촌이 더 늙어지고 있다… 10명 중 6명은 60세 이상",『매일경제』, 2019.4.17.

201) 신유선, 손미연, 박동규,『통계로 본 세계 속의 한국농업』, 한국농촌경제연구원, 2018, p.41.

202) 김문희, 김충현, 박동규,『통계로 본 세계 속의 한국농업』, 한국농촌경제연구원, 2019, p.22.

1/5밖에 안 되기에 훨씬 불리한 여건 속에 있다. 게다가 바로 옆에는 중국이라는 세계 최대의 — 게다가 매우 낮은 가격으로 수출하는 — 농축산물 수출국이 버티고 있다. 가장 시급한 문제는 우리나라 농업에서 쌀에 대한 비중이 너무 크다는 것이다. 다른 곡물이나 농축산물은 모자라서 수입해야 하지만 유독 쌀 생산량은 국내 소비량을 웃돌고 있다. 그런데도 일 년 생산량의 10%가 넘는 45만 톤의 쌀을 저율관세로 의무 수입하고 있다.[203] 쌀 소비량이 점차 줄어들어 쌀이 남아도는데도 정부가 일괄 구매를 해주면서 쌀 재배를 지원해주는 정책 때문에 스페인처럼 다양한 작물 재배를 유도하지 못하고 있다. 유기농법이나 이베리코 돼지 등 고급화 전략으로 농업 강국의 전통을 이어가고 있는 스페인의 경우를 타산지석으로 삼을 만하다.

---

203) 김창우, 「연3조 쏟고도 농업 제자리… 네덜란드식 기업농 키워야」, 『중앙일보』, 2019. 11.2, p.4.

6
스페인의 대표 산업과 한국

앞서 설명했듯 프랑코 정권은 국가의 산업 구조를 바꾸기 위해 중화학공업에 많은 투자를 하였다. 빌바오를 중심으로 한 비스카야 지방에서 채굴된 철광석을 기반으로 충분한 철강을 공급받을 수 있었기에 제철, 조선, 자동차, 플랜트 산업을 발전시킬 수 있었다. 우리나라는 세계 5대 제철 회사인 포항제철(POSCO)이 있고, 그 밑으로 세계 20대 제철 회사에 포함되는 현대제철이 있다. 이에 비해 스페인은 거대 제철 회사는 없지만 중형 기업급 제철 회사가 30개나 있다. 이 회사들에서 생산된 철강을 바탕으로 프랑코 정권은 대서양과 맞닿은 갈리시아해안에 조선소를 만들었고, 스페인의 조선산업은 한동안 호황을 누린다. 하지만 1980년대부터 갈리시아 조선소들은 한국과 일본에 주도권을 빼앗기고 만다.

2002년 레온 데 아라노아(León de Aranoa) 감독이 만들어 스페인 최고 권위의 영화상인 고야상을 다섯 개나 받은 <햇볕 쬐는 월요일 Los lunes al sol>은 갈리시아의 조선소에서 일하다 회사가 문을 닫는 바람에 실업자가 된 중년 근로자들의 애환을 그리고 있다. 이 영화에서 술집에서 술을 마시던 두 주인공은 다음과 같은 대화를 나눈다.

> 레이나: 사실은 분명하지. 나는 이 집에 술을 마시러 오지만 앞집이 더 싸다면 거기로 갈 거야. 여기(조선업)도 마찬가지야. 한국인들이 배를 더 싸게 만드니까….
>
> 산타: 돌아버리겠네. 더 이상 한국놈들 이야기하지 마. 우리 조선소는 경쟁력이 있었어. 우리는 비용을 줄이기 위해 시급도 받지 않고 일했어. 더 이상 어떻게 하라고? 조선소 땅은 바다 옆에 있어서 값이 좀 되겠지. 이제 기계는 다 철거될 거고 거기에 호텔이나 아파트가 들어서겠지. 그리고 엿 같은 한국놈들이 몰려와서 우리를 비웃을 거야. 상황은 간단한 거라고. 나는 술을 공짜로 준다고 해도 다른 술집엔 가지 않을 거야!

두 명의 실직 노동자의 대화에서 보듯 실제로 스페인 조선산업의 파산은 한국 기업에 밀린 탓이다. 가격 경쟁력뿐만 아니라 기술력에서도 한국과 일본의 기업이 유럽의 기업을 앞서게 되어 1980년대 이후 조선산업은 아시아 국가들이 장악하게 되고, 1990년대부터는 중국 기업까지 가세한다.

아시아 기업에 밀려 경쟁력을 잃고 도산한 조선산업에 비해 스페인의 자동차산업은 아직까지 명맥을 유지하고 있다. 포드, 메르세데스-벤츠, 닛산, 오펠, PSA(푸조, 시트로엥), 르노, SEAT, 폭스바겐 등 9개 자동차 회사에서 17개의 공장을 운영하고 있다.[204] 1990년 200만 대의 자동차를 생산하여 세계 6위를 차지했던 스페인의 자동차산업은 2019년 280만 대를 생산하여 세계 9위를 지키고 있다. 유럽

---

204) 「2020 국별진출 전략: 스페인」, KOTRA, 2020. p.5.

에서는 독일에 이어 두 번째에 해당한다.[205] 한국은 1990년 130만 대를 생산하여 세계 9위였으나, 2019년엔 395만 대를 생산하여 세계 7위의 자동차 생산 국가가 되었다.[206] 이미 유럽의 자동차 회사는 다국적 기업이 되어 국적을 따지는 것이 의미가 없지만, 스페인 회사로는 SEAT가 있다. 프랑코 시대인 1950년에 국가 주도로 설립된 회사로서 Sociedad Española de Automóviles de Turismo의 머리글자를 따서 SEAT로 불린다. 히트작 SEAT 600은 외국으로도 수출되어 1970년부터 1973년까지 핀란드에서 가장 많이 팔린 차가 되었다.[207] 현재도 연간 50만 대 정도의 자동차를 만들고 있으며, 론다, 이비사, 코르도바, 톨레도, 알람브라, 마르베야, 레온 등 스페인의 지명을 따서 차 이름을 붙이고 있다. 2019년의 경우, SEAT는 스페인 전역에서 111,982대의 차를 팔아 2018년에 이어 스페인에서 가장 많은 차를 판 회사가 되었다. 2019년 스페인 내에서의 판매량에서 현대는 8위(62,766대), 기아는 9위(59,523대)를 차지했다.[208]

또한 스페인은 철도산업 분야에서 세계적인 강자다. 풍부한 철을 바탕으로 1850년부터 반도의 주요 도시를 연결하는 철도를 건설하기 시작했고, 1919년 마드리드에 첫 번째 지하철이 개통되었다. 현재 스페인은 세계에서 가장 편리한 철도망을 가진 나라 중 하나다. 8개의 도시에 지하철이 개설되어 있고 13개의 도시에 경전철(트램)

205) 「2020 국별진출 전략: 스페인」, KOTRA, 2020. p.5.
206) Organisation internationale des Constructeurs d'Automobiles(OICA).
https://en.wikipedia.org/wiki/List_of_countries_by_motor_vehicle_production
207) https://www.researchgate.net/figure/Main-olive-oil-producing-countries_fig1_236684723
208) Antonio Martos, "SEAT y su León hacen doblete como la marca y el modelo más vendido en España en 2019", *Cinco Días*, 2020.1.2.
https://cincodias.elpais.com/cincodias/2019/12/30/companias/1577733658_621421.html

이 설치되어 있으며, 한 도시를 중심으로 전철망이 편리하게 근교를 연결하고 있다. 또한, 주요 도시를 연결하는 총 연장 3,400㎞의 고속 전철은 중국에 이어 세계에서 두 번째로 길다.[209] 이와 비교해 우리 나라는 인천과 수원을 포함한 수도권과 서울, 부산, 대구, 광주, 대전 에 지하철이 있고 수도권과 부산, 대구에 경전철이 운행되고 있다. 서울을 중심으로 부산, 광주, 강릉으로 뻗어있는 우리나라 고속철은 657㎞에 달한다(2017년).

  스페인은 일찍부터 철도를 중심으로 교통망이 발전한 반면, 우리 나라는 도로를 중심으로 교통이 발전하여 왔다. 수송 분담률도 철도 에 비해 도로가 압도적으로 높다. 그러다 보니 우리나라는 다른 산 업에 비해 철도 기술이 발달하지 못해 전철이나 고속철 건설에 프랑 스, 일본, 독일 등 외국 기술이 많이 참여하고 있다. 하지만 일찍부터 철도 개설에 많은 투자를 해온 스페인은 철도산업이 발달했고, 스페 인 회사들은 컨소시엄을 구성하여 세계 95개국에 철도 시스템을 수출 해왔다.[210] 여기에는 지하철, 경전철, 전철이 다 포함되는데, 철도만 놓는 것이 아니라 승객을 수송하는 객차 제작, 운행제어 시스템, 승차 권 관리 등 기차 운행과 관련된 모든 것을 수출한다. 고속철만 해도 앙카라-이스탄불(터키), 메디나-메카(사우디아라비아), 오슬로-스키(노 르웨이), 캘리포니아(미국), 밀라노-나폴리(이탈리아), HS2(영국) 등의 구간을 개통시켰다. 특히 '사막의 고속철'이라 불린 메디나-메카 구 간의 고속철 건설 사업에는 12개의 스페인 회사가 컨소시엄을 구성 하여 참여하였고, 공사비만 60억 유로에 이르렀다.[211] 앞으로도 고

---

209) http://www.adifaltavelocidad.es/es_ES/infraestructuras/lineas_de_alta_velocidad/lineas_de_
    alta_velocidad.shtml

210) "La industria ferroviaria española conquista el mundo", MAFEX, 2020.5.15.

속철 건설을 발주할 나라는 무궁무진하기 때문에 스페인 정부도 대표적인 철도 공기업인 RENFE 와 ADIF를 지원하기 위해 투자를 아끼지 않고 있다.

스페인의 또 다른 대표 산업은 건설업이다. 스페인은 인구에 비해 땅이 넓기 때문에 1960년대부터 도시에 인구가 몰리자 도시 외곽 지역으로 많은 건물을 지었다. 또한, 관광객의 폭발적인 증가로 휴양지에 많은 호텔과 아파트가 신축되었다. 1980년대부터는 건설업이 한 해 평균 20% 이상의 증가세를 나타냈을 정도로 급속하게 팽창했다. 물론 건설 분야의 지나친 성장은 2008년부터 스페인이 세계 금융위기의 직격탄을 맞는 원인이 되었다.

스페인의 건설 회사들은 국내 활동에 그치지 않고 해외에도 활발하게 진출했다. 라틴아메리카는 물론, 역사적으로 관계가 깊은 중동은 스페인 건설사들에게 좋은 시장이었다. 우리나라 건설 회사들도 중동에서 많은 공사를 수주했지만, 중동 지역에서 최근 30년 동안 가장 많은 공사를 따낸 국가는 스페인이다. 해외 건설 수주에서 세계 건설사 중 가장 많은 실적을 올린 회사는 스페인의 ACS사로서 미국, 캐나다, 호주 등으로 활동 영역을 넓혀 최근까지 1위의 자리를 고수하고 있다. 이 회사의 대표는 현재 축구 구단 레알 마드리드의 회장을 맡고 있는 플로렌티노 페레스(Florentino Pérez)다. 그 외에도 Ferrovial(10위), Técnicas Reunidas(22위), Acciona(32위), FCC(38위), Sacyr(48위) 등의 스페인 회사가 랭킹 50위 안에 들었다.[212] 우리나

---

211) "España, referente mundial en alta velocidad", ICEX, 2018.8.28.
https://www.icex.es/icex/es/Navegacion-zona-contacto/revista-el-exportador/observatorio2/REP2018795143.html

212) Javier Mesones, "ACS se consolida como la mayor constructora internacional del mundo", *El Economista*, 2019.8.26.

라 회사로는 현대 건설(15위), GS건설(24위), 삼성물산(27위), 현대 엔지니어링(40위), 삼성 엔지니어링(45위)이 해외수주 건설사 50위 안에 포함되었다.[213]

스페인은 석유가 나지 않는 국가이기 때문에 원유를 수입하여 정제해 사용한다. 그러다보니 정유산업도 발달하게 되었는데, 스페인의 석유 및 가스 회사 Repsol은 세계 10대 정유 회사 중 하나로서 중남미를 포함하여 세계 28개국에 지사를 운영하고 있다. 스페인은 석유나 석탄 등 재래식 에너지 자원에 의존하기도 하지만 신재생 에너지 분야에도 많은 투자를 하여 국가 전체 사용 에너지의 10% 이상을 풍력, 태양광, 바이오 등에서 얻고 있다. 이는 세계에서 네 번째로 높은 비율이다.[214] 반면 우리나라는 신재생 에너지 발전 비율이 1.9%에 불과하다.[215] 스페인은 일조량이 풍부하고 바람도 많기 때문에 친환경 에너지를 얻기에 유리한 조건에 있으며, 특히 프로펠러를 이용한 풍력발전 전문 기업인 Iberdrola는 세계 292위의 기업으로까지 성장했다.

최근 주목할 만하게 발전하게 있는 것은 스페인의 패스트패션 산업이다. 1975년 설립된 Inditex 그룹은 ZARA 브랜드를 앞세워 세계 패스트패션 산업을 주도하고 있다. ZARA는 유럽시장에서 스웨덴의

---

https://www.eleconomista.es/empresas-finanzas/noticias/10053558/08/19/ACS-se-consolida-como-la-mayor-constructora-internacional-del-mundo.html

213) "ENR's 2019 Top 250 International Contractors 1-100", ENR, 2019. Aug. https://www.enr.com/toplists/2019-Top-250-International-Contractors-1

214) "Top ten countries with the highes proportion of renewable energy", *Smart Energy International*, 2020.1.24.
· https://www.smart-energy.com/renewable-energy/top-ten-countries-with-the-highest-proportion-of-renewable-energy/

215) 이순혁, 「한국, 신재생 에너지 비중 1.9%, 세계 82위」, 『한겨레』, 2015.12,13.

H&M, 영국의 Marks & Spencer 등을 여유 있게 따돌리며 리딩 브랜드로서 입지를 확고히 하고 있다.[216] ZARA의 성공은 스페인의 다른 패션 브랜드들에게 영향을 주고 있으며, Mango, Desigual, Massimo Dutti, Pull & Bear, Tous, Camper 등이 독특한 감성으로 세계의 젊은 층으로부터 호평을 받고 있다.

우리나라와 비교해서 스페인이 취약한 분야는 컴퓨터와 IT 분야다. 스페인 사람들은 이러한 첨단 분야와 거리가 먼 듯이 느껴지지만, 의외로 2019년 스마트폰 보급률이 세계 5위(74.3%)로서 6위(70.4%)인 우리나라보다 더 보급률이 높은 것으로 조사되었다.[217] 컴퓨터를 보유하고 있는 가구가 86.7%이고, 인터넷이 연결되어 있는 가구도 83.4%로서 컴퓨터와 인터넷 보급률도 상당히 높은 편이다.[218] 우리나라는 PC 보급률이 2012년 82.3%까지 갔다가 스마트폰 보급 이후 75.3%로 떨어졌다.[219] 최근 스페인에서도 인터넷 기업이 많이 창업되었고 인터넷 쇼핑, 게임도 활성화되고 있다. 또한, 스페인어는 영어, 중국어에 이어 세 번째로 인터넷에서 많이 사용되는 언어다.[220] 이러한 우호적인 환경을 기반으로 스페인의 IT산업 규모도 점점 커지고 있고, 이러한 추세는 지속될 것으로 보인다.

---

216) Tugba Sabanoglu, "Leading European fast fashion brands on total revenue worldwide in 2019", Statista, 2020.5.28.

217) "Newzoo Global Mobile Market Report 2019", Light Version, 2020.6.26.

218) "Technology, Household & Business Penetration", Ministerio de Industria, Comercio y Turismo, ICEX, p.22.

219) "집에서 컴퓨터(PC)가 사라진다?", 『서울경제』, 2017.2.21.

220) "Technology, Household & Business Penetration". Ministerio de Industria, Comercio y Turismo, ICEX, p.22.

스페인과 한국의 포춘 글로벌 500대 기업

스페인	한국
	삼성전자 (15위)
Santander (85위, 은행)	SK 홀딩스 (73위)
	현대 자동차 (94위)
Telefónica (176위, 통신·인터넷)	LG 전자 (185위)
Repsol (200위, 정유)	한국전력 (193위)
Bilbao Vizcaya Argentaria (234위, 은행)	기아자동차 (227위)
ACS (272위, 건설)	한화 (261위)
Iberdrola (292위, 풍력발전)	SK 하이닉스 (335위)
	GS 칼텍스 (376위)
	현대모비스 (393위)
Inditex (406위, 패션, 악세서리)	삼성생명 (426위)
Naturgy Energy Group (430위, 에너지)	국민은행 (434위)
Mapfre Group (452위, 보험)	삼성 C&T (444위)
	CJ 그룹 (463위)
	LG 화학 (490위)

"Global 500", *Fortune*, 2019.

7

관광산업

관광산업은 호텔, 운송, 요식, 서비스, 쇼핑 등 여러 산업 분야에 파급효과를 낳기 때문에 그 중요성이 커지고 있다. 게다가 글로벌 시대를 맞아 점점 많은 사람이 쉽게 외국을 방문하게 되어 관광은 일상화되고 있다. 알다시피 스페인은 세계적인 관광 국가로서 2018년 8,300만 명이 스페인을 방문하여 740억 달러의 관광 수입을 올린 것으로 집계되고 있다.[221] 이것은 관광객 숫자 기준으로 세계에서 프랑스에 이어 2위, 관광 수입 기준으로 미국에 이어 2위에 해당한다. 관광객 집계에는 비즈니스를 위해 방문한 사람도 포함되는데, 스페인은 미국이나 프랑스에 비해 비즈니스가 많지 않기 때문에 스페인은 세계에서 순수 관광객을 가장 많이 유치하는 나라라고 할 수 있다. 국가 전체 GDP의 10~11% 정도를 관광업이 차지하고 있을 정도다. 관광업은 거의 대부분 현금 수입원이고 많은 고용을 창출하기 때문에 스페인 경제에서 차지하는 비중은 절대적이다.

---

221) "International Tourism Highlights", UNWTO, 2019, p.9.

스페인에 가장 많이 오는 외국 관광객은 단연 영국, 독일, 프랑스 등 북유럽에서 오는 사람들이다. 이들은 스페인의 해변이나 경치 좋은 산악지대에서 휴가를 보내기 위해 호텔이나 아파트를 장기 렌트한다. 북유럽은 여름에는 피서를 즐길 해변이 거의 없는 데다 겨울에는 해가 짧고 춥기 때문에, 좋은 해변이 많고 겨울에도 춥지 않은 스페인은 최고의 휴양지가 된다. 게다가 북유럽인들에게 스페인의 물가는 상당히 저렴한 편이다.

　바르셀로나를 중심으로 한 카탈루냐 해변에는 프랑스인들이 많고, 발레아레스섬에는 독일인들이 많이 오며, 말라가를 중심으로 한 남부 해안에는 영국인들이 많기 때문에 이들 지역에서는 스페인어를 하지 못해도 전혀 문제가 되지 않는다. 북유럽인 중에는 스페인에서 휴가를 보내는 데 그치지 않고 은퇴한 후 스페인으로 이민 와서 사는 사람들도 상당히 많다. 지중해와 면한 해안지대는 물론, 일 년 내내 해수욕을 할 수 있을 정도로 따뜻한 카나리아 제도에는 실제로 많은 수의 북유럽 은퇴 이민자가 살고 있다.

　우리나라에도 점점 많은 수의 해외 관광객이 유입되고 있다. 2000년대 중반 이후 연간 10% 정도의 성장을 거듭하며 2018년엔 1,500만 명 정도의 외국인이 입국하였다. 관광 대국 스페인에 비교할 수 없는 수준이지만, 앞으로 성장 가능성은 매우 높다고 할 수 있다. 그 이유는 많은 인구를 가진 국가들이 근거리에 있기 때문이다. 특히 인구 14억 명의 중국은 엄청난 시장으로서 현재도 우리나라 해외 관광객의 50% 정도를 중국인이 차지하고 있다. 일본이나 대만에서도 많은 관광객이 유입되기 때문에 전체 관광객의 80%는 근거리 국가 사람들이다. 다만 우리나라에 입국하는 해외 관광객의 대부분은 짧은 기간 다녀가는 사람들로서 새로운 문화를 체험해보고자 하는 호기심으로 오는 경우가 많다. 그렇기 때문에 서울을 중심으로 각 지역마다 다양한 관광 상품을 개발할 필요가 있다.

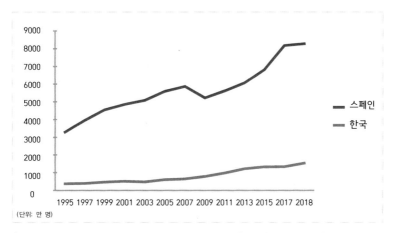

자료: The World Bank. "International tourism, number of arrivals-Korea, Spain".

해외 관광객 유입 추이

스페인에 오는 해외 관광객 중에는 절반 정도가 장기 휴양객이고, 나머지 절반은 짧은 기간 동안 스페인의 문화 유적지를 둘러보는 관광객들이다. 이런 관광객들은 아시아를 비롯하여 전 세계에서 몰려드는데, 최근 몇 년 사이에 우리나라 관광객도 폭발적으로 증가하여 마드리드와 바르셀로나에 직항노선이 운항되고 있다. 스페인에는 수많은 문화 유적이 있다. 유네스코(UNESCO)가 세계의 자연과 문화유산을 지정한 세계유산(World Heritage) 중에서 문화유산만 놓고 봤을 때 44개로 이탈리아(50개) 다음으로 많다. 인류가 남긴 가장 오래된 예술 작품으로 일컬어지는 알타미라 동굴 벽화와 동부 해안 지역에 발견되는 동굴 벽화 등에서 보듯이 페르낭 브로델은 B.C. 3만 년 전부터 B.C. 8천 년까지 스페인과 프랑스가 예술의 중심지였다고 말한다.[222] 또한 중세와 근대를 거치는 동안 로마 가톨릭의 중심지이자 이슬람 문명의 중심지기도 했기 때문에 독특한 문화 유적이 많다. 목조 건물이 많아 전쟁에서 불타버린 우리나라와 달리 이베리아반도는 돌이 많은 지역이고, 대부분 건물이 돌로 지어졌기 때문에 오래 보존된 문화 유적이 많다. 다만 이슬람이 반도에서 머무는 동안(711~1492년) 대규모로 건축된 많은 이슬람 양식의 사원들이 재정복 이후 기독교도들에 의해 허물어져 성당으로 개축되었다. 하지만 가장 아름다운 이슬람 건물들은 기독교도들도 차마 허물지 못하고 그대로 두었다. 코르도바의 사원, 세비야의 히랄다탑, 그라나다의 알람브라 궁전 등이 아직까지 남아있는 대표적인 이슬람 양식의 건물로서 많은 관광객을 맞고 있다.

국가 전체로 봤을 때 외국 관광객들은 고마운 손님들이지만, 관광객이 집중적으로 몰려드는 도시에 사는 시민들에겐 고역일 수 있다. 최근 몇 년 동안, 150만 명 정도의 인구가 사는 바르셀로나에 일 년에 1,500만 명의 관광객이 몰려들고 있는데,[223] 이는 도시의 수용한도를 넘어서는 것이다. 도시 전체가 사람으로 붐비고 쓰레기가 넘치게 되자 바르셀로나 주민들은 관광객들에게 관광을 자제하라는 전단을 나눠주거나 벽보를 붙이기도 했다. 이는 바르셀로나, 베네치아, 로마 등 많은 유적을 보유한 유럽 도시들이 공통적으로 겪고 있

---

222) 페르낭 브로델, 『지중해의 기억』, pp.95-99.

223) "La última campaña contra el turismo en Barcelona: <No cuentes a nadie que has estado>", *ABC*, 2019.7.31.

바르셀로나의 건물 벽에 그려진 반 관광객 구호

는 문제로서 주민들도 불편할 뿐 아니라 유적 보호에 문제가 될 수
있다고 전문가들은 경고하고 있다. 우리나라의 제주도에도 내국인과
외국인 관광객이 집중적으로 방문함으로써 과다한 쓰레기가 발생하
고, 바가지 요금과 불친절이 판을 치는 등 과도한 관광객이 유발하
는 부작용 문제를 우려하는 목소리가 조금씩 나오고 있는 형편이다.

　스페인에는 오래된 성, 수도원, 별장 등이 많이 남아있으며, 관광
에 활용하기 위해 알폰소 13세 재위기인 1928년부터 이 건물들을
호텔로 개조하기 시작했다. 파라도르(parador)라고 불리는 이 국립호
텔 체인은 호텔로 내부가 단장되었기 때문에 장소가 쾌적할 뿐만 아
니라, 역사적인 정취를 느낄 수 있어 장년층 관광객들을 중심으로
큰 인기를 끌고 있다. 문화관광부 산하의 국립호텔 체인이라고 할
수 있는 파라도르는 현재 전국적으로 97개가 운영되며 일 년에 150
만 명 이상의 투숙객을 맞고 있다. 위치와 시설에 따라 별 세 개에서

다섯 개의 호텔 등급을 갖고 있고, 숙박료도 다르다. 톨레도, 세비야 등 도시 외곽에 위치하여 좋은 풍광을 즐길 수 있는 곳도 있지만, 그라나다, 산티아고 데 콤포스텔라 파라도르처럼 역사적인 유적지 바로 옆에 위치하여 현장감을 느낄 수 있는 곳도 있다. 스페인의 파라도르가 성공을 거두자 1942년부터 포르투갈도 같은 방식으로 Pousada라는 이름의 국립호텔 체인을 운영하고 있다. 우리나라에서도 여러 지자체에서 한옥마을, 선비촌 등의 이름으로 한국의 전통적 생활을 체험할 수 있는 숙박 시설을 만들어 운영하고 있다. 시간이 지나고 전통이 쌓이면 스페인의 파라도르처럼 특이한 숙박 경험을 제공하는 문화 상품이 될 수 있을 것이다.

Ⅳ

현대 사회의 문제들

1. 가족 개념의 변화와 새로운 가족관

2. 저출산의 사회

3. 개인주의 사회

4. 스페인과 한국의 성 역할(gender)

5. 이민자의 증가와 사회의 변화

6. 평준화된 대학과 서열화된 대학

7. 세계적인 장수국가 스페인과 한국

8. 코로나-19 방역 조치에 대한 사회적 시각의 차이

1
가족 개념의 변화와
새로운 가족관

전통적 가족관의 와해

한국과 스페인은 서로 다른 문화권에 속해 있지만 개인보다는 가족을 중요시해 온 유사한 전통을 가지고 있다. 개인은 가족을 통해 세상에 왔고 가족을 통해 사회와의 모든 관계를 맺는다고 생각해왔다. 유교 문화권에 속한 한국에서 가족은 개인의 뿌리이자 정체성을 이루는 가장 기본적인 사회적 단위였다. 떨어져 살던 가족의 성원들도 제사를 통해 정기적으로 만났고, 명절이 되면 가족을 만나기 위해 귀성 행렬이 이어지는 것은 우리나라를 비롯한 동양 국가들의 특이한 현상이다. 가족은 엄마의 자궁과 같은, 언제나 따뜻하고 평온한 곳으로 상상되었다. 가족은 가문의 일부로 확장되었고, 국가(國家) 역시 한자가 의미하듯 큰 가족으로 이해되어 왔다. 국가를 통치하는 왕이나 대통령은 국가라는 큰 가족의 아버지로서 국부(國父)로 상상되곤 했다.

스페인에서도 가족의 가치는 신성시되어 왔다. 가톨릭 신앙의 기치 아래 오랫동안 이슬람과 전쟁을 벌였던 스페인은 유럽의 종교개혁 국면에서 구교의 보루가 되어 신교도들과 싸웠다. 이렇게 가톨릭 구교가 국가를 지배하다 보니 가톨릭이 신봉하는 전통적인 가치들이 강조되었다. 신교에 비해 구교는 집단성이 강했고, 집단의 최소 단위로서 가족은 신성시되었다. 그래서 우리나라 못지않게 스페인에서도 3, 4대(代)가 한 집에 거주하는 확장된 가족(familia extensa) 형태가 지방에서는 흔했다. 가족의 가치를 중시한 프랑코는 그의 통치 시기에 '국가 출산상(出産賞, Premio nacional de natalidad)'을 제정하여 가장 많은 자식을 낳아 기르고 있는 가정에 집 한 채를 시상하였다. 보통 20명에 가까운 아이를 낳아서 기르고 있어야 이 상을 받을 수 있었다.

<1976년(좌), 1977년(우) 국가 출산상 가족>

국가를 큰 가족으로 상상한 것도 우리나라와 같다. 스페인 내전 이래로 1975년까지 36년간 스페인을 통치한 프랑코 총통 역시 지지하는 국민으로부터 국부(國父)로 추앙받았다. 그가 사망했을 때 전국 각지에서 온 추모행렬이 마드리드 오리엔테 광장을 메웠다.

두 나라에서 가족 중심의 사회 구조가 유지되어온 또 다른 이유는 양국이 산업적으로 농경에 기반을 두고 있었기 때문이다. 노동 집약적인 농산물 경작을 위해서는 아무래도 대가족 제도가 편리했던 것이다. 요즘처럼 기계화된 영농이 아닌 전통적인 방식의 농업에서는 집약적인 노동력이 필요했고, 가족의 땅을 경작하기 위해선 대가족이 모여 사는 수밖에 없었다. 이런 경우 가족은 노동력 재생산이라는 중요한 기능까지 맡고 있어 산아 제한 없이 많은 수의 자식을 낳는 것이 일반적이었다.

이렇게 해서 현대에 접어들기 전까지 양 국가에서 대가족 체제가 유지되는 집안이 많았다. 한국에서는 집성촌(集姓村)이라고 하여 부계(父系) 중심으로 동성동본(同姓同本)의 사람들이 집단적으로 거주하는 마을도 많았다. 스페인에서도 20세기 중엽까지만 해도 3대가 한 집에 사는 경우가 흔했다. 또한 아버지의 이름을 아들이 물려받는 경우도 많아서 어떤 대가족에서는 할아버지, 아버지, 아들의 이름이 같은 경우도 있다. 얼마 전 스페인 축구 국가대표팀에 영국 프리미어 리그 첼시팀에서 뛰는 마르코스 알론소(Marcos Alonso)라는 선수가 선발되어 화제가 되었는데, 그는 할아버지, 아버지에 이어 3대째 국가대표에 선발되었기 때문이다. 흥미로운 것은 할아버지, 아버지, 아들의 이름이 마르코스 알론소(Marcos Alonso)로 모두 똑같았다는 것이다. 가장 유명한 선수였던 할아버지는 '마르키토스(Marquitos)'라는 애칭으로 불렸으며, 레알 마드리드가 유럽컵을 5연패할 때 이 팀의 주전으로 활약했었다.

하지만 이러한 가부장 중심의 대가족 제도는 한국과 스페인에서 빠르게 해체된다. 여러 가지 이유가 있겠지만 전근대적 농업 중심의 사회에서 산업화 사회로 변화한 것이 가장 중요한 이유가 된다. 노동 집약적 농업의 중요성이 감소하고 도시 중심의 산업화가 빠르게 진행되면서 가족이 모여서 살 필요가 없어졌고, 가족 구성원이 다양한 직업을 갖게 되고 도시로 모여들게 되면서 대가족 공생의 필요성이 없어진 것이다. 따라서 대가족의 해체는 지방의 인구가 도시로 유입되기 시작한 때 본격화되었으며, 스페인에서는 20세기 초반, 한국에서 20세기 중후반 무렵부터 급속하게 진행되었다.

도시의 아파트는 새롭게 구성된 소규모 가족을 위한 것이었다. 프랑코 정부는 국가가 주도하여 도시에 수많은 아파트를 건설했다. 삐소(piso)라고 부르는 이 아파트들은 주로 땅값이 싼 도시 외곽에 건설되었다. 보통 방을 세 개씩 갖추었으며 기본적으로 소규모 가족을 위한 것이었다. 우리나라에서도 1970년대 후반부터 아파트 건설이 본격화되었는데 스페인의 삐소가 한두 동씩 건설된 반면, 우리나라의 아파트는 단지로 구성되어 똑같은 모양의 건물이 빼곡이 들어선 좀 더 획일적인 모양을 갖게 되었다.

한국과 스페인의 도시에서 아파트는 전통적인 주택에 비해 개인 소유의 마당도 없고 집의 규모는 작았지만, 난방, 상하수도 등 관리면에서 전통주택에 비해 훨씬 편리하여 도시의 일반적인 주거 형태가 되었다. 런던, 함부르크, 암스테르담 등 산업화가 일찍 진행된 도시에선 개인주택의 비중이 높으나 근대화가 늦은 스페인이나 한국의 도시에는 압도적으로 아파트의 비중이 높아졌다.

이렇게 대가족의 해체가 가속화되면서 출산율이 줄어들자 스페인은 이미 1940년대부터 자식 많이 낳기 운동을 추진하여 4명 이상의 자식을 낳은 부부에게는 정부에서 경제적인 지원을 해주기 시작했다. 프랑코 정권은 시계를 거꾸로 돌리기 위해 노력하였는데, 1932년 제2공화국하에서 제정된 이혼법을 폐지하고 피임기구 사용을 금지하였다. 간통죄는 6년 이하의 징역으로 엄하게 처벌되었다. 가정은 노동력을 재생산하는 사회 단위로서, 성행위는 가족 내에서 출산을 위한 것으로 제한되었다.

하지만 전 세계적으로 불어닥친 성적 자유화의 물결을 막을 수는 없었다. 또한, 프랑코의 사망으로 민주화 시대가 되면서 가족의 해체는 법령 개정으로 가속화되었다. 1978년 피임제의 사용과 민간 결혼(matrimonio civil)이 허가되었고, 간통죄가 폐지되었으며, 1981년 이혼이 합법화되었다. 낙태는 1985년 제한적으로 허용되었으며, 1995년에는 임신부의 요청만 있으면 합법이 되었다. 우리나라의 경우 성적 자유화와 관련된 법령 개정은 스페인보다도 늦은 편이다. 이혼은 근대 사법 체계가 도입된 후 허용되어 왔지만, 간통과 낙태는 최근까지도 법의 처벌을 받아왔다. 간통죄는 2016년 폐지되었지만, 낙태는 여전히 불법이며 제한적인 상황에서만 허용된다.

전통적 가족관이 와해되면서 한국과 스페인 모두에서 결혼하는 커플이 줄어들고 이혼하는 커플은 늘어나고 있다. 스페인에서는 정식 결혼을 하지 않고 동거했다 헤어지는 커플이 많기 때문에 우리나라와 단순 비교는 어렵다. 다만 정식 결혼한 커플 중에서 2018년 97,960쌍이 이혼했다. 이혼율로 보자면 스페인은 유럽에서 아홉 번째로 이혼을 많이 하는 나라로서, 독일, 프랑스, 영국, 이탈리아 등 유럽 주요국들보다 이혼율이 높다.[224] 우리나라에서 한 해 결혼하는 커플은 눈에 띄게 줄어들고 있다. 2015년까지만 해도 한 해 30만 쌍 이상이 결혼했지만, 2018년에 25만 7천 커플, 2019년에는 23만 9천 커플로 줄어들어 최근 5년 동안 급격한 감소세를 보이고 있다.[225] 이혼 건수를 보면 한 해 10만 쌍 이상이 이혼하고 있으며, 2000년대 초반 한 해 16

---

224) Belén García Pozuelo, "España, entre los diez países de la UE con más divorcios", *ABC*, 2019.7.18.
225) 통계청 인구동향조사.

만 쌍이 이혼했던 데 비해 최근에는 조금씩 하락하고 있는 추세다.

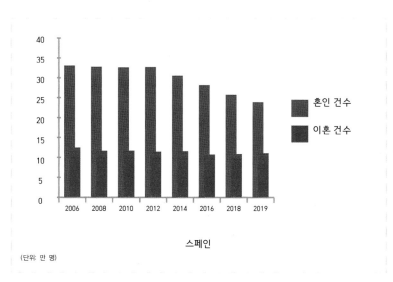

스페인

(단위: 만 명)

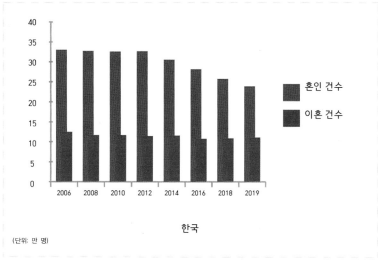

한국

(단위: 만 명)

한국과 스페인의 연간 혼인, 이혼 건수(INE, 통계청)

새로운 형태의 가족

한국에선 최근 혼인 건수가 놀랄 만큼 빠른 속도로 하락하고 있다. 현재 20, 30대 중에는 결혼할 생각이 없다는 사람이 점점 늘어가고 있으며, 특히 20대 초반 여성과 30대 후반 여성의 절반이 결혼할 생각이 없다고 설문 조사에서 답했다.[226] 그렇기에 우리나라에서 혼인 건수가 줄어드는 것은 당연한 결과로 보인다.

스페인의 젊은 층 사이에선 정식으로 결혼하지 않고 동거하는 비율이 최근 들어 급등하고 있다. 2001년 56만 쌍의 동거 커플이 있었던 것에 비해 2014년에는 160만 쌍의 동거 커플이 등록되어 15년 동안 세 배나 증가했다.[227] 최근 우리나라에서도 결혼하지 않고 동거하는 커플이 늘어가고 있지만, 스페인에서는 결혼 적령기에 동거하는 커플이 결혼한 커플보다 더 많을 정도로 동거가 보편화되어 있다. 그리고 동거 커플 중에서는 단순히 같이 산다는 의미를 넘어서 '동거동반자 관계(pareja de hecho)'를 맺는 커플이 점점 많아지고 있다. 번거롭게 정식 결혼을 하지 않아도, 동거동반자 관계는 결혼한 커플과 크게 다르지 않은 사회적 복지 혜택과 권리를 누릴 수 있기 때문이다. 동거동반자 관계는 단순히 같이 산다는 의미가 아니라 시청이나 도청에 등록을 해야 한다. 그래야 결혼한 커플과 거의 동등한 권리를 가질 수 있다.

동거 커플이 많아지자 유럽 의회는 2003년 동거동반자 커플 ―

---

226) 김은지 외, 「저출산 대응정책 패러다임 전환 연구 (I): 청년 층의 젠더화된 생애전망과 정책정합도 분석」, 한국여성정책연구원, 2019, pp.204-205.

227) Bárbara Barón, "Así es la familia española en 80 datos", La información, 12 mayo 2016. https://www.lainformacion.com/asuntos-sociales/familia/familia-espanola-datos_0_916109537.html

같은 성(性)이든 다른 성(性)이든 상관없이 — 을 정식 결혼한 커플과 법적, 경제적으로 동등하게 대우하는 법안을 논쟁 끝에 근소한 표 차이로 통과시켰다. 이로써 스페인에서도 동거 커플이 법적으로 보호받을 수 있게 되었다. 다만 동거동반자 커플에 대한 자격 조건이나 사회적 혜택에 대한 규정은 각 자치주마다 다르다. 예를 들어 동거 커플로 등록하기 위해선 일정 기간 동거했다는 증명이 필요한데, 자치주마다 기간이 다르다. 마드리드에서는 적어도 1년 동안의 사전 동거 기간이 필요하다. 또한, 어떤 주에서는 동거 커플이 각자 재정적인 독립성을 갖는 것을 인정해 주지만, 어떤 주에서는 은행, 신용카드 등을 통해 재정적인 공동체라는 것이 인정되어야 동거 커플로 등록해주고 있다.

젊은 층에서 결혼 대신 동거동반자 관계가 성행하자 국가 단위의 법이나 규정이 필요하다는 목소리가 높아지고 있다. 동거동반자 커플이 헤어질 때 재산 분할 문제라든지, 한 사람이 사망했을 때 다른 사람이 연금을 수령하는 문제라든지, 집을 월세로 얻을 때 집주인에 따라서 동거 커플을 차별하는 등의 문제가 생기기 때문이다. 또한, 동거 커플은 아이를 낳아도 다둥이 가족 혜택을 받지 못하는 것도 차별적 요소로 지적되고 있다.

스페인에서 동거동반자 관계가 유행하는 이유는 아무래도 동거동반자 관계가 정식 결혼보다 모든 면에서 간편하고 재정적인 부담이 덜 하기 때문이다. 헤어질 때도 정식 결혼에 비해 동거동반자 커플이 법적으로 훨씬 간편한 것은 물론이다. 이런 이유로 동거동반자 관계는 폭발적으로 늘어나서 2001년 전국에서 56만 쌍의 동거 커플이 있었지만 10년이 지난 2011년, 166만쌍으로 200%나 증가하였다.[228] 아이를 낳지 않는 커플도 많아서 전체 가구의 21%는 자식이 없는 커플로 이루어져 있다. 동거동반자 커플은 정식 결혼한 커플에 비해 아이를 덜 낳는 경향이 있다. 63%의 정식 커플이 아이를 낳은 반면, 동거동반자 커플 중에서는 47%만 아이를 가지고 있다.[229] 현재 스페인에서 세 명중 한 명의 아이가 혼외 관계에서 태어나고 있다.[230]

우리나라에서도 젊은 세대를 중심으로 비혼 동거에 대한 동의가 늘어가고 있다. 2018년을 기준으로 20, 30대 여성들의 72%, 남성들의 75%가 할 수 있다고 응답했다. 하지만 비혼 출산의 경우에는 20, 30대 여성들의 36%, 남성들의 39%만이 할 수 있다고 응답하여 동의의 수준이 높지 않았다.[231] 물론 그렇게 생각하는 것과 실제로 행동하는 것은 다른 문제다. 그렇더라도 젊은 세대의 3/4 정도가 비혼 동거에 동의하고 있으니 동거에 대한 부정적인 시각은 거의 해소되었다고 보인다. 하지만 비혼 동거 출산에 대해선 아직도 훨씬 많은 사람이 할 수 없다고 답했는데, 아마도 혼외 자녀에 대해 사회적으로 차별적인 시각이 만연하기 때문인 것으로 풀이된다.

228) "Las parejas de hecho suben un 200% en España en la última década". Cadenaser. 2013.12.12. https://cadenaser.com/ser/2013/12/12/sociedad/1386818005_850215.html

229) Bárbara Barón, "Así es la familia española en 80 datos", La información, 12 mayo 2016. https://www.lainformacion.com/asuntos-sociales/familia/familia-espanola-datos_0_916109537.html

230) Gøsta Esping-Andersen et al., "El déficit de natalidad en Europa: La singularidad del caso español", Obra Social la Caixa. Colección Estudios Sociales N.36, 2013, p.83.

231) 김은지 외, 「저출산 대응정책 패러다임 전환 연구 (I): 청년 층의 젠더화된 생애전망과 정책정합도 분석」, 한국여성정책연구원, 2019, pp.39-41.

2

저출산의 사회

세계 최저의 출산율

출산율의 하락 추세는 세계적인 현상이다. 산업이 발달하면서 농
경 중심의 사회가 도시 중심의 개인주의 사회로 변모하며 생긴 추세
다. 농경 사회에서는 아이가 미래의 노동력으로서 가족의 자산으로
여겨졌지만, 산업사회에서는 여성이 사회에 참여하면서 아이는 부부
의 사회생활에 불편을 주는 존재로 인식되었다. 아프리카 등 주로 저
개발 국가에서 출산율이 높고, 유럽, 아시아 등 산업이 발달한 국가에
서 출산율이 낮은 것이 이를 말해준다.

전통적으로 대가족 중심의 생활을 해온 스페인과 한국에서도 상당
히 출산율이 높았다. 먼저 출산율이 떨어지기 시작한 것은 한국보
다 앞서 산업화가 진전된 스페인이다. 스페인 내전이 끝나고 경제적
으로 힘든 시기였던 1940년대 중반부터 출산율은 서서히 떨어지기
시작했으며, 이때부터 국가적으로 다산(多産)을 장려하였다. 그래서

유럽의 다른 국가들보다는 출산율 하락이 늦은 편이었다. 1970년 가임기 여성 1명당 출산율은 2.90명으로 유럽에서 가장 높았다.[232] 하지만 프랑코의 사망 이후 스페인의 유럽화가 본격화되고 1970년대 석유파동을 겪으며 경제 사정이 나빠지자 출산율이 급감하게 된다. 1970년대 한 해에 66만 5천 명의 아이가 출생했으나, 1990년대엔 38만 명으로 떨어졌고 1998년 가임기 여성 1명당 출산율은 1.15명으로 유럽 최저 수준을 기록하게 되었다.[233]

1970년대까지 스페인이 유럽에서 가장 높은 수준의 출산율을 기록할 수 있었던 것은 전통적인 결혼관이 사회적으로 받아들여졌기 때문이다. 즉 1970년대 프랑스, 스웨덴, 덴마크 등에서는 60%의 신생아가 법적인 결혼 관계에서 출생한 반면, 스페인에서는 거의 90%의 아이가 법적 결혼 관계 속에서 출생했다.[234] 하지만 스페인에서도 동거하는 커플이 많아지고 낙태가 합법화되자 출산율이 급격하게 감소한다. 정부에서는 1994년부터 3명 이상의 자식을 가진 가정을 다둥이 가정(familia numerosa)으로 규정하여 대학 등록금 면제 등 특별 혜택을 주는 등의 정책을 시행하며 출산을 장려하기 시작했다. 또한, 정식 결혼이 아닌 동거 관계에서 낳은 아이도 법적으로 동등한 권리를 인정하였다. 경제 사정이 좋아지기 시작하면서 2000년대에 접어들어 스페인의 출산율은 상승하기 시작하여 2008년 1.44명에 이르렀으나, 2010년대 후반에 이르러 다시 하강하고 있다. 1990년대 말부터 2000년대 초반의 출산율 상승은 이 시기에 대규모로 유입된 이민자들의 공헌이 크다. 2000년대 초반 젊은 이민자 여

232) Manuel Ansede, "El tobogán de la natalidad en España", *El país*, 2015.1.9.

233) Manuel Ansede, "El tobogán de la natalidad en España", *El país*, 2015.1.9.

234) Manuel Ansede, "El tobogán de la natalidad en España", *El país*, 2015.1.9.

성들의 출산율은 가임기 여성 1명당 2.0명에 이르러 스페인 여성의 출산율보다 훨씬 높았다.[235] 2010년대에 출산율이 급격하게 하락한 것 역시 경제위기로 인해 이민자의 유입이 줄어들었고, 이민자들의 출산율도 하락했기 때문으로 풀이된다.

현재 우리나라와 스페인은 출산율 면에서 세계 최하위를 차지하고 있다. 아래의 표에서 보듯 연간 출생아 수에서 우리나라와 스페인은 엎치락뒤치락하고 있다. 2010년대에 접어들어 양국의 출생아 수는 지속적으로 하락하고 있는데, 우리나라의 하락세가 더 두드러져 2012년 48만 명이었던 출생아는 2019년 30만 명으로 7년 동안 무려 37.5%가 떨어졌다. 2020년에는 27만5천 명으로 떨어져 30만 명 선이 붕괴되며 2019년보다 10.7%나 하락하여 사회적인 충격을 던져주었다. 스페인도 2010년 48만 명이었던 출생아가 2019년 36만 명으로 떨어져 26%의 하락세를 보였다. 최근 지구상에서 두 나라만큼 출산율이 급

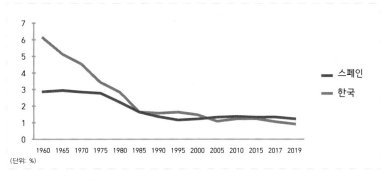

양국 출산율 추이(World Bank, INE, 통계청)

---

235) Gøsta Esping-Andersen et al., "El déficit de natalidad en Europa: La singularidad del caso español", Obra Socia la Caixa, Colección Estudios Sociales N.36, 2013, pp.66-69.

감하고 있는 나라는 없다. 지금의 추세가 계속된다면 2100년에는 현재 스페인 인구의 절반밖에 남지 않을 것이라고 예측되고 있다.[236)]

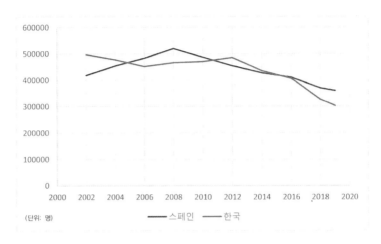

<연간 출생아 수>(INE, 통계청)

스페인 전문가들은 최근의 출산율 저하에 대해 두 가지 원인을 꼽고 있다. 첫 번째는 국가의 심각한 경제 사정이다. 국가 경제가 어려울수록 개인 경제도 어려워져 아이 낳는 것을 꺼리거나 미루기 때문이다. 실제로 최근 스페인의 출산율은 경제상황과 연동하는 양상을 보이고 있다. 두 번째는 현재 스페인에서 전통적인 가족관이 붕괴되고 평등한 관계에 기반한 새로운 가족 모델이 완전히 자리를 잡지 못한 과도기 현상이 나타나고 있다고 본다. 북유럽 등 성 역할 평등 분야에서 높은 점수를 받는 국가들 역시 1970년대까지는 출산율이 하강하는 국면을 맞았으나 성평등 시스템이 확고하게 정착된 1980년

236) Rodrigo Teresa, "La termina demográfica: cómo la baja natalidad está destruyendo España", *El mundo*, 2019.6.20.

대부터는 소폭 상승하거나 안정세를 보이고 있다.

현재 스페인에서는 학력이 높거나 직업을 가진 여성이 그렇지 않은 여성에 비해 아이를 덜 낳는 경향을 보인다. 2018년의 경우, 아이를 낳은 여성 중 대학 졸업 이상의 여성이 1.45명 정도의 출산율을 기록한 반면, 중학교만 졸업한 여성은 1.55명의 출산율을 기록했다. 직업의 유무에 따라서는 출산율이 조금 더 차이 나며, 직업이 있는 여성은 1.5명 정도의 출산율을 보인 반면 직업이 없는 여성은 1.8명 정도의 출산율을 나타냈다.[237] 이것은 아직 스페인의 여성 직업인들이 아이 낳아 기르기에 충분한 근로 환경이나 육아 환경에 있지 못하다는 것을 말해준다. 최근의 연구에 의하면 낮 동안 아이를 돌봐주는 시설이 잘 마련된 유럽 국가에서 양질의 직업 환경에 있는 여성들은 아이 낳기를 선호하는 것으로 나타나고 있다.[238] 스웨덴, 덴마크, 프랑스 등에선 일하는 여성 비율이 높지만 준수한 출산율을 기록하고 있는 것이 이를 말해준다. 2018년 스페인 통계청이 실시한 설문조사에서, 아이를 낳지 않은 45세 이상 여성의 절반 정도가 인생의 적절한 시점에 아이를 갖고 싶었으나 경제적인 어려움이나 적당한 배우자를 만나지 못한 이유로 아이를 갖지 못했다고 답했다.[239] 또한 스페인이 낮은 출산율을 기록하는 이유 중에는 낙태가

---

237) INE, "Nota de prensa, Encuesta de fecundidad", 2018.
   https://www.ine.es/prensa/ef_2018_d.pdf

238) Jonas Wood and Karel Neels, "Local Childcare Availability and Dual-Earner Fertility: Variation in Childcare Coverage and Birth Hazards Over Place and Time", European Journal of Population 35, 2019, pp.913-937. Jonas Wood and Karel Neels, "First a job, then a child? Subgroup variation in women's employment-fertility link", Advance in Life Course Research 33, 2017, pp.38-52.

239) "¿Por qué la tasa de natalidad es tan baja en España?", Heraldo Saludable, 2019.8.9.
   https://www.heraldo.es/noticias/salud/2019/05/08/por-que-la-tasa-de-natalidad-es-tan-baja-en-espana-1313609.htm

많은 것도 있다. 2014년 94,796건의 낙태 시술이 있던 것으로 집계되고 있다. 이 숫자는 유럽 28개국 중에서 영국, 프랑스 다음으로 많은 숫자다.[240] 인구 대비로 본다면 유럽 최고라고 볼 수 있다.

앞서 말한 대로 스페인의 저출산 원인은 두 가지로 볼 수 있는데 그 중에서 경제적인 환경의 개선은 기본적으로 국가가 해야할 일이고, 평등한 성 역할에 기반한 부부/커플의 모델 정립을 위해 사회 여러 분야에서 혁신 작업이 벌어지고 있다. 스페인에는 이민자의 증가가 낮은 출산율에 도움을 준다고 생각하는 사람도 많다. 스페인 통계청 조사에 의하면 스페인에서 태어난 신생아의 20% 정도가 외국인 이민자 엄마로부터 태어났고, 외국인 이민자 여성의 출산율은 2018년 1.63명으로서 스페인 여성을 훨씬 앞서고 있다.[241] 게다가 이민자 여성들은 다른 나라에서와 마찬가지로 스페인에서도 베이비시터나 노인을 돌보는 역할을 하는 경우가 많아 출산율에 간접적으로 큰 기여를 하고 있다.[242] 스페인 여성 중에서도 경제 활동에 참여하는 비율이 높아졌기 때문에 베이비시터의 역할은 필수적이다.

우리나라의 저출산 문제는 스페인보다 더 심각하다. 게다가 우리나라에선 한 해 100만 명 가까이 태어난 1965~1975년 출생 세대가 곧 은퇴하고 노인이 되면 초고령화 사회가 될 것이 확실하다. 위의

---

240) Bárbara Barón, "Así es la familia española en 80 datos", La información, 12 mayo 2016. https://www.lainformacion.com/asuntos-sociales/familia/familia-espanola-datos_0_916109537.html

241) "El número de nacimientos desciende un 40% en España en la última década", Cadena Ser, 2019.6.19.

242) Gøsta Esping-Andersen et al., "El déficit de natalidad en Europa: La singularidad del caso español", Obra Socia la Caixa. Colección Estudios Sociales N.36, 2013, p.69.

표에서 보듯 우리나라의 급격한 출산율 저하는 세계적으로 유래가 없는 것이다. 특히 2018년 0.98명, 2019년 0.92, 2020년 0.8명 대로 하락하여 OECD 국가 중에서 1명 미만의 출산율을 기록한 국가는 한국이 유일하다. 2015년 이래 급격하게 감소한 출생아 수와 초저출산율은 세계적으로도 유례를 찾아보기 힘들다고 전문가들도 입을 모은다.

저출산의 원인에 대한 분석으로 들어가면 우리나라의 저출산 문제는 스페인의 경우와 조금 차이를 보인다. 일단 우리나라에서 배우자가 있는 여성의 경우, 2005년 1.7명을 기록한 후 조금씩 증가하여 2010년대에는 2명을 넘어섰고, 2016명 2.23명을 기록했다.[243] 문제는 혼인 건수가 가파르게 떨어지고 있기 때문에 출산율이 낮을 수밖에 없다는 것이다. 그런데 조건에 따른 혼인 비율을 보면 남녀가 확연하게 다르다는 것을 알 수 있다. 남자는 학력이 높을수록, 소득이 높을수록 혼인 비율이 높은 반면, 여성은 반대로 학력과 소득 수준이 높을수록 혼인 비율이 낮은 경향을 보인다.[244] 결국 우리나라의 혼인율을 좌우하는 것은 남성의 경우엔 경제적인 요인이 크지만 여성의 경우엔 경제 문제보다도 사회·문화적인 요인이 크다고 할 수 있다. 즉 학력이 높은 여성일수록 그리고 젊은 세대일수록 결혼하고 출산해야 한다는 규범에 동의하지 않는 것이다. 결혼 규범에 동의하는 비율은 2019년 20, 30대를 대상으로 한 조사에서 여성의 23%, 남

---

243) 이기훈, 「결혼만 하면 2명 이상 낳더라… 출산률 낮추는 건 비혼」, 『조선일보』, 2017.11.09. 이상협, 이철희, 홍석철, 「저출산 대책의 효과성 평가」, 한국보건사회연구원, 2016. pp.47-48.

244) 이철희, 「결혼과 출산의 소득계층 및 사회경제적 지위 간 격차 분석」, 한국개발연구원 강동수 외, 『저출산에 대응한 통합적 정책 방안』, 경제·인문사회연구회, pp.52-53. 다만 여성의 경우 중졸의 학력자는 결혼 유지 비율이 낮은 편이다.

성의 42%에 불과했다.[245] 젊은 세대는 가족 중심의 삶보다 일과 개인 생활이 더 중요하다고 생각하며,[246] 남성과 여성이 결혼 규범에 동의하는 비율에서 큰 차이를 보인 것은 결혼과 육아가 여성이 일하거나 개인 생활을 하는 데 큰 제약이 된다고 생각하기 때문이다.

그래서 한국 여성들은 결혼을 고려할 수 있는 전제 조건으로서 '파트너의 양육 참여', '공평한 가사 부담', '배우자의 출산휴가·육아휴직'을 꼽았다.[247] 결국 평등한 부부 관계가 전제되어야 결혼할 수 있다는 것을 의미한다. 스페인 여성들도 직업을 갖게 되면 육아를 하기 힘든 것이 현실이고 그래서 직업을 가진 여성들이 그렇지 않은 여성에 비해 아이를 덜 갖는 현상이 나타나고 있다. 하지만 한국에선 직업을 위해 아예 결혼하지 않고 아이를 낳지 않는 현상이 만연하고 있으니 매우 극단적인 상황이라고 볼 수 있다. 한국의 출산율 하락을 해결하기 위해선 경제적인 상황보다도 육아와 가사로부터 여성의 부담을 줄여줄 수 있는 여건이 사회적으로 조성되는 것이 필요해 보인다. 한국과 스페인은 한 세기 전만 해도 대가족 제도의 대표적인 나라였으나 이제는 대가족이 해체된 것은 물론, 세계에서 가장 낮은 출산율의 나라가 된 것은 아이러니하다. 이런 양상이 과도기적 현상이 될지 아닐지는 성역할과 관련된 앞으로의 사회 변화에 달려있는 듯 하다.

---

245) 김은지 외, 「저출산 대응정책 패러다임 전환 연구 (I): 청년 층의 젠더화된 생애전망과 정책정합도 분석」, 한국여성정책연구원, 2019, pp.33-34.

246) 김은지 외, 「저출산 대응정책 패러다임 전환 연구 (I): 청년 층의 젠더화된 생애전망과 정책정합도 분석」, 한국여성정책연구원, 2019, p.172.

247) 김은지 외, 「저출산 대응정책 패러다임 전환 연구 (I): 청년 층의 젠더화된 생애전망과 정책정합도 분석」, 한국여성정책연구원, 2019, pp.207-209.

인구 고령화의 문제

스페인과 한국에서 전쟁 이후 베이비 붐 시기가 도래했다가 최근에는 출산율이 세계에서 가장 낮은 수준으로 떨어졌으니 인구 고령화 문제가 대두된 것은 당연하다. 게다가 스페인과 한국은 의료 시스템도 발달했고 세계적인 장수국가이기도 하다. 물론 인구 고령화 문제는 산업화된 국가들이 대부분이 겪는 문제고 지금 당장의 상황을 놓고 보자면 스페인이나 우리나라의 상황이 다른 산업화된 국가들에 비해 특별히 심각한 것은 아니다. 유럽연합 국가 내에서 스페인의 고령화 수준은 평균 정도이며, 우리나라는 스페인보다 아직은 인구가 젊다.

2019년 현재 65세 이상 인구 비율이 가장 높은 나라는 일본(28%), 이탈리아(24%)다. 스페인의 65세 이상 인구는 905만 7천 명으로 전체 인구의 19.3%를 차지하고 있고, 한국의 65세 이상 인구는 768만 5천 명으로 전체 인구의 14.9%에 이르고 있다.[248] 문제는 스페인과 한국의 고령화 추세가 매우 빠르다는 것이다. 특히 한국의 고령화 속도는 매우 빨라서 2025년이 되면 인구의 20.3%, 2045년이 되면 37%로 일본을 넘어 노령 인구의 비중이 세계에서 가장 높은 국가가 될 것으로 전망되고 있다. 2067년에는 한국의 고령화 인구는 46.5%나 될 것으로 예상되는데,[249] 이에 비해 2068년 스페인의 고령화 인구는 29.4%에 이를 것으로 전망되고 있다.[250]

---

248) "Un perfil de las personas mayores en España, 2020", Informes. Envejecimiento en red, CSIC y CCHS Núm. 25, marzo 2020, p.5. 「2019 고령자 통계」, 통계청, 2019.9.

249) 「2019 고령자 통계」, 통계청, 2019.9, p.2.

250) Instituo Nacional de Estadística. "Indicadores de Crecimiento y Estructura de la Población.

현재는 스페인의 노령 인구 비중이 우리나라보다 높지만, 향후 10년 정도 안에 역전될 것으로 보는 이유는 스페인의 50대 인구비중이 우리나라보다 높지 않고, 또한 스페인이 많은 수의 이민자를 받고 있기 때문이다. 실제로 스페인에는 중앙아메리카, 북아프리카, 동유럽에서 많은 수의 젊은 이민자가 유입되고 있다. 2019년 스페인에 도착한 이민자의 평균 나이는 30.4세로 스페인인들의 평균 연령인 43.4세보다 훨씬 낮았다.[251] 북유럽에서 오는 이민자들이 주로 은퇴한 고령자인 것을 감안하면, 다른 지역 출신 이민자들의 평균 연령은 매우 낮다고 볼 수 있다. 이들은 스페인 사람들보다 더 출산율이 높기 때문에 인구의 노령화를 늦추는 데 큰 역할을 하고 있다. 스페인이 다른 유럽 국가에 비해 이민자들에게 관대한 인식을 보이는 것에는 이러한 배경이 있다. 그런데도 스페인 사람들의 낮은 출산율 때문에 스페인의 인구 노령화는 다른 유럽 국가보다 빠른 편이고, 언론에는 이를 우려하는 기사나 칼럼이 자주 실리고 있다. 이런 기사들이 가장 우려하는 것은 은퇴한 노년층이 많아지고 일하는 젊은 층이 줄어들게 되면 연금 시스템을 정상적으로 운용할 수 있을 것인가 하는 점이다. 스페인은 이미 경제위기를 겪으면서 연금 개혁을 단행했기 때문에 연금을 받는 나이가 65세에서 67세로 단계적으로 상향 조정 중에 있고, 사회 보장세 불입 기간도 늘어났다.

스페인의 인구 고령화는 도시보다 농촌 지역에서 심각한 것으로 나타나고 있다. 큰 도시가 없는 아스투리아스, 갈리시아, 카스티야

Indice de Envejecimiento por año."

251) "Así envejece España: 10 años más de media de edad en 4 décadas", El confidencial, 2019.6.25.

이 레온 지방이 가장 고령화가 진전된 것으로 조사되고 있다.[252] 일자리는 도시에 많기 때문에 젊은 층이나 이민자들이 도시에 집중되는 것은 당연한 현상이다. 우리나라에서도 도시보다 농촌의 고령화 현상이 훨씬 심각하다. 물론 스페인의 저출산과 인구 고령화 문제도 미완의 숙제지만, 다양한 가족 형태의 인정, 연금 개혁, 이민자 유입 등으로 이 문제를 풀어가려는 스페인의 노력은 한국에게도 많은 시사점을 주고 있다.

---

252) "Un perfil de las personas mayores en España, 2020", Informes. Envejecimiento en red, CSIC y CCHS Núm. 25, marzo 2020, p.11.

3
개인주의 사회

　스페인 사람들이 다른 유럽 사람들과 구별되는 점은 가족, 친구, 이웃들과 가까이 지내며 많은 시간을 함께 보낸다는 것이다. 바(bar), 집담회(tertulia), 축제(fiesta), 카니발 등은 스페인의 사회 분위기를 상징하는 말이다. 스페인사람들 하면 떠오르는 이미지는 끼리끼리 모여서 왁자지껄 떠들며 술이나 음식을 먹는 것이다.

　하지만 최근에는 스페인에도 혼자 식사를 하거나 음료를 마시는 사람들이 눈에 띄게 늘었다. 젊은이들 중에서도 친구들과 대화하기보다는 이어폰을 끼고서 혼자 걸어가는 사람이 많아졌다. 우리나라에서도 최근 '혼밥'이라고 해서 혼자 식사하는 사람이 많아지자 1인 전용석을 설치한 식당이 생기고 있는데, 스페인과 유사한 사회 현상이라고 할 수 있겠다. 이렇게 앞서 본 것처럼 대가족이 해체되고 가족의 중요성이 약화되면서 어울려 살아가는 스페인식 삶의 방식이 조금씩 바뀌고 있다.

　이처럼 스페인 사회에서 개인주의의 확산은 두드러진 변화이고 학자들이나 언론들은 개인주의 또는 개인화(individualización)라고 부르며 이 현상을 집중 조명하고 있다. 학자들은 개인화가 범유럽적인 트렌드이며 가족적 연대의 약화와 불가분의 관계가 있는 것으로 보고 있다.[253] 20세기까지만 해도 가족적 연대가 유럽의 다른 나라와 구별되는 스페인의 특성으로 여겨졌기 때문에, 최근의 개인화는 스페인 사회의 큰 변화로 느껴질 수밖에 없다.

물론 이러한 개인화에도 불구하고 스페인 사람들은 북유럽인들에 비해서는 아직도 가족적 유대감이 남아있는 것으로 설문 조사에서 드러나고 있다. 스페인의 젊은 세대는 부모님으로부터 분가(分家)한 후 부모님 집으로부터 반경 5㎞ 이내에 사는 사람이 69%에 이르렀다. 이에 비해 스칸디나비아반도 국가나 프랑스의 젊은이들은 40% 정도가 부모님 집 가까운 곳에 살고 있는 것으로 나타났다.[254]

그렇지만 이제 스페인의 젊은 세대도, 미국만큼은 아니지만, 스무 살이 되어 대학에 진학할 무렵이면 집을 떠나 혼자 사는 경우가 많다. 대학 기숙사는 비싸기 때문에 부모가 지원해주는 학생들만 지낼 수 있고, 대부분 학생은 다른 학생들과 아파트를 공동 사용하는 형식으로 거주하며 학교에 다닌다. 하지만 집에서 다닐 수 있는 학교에 진학한다면 집에서 다니는 학생도 상당수에 이른다. 그런 가정에서는 비록 도시일지라도 3대가 함께 사는 경우도 있다. 대부분 자녀들은 따로 살고 싶어 하지만 경제적 자립이 안 되기 때문이다.

253) Gerardo Meil, "Individualización y sus consecuencias en una sociedad envejecida". Universidad Autónoma de Madrid, 2015. https://www.imserso.es/interpresent3/groups/imserso/documents/binario/001seminario_gmail.pdf.

254) Gerardo Meil, "Individualización y solidaridad familiar", Colección de Estudios Sociales "la Caixa", Resumen del volumen 32.
https://fundacionlacaixa.org/documents/10280/240906/vol32_resum_es.pdf/1b9cb335-0220-4ba1-b67c-18b4792ede08

우리나라에 만연한 직업에 대한 귀천 의식은 스페인에선 그다지 두드러지지 않는다. 그래서 같은 대학에서 오래 근무한 교수와 수위가 친구로 지내는 경우도 많다. 물론 직종에 따른 월급의 차이도 우리나라만큼 크지 않다. 스페인의 젊은이들은 어떤 직업이든 안정된 직장을 갖는 것이 중요하다고 생각하며, 대학을 다니다가도 그런 직장에 취업하면 학교를 그만두는 경우가 허다하다.

같이 사는 경우가 아니라면 자식이 스무 살이 넘었는데도 부모가 자식의 생활비까지 대주는 경우는 매우 드물다. 다행히 스페인의 대학 등록금은 비교적 싸기 때문에 — 1년에 100~200만 원 정도 — 학생들은 파트타임 직업을 구해서 생활비를 충당하는 경우가 많다. 스페인의 대학은 오후 늦게나 야간에 강의를 개설하는 경우도 많은데 오후 4시부터 시작하는 오후수업은 오전에 일하는 학생들을 위한 것이다. 또한, 식당이나 바에서 일하는 학생들은 오후와 밤에 일하고 오전에 수업을 듣게 된다. 이런 형태의 생활 패턴은 스페인의 근로 시간이 짧기 때문에 가능한 것이기도 하다. 대학을 졸업하고 동거를 하거나 결혼한다고 할지라도, 부모가 집세를 대주는 경우는 매우 드물다. 그렇기 때문에 집세와 생활비가 없어 결혼을 못 하는 경우도 허다하다.

이에 비해 한국은 대학교 진학할 즈음에도 집에서 다니는 학생들이 상당히 많은 편이다. 지방에서 서울의 대학으로 진학한 경우가 아니라면 대부분 집에서 통학하게 된다. 물론 이렇게 하는 것이 생활비를 절약할 수 있는 길이기 때문이기도 하다. 고향을 떠나 대도시 대학에 진학한 학생들도 대부분 생활비를 부모로부터 송금받는다. 자신이 아르바이트해서 충당하기도 하지만 경제적으로 100% 독립하여 사는 경우는 매우 드물다. 한국의 부모들은 적어도 자식이 취업할 때까지 뒤를 봐주어야 함을 당연하게 여긴다.

거주의 독립 외에 가정과 심리적으로 독립한 사람을 의미하는 개인주의는 아직까지 우리나라에서 스페인만큼 발달하지 못한 것 같다. 스페인에서는 부모가 대학 등록금은 몰라도 자식이 결혼할 때 집을 장만해주는 일은 아주 부잣집이 아니라면 거의 일어나지 않는다. 하지만 우리나라에서는 아직도 부모들이 자식의 결혼에 간섭하고 신혼 때 살 집까지 마련해주는 경우가 많다. 이렇게 거주 형태로만 본다면 부모와 따로 사는 자식들이 많아 개인주의가 확산되었다고 볼 수 있지만, 결혼하기 전까지 경제적으로 의존하는 경향이 많기 때문에 온전한 의미의 독립이라고 보기 어렵다.

우리나라에서도 적어도 외형적으로 보자면 대가족이 해체되고 개인주의가 확산되고 있지만, 우리나라 사람들이 심리적으로 개인주의적인가 하면 별로 그렇지 않은 듯하다. 예를 들자면 우리나라 사람들은 사회적 이슈에 관심이 많고 남의 이목에 지나치게 신경을 쓰는 등 여전히 집단주의적인 성향을 보인다. 물론 젊은 세대는 점점 개성을 중시하는 경향이 두드러지지만 서양 젊은이들만큼 사고가 독립적이고 개인적이진 않다.

스페인 역시 가족 중심 문화의 유산이 남아있어 유럽의 다른 나라에 비해선 아직까지 극단적인 개인주의적 문화가 지배하고 있다고 보긴 어렵다. 사람들은 국가적인 이슈, 지역적인 이슈에 관심이 많고 가족은 물론 이웃과도 가깝게 지내는 편이다. 하지만 각자의 가치관이나 개성은 뚜렷한 편이어서 소박한 즐거움을 낙으로 삼고 지내는 경우가 많다.

1인 가구의 급증

대가족의 해체로 3대가 같이 사는 가족은 보기가 어려워졌고, 부모와 1, 2명의 자녀가 같이 사는 가족 형태가 한국과 스페인 모두에서 일반적인 것이 되었다. 그러다 이제는 부모와 자녀로 구성된 핵가족도 점점 줄어들고 있고 1인 가족이나 2인 가족이 가장 많은 비중을 차지하게 되었다. 2017년 스페인의 가족 평균 규모는 2.49명이고 2인 가족이 전체의 30.4%를 차지하여 가장 흔한 가족 형태였다.[255] 5명 이상의 가족은 전체의 5.7%를 차지했다. 이에 비해 한국은 1인 가구가 2인 가구를 추월하여 가장 지배적인 가구 형태가 되었다.

	스페인(2017)	한국(2018)
1인 가구	25.4%	29.3%
2인 가구	30.4%	27.3%
3인 가구	20.9%	21.0%
4인 가구	17.6%	17.0%
5인 이상 가구	5.7%	5.4%

자료: 통계청, 「2018 인구주택총조사」 INE, "Encuesta Continua de Hogares" 2018.4.12.

스페인의 경우 2017년 전체 가구의 25.4%가 1인 가구를 형성하는 것으로 집계되었고, 우리나라는 이보다 더 높은 29.3%를 차지하고 있다. 스페인의 1인 가구 비율은 조금씩 상승하고 있는 반면, 우리나라의 1인 가구 비율은 급격하게 상승하고 있다. 2000년만 해도 15.5%에 불과했던 1인 가구 비율은 2010년엔 23.9%로 올라섰고,[256]

---

255) INE, "Encuesta Continua de Hogares", 2018.4.12.
   https://www.ine.es/prensa/ech_2017.pdf
256) 통계청, 「2018 인구주택총조사」.

2020년에는 전체 가구 중 30%를 넘어선 것으로 집계되고 있다.[257]

그래도 아직 양 국가의 1인 가구 비율은 북유럽 수준은 아니다. 핀란드, 노르웨이, 덴마크, 독일 등에서는 전체 가구의 37% 이상이 1인 가구이고, 전체 인구의 17% 이상이 혼자 살고 있다. 1인 가구의 비율로 볼 때 스페인은 아직 유럽에서는 하위권이다. 게다가 1인 가구의 41.8%를 65세 이상이 차지하고 있다. 오히려 북유럽에서는 전체 1인 가구에서 65세 이상이 차지하는 비율이 스페인, 이탈리아, 포르투갈, 그리스 등 남유럽보다 낮은 편이다.[258] 스페인에서 1인 가구의 비율이 아직 북유럽보다 높지 않은 것은 아직 가족의 해체가 덜 진행된 이유도 있고, 젊은 세대가 경제력이 없어 결혼하기 전까지 부모와 함께 머무는 경우가 많기 때문인 것으로 풀이된다. 스페인에 비해 청년 실업율이 낮은 우리나라에선 경제력을 갖춘 젊은 층이 늘어나면서 1인 가구가 점점 증가할 것으로 보인다.

1인 가구가 늘어나게 된 것은 결혼과 가족에 대한 가치관의 변화, 그리고 고령 인구의 증가를 이유로 들 수 있다. 한국과 스페인 모두 30, 40대에서는 남성 1인 가구가 많지만, 65세 이상의 노인 인구에서는 여성 1인 가구가 훨씬 많아지는 양상을 보인다. 30, 40대에서는 비혼(非婚)이나 만혼(晚婚), 이혼 인구가 많은데, 그나마 남자들이 독립하여 살 수 있는 경제력이 있기 때문으로 보인다. 반면 65세 이상에서는 남녀의 수명 차이로 인해 남편과 사별하고 혼자 사는 여성이 많은 것으로 풀이된다. 스페인과 한국 사회에서 수천 년을 이어 온 가족 중심의 삶의 양식이 최근 들어 급격한 변화를 겪고 있다고 볼 수 있다.

---

257) KB 경영연구소, 「2020 한국 1인 가구 보고서」, 2020.

258) Cristina López Villanueva e Isabel Pujadas Rubies, "Vivir solo en España. Evolución y características de los hogares unipersonales en la vejez", *Panorama Social*, 28, 2018, p.95.

4

스페인과 한국의 성 역할(gender)

전통적 젠더 모델

스페인의 전통적인 남성 젠더 모델은 마초(macho)다. 마초라는 말은 남자를 일컫는 라틴어 masculus에서 온 말로서 포르투갈어권과 스페인어 문화권에서 용감하고, 신체적으로 강인하고, 리더십이 있는 사람을 지칭한다. 이러한 모델을 스페인과 포르투갈에서 이상적인 남성상으로 인식하게 된 이유로는 우선 이베리아반도에서 끊이지 않았던 전쟁을 들 수 있다. 앞 장에서 설명했듯 이베리아반도의 역사는 전쟁으로 점철되어 있었기 때문에 전사(戰士)로서의 남성이 대우를 받았으리라 짐작할 수 있다. 또 다른 이유로는 스페인과 포르투갈의 아메리카 식민지배를 들 수 있다. 매우 적은 수로 아메리카 대륙의 수많은 원주민을 제압해야 했던 이베리아반도의 식민자들은 자신의 힘을 과시해야 했고, 때로는 잔혹한 폭력을 동원하여 원주민을 다뤘다. 마초라는 말이 이베리아반도에서보다 아메리카 식민지에서 더 널리 쓰였다는 사실은 마초와 아메리카 식민 경험의 유관성을 말해준다. 실제로 멕시코에서 남성과 마초는 거의 동의어로 쓰이는 인류학적 카테고리다.[259]

하지만 마초라는 말이 부정적인 의미로만 쓰였던 것은 아니다. 한편으로는 신사다움, 명예, 권위, 책임감 등을 의미하는 긍정적인 의미도 가지고 있었다. 스페인에서는 유명 배우 하비에르 바르뎀(Javier Bardem)이 데뷔 초기에 '이베리안 마초'라고 불렸다. 그는 <룰루의 시대 Las edades de Lulú>(1990), <하몽 하몽 Jamón, Jamón>(1992), <황금의 불알 Huevos de oro>(1993)에서 건장한 몸을 밑천으로 한 몫 챙기려고 허세 부리는 인물로 등장하여 강렬한 인상을 남겼다. 이 영화들에는 하몽, 투우, 안달루시아 등 스페인적 이미지가 많기 때문에 그는 '이베리안 마초'라고 불리게 되었던 것이다. 이렇듯 스페인에서 마초의 이미지는, 비록 바람직하다고 할 수는 없지만 사람들 사이에서 인기 있는 캐릭터로서 작용해 왔다고 할 수 있다.

스페인에서 남성의 전통적인 젠더 모델이 마초였다면, 여성의 전통적인 모델은 성모 마리아다. 스페인이 오랫동안 가톨릭 구교의 보루 역할을 해왔다는 점을 감안하면 예수의 어머니로서 숭배받는 인물인 마리아를 여성의 이상적 모델로 보는 것은 자연스럽다. 성모 마리아가 상징하는 것은 여성적 자애로움, 희생과 성적인 순결성이다. 그렇기에 자애롭지 않고 성적인 순결성이 없는 여성은 창녀로 여겨지게 되었고 여성을 '성녀(聖女)가 아니면 창녀(娼女)'로 보는 이분법적 시각이 공식적인 담론을 지배하게 되었다.

---

259) Mattew C. Gutmann, *The Meaning of Macho: Being a Man in Mexico City*, Berkerley: U of California Press, 1996, p.21.

성모 마리아를 이상적인 여성 성역할 모델로 보는 마리아니스모 (marianismo)가 널리 파급된 곳은 콜럼버스의 도착 이후 스페인인들이 정복 사업에 나선 라틴아메리카였다. 폭력이 난무하던 초기 정복 시대에 거친 남성성이 우세종이 되면서 자연스럽게 여성은 순종적이고 희생적인 역할을 부여받았다. 그리고 이러한 성역할은 근대시기에 이르기까지 라틴아메리카에서 절대적인 관념으로서 받아들여지게 된다. 스페인은 라틴아메리카보다는 상대적으로 여성의 지위가 높았는데 근대에 접어들면서 유럽의 영향을 받게 되었기 때문이다. 특히 제2공화국 때 여성 인권은 괄목할만한 신장을 이루었고 1931년에는 여성에게 투표권이 부여되었는데, 프랑스(1944년), 이탈리아(1945년)보다 십 년 이상 빠른 것이었다.

그러나 국가가톨릭주의(nacionalcatolicismo)를 주창한 프랑코 정권시대에 스페인 여성의 권리는 퇴보하게 된다. 이 시기 동안 여성에게 주어진 공간은 교회와 가정뿐이었다. 가부장적 법령에 의해서 여성은 판검사, 변호사 등 법적인 직업을 가질 수 없었고(1966년까지), 남편의 허가 없이 은행 계좌를 열거나 장기 여행을 떠날 수 없었다. 25세 미만의 미혼 여성은 부모와 별거할 수도 없었다. 1960년대가 되어 스페인이 유럽에 문호를 개방한 시기가 되어서야 여성의 정치적 권리가 말해지기 시작했고, 여성이 공직에 진출할 수 있게 되었다.[260] 1960년대 스페인 여성의 사회 참여율은 20%대에 불과하여 유럽 국가 중에서 포르투갈과 함께 최하위를 기록했는데,[261] 프랑코

---

260) Pedro M. Muñoz y Marcelino C. Marcos, *España: Ayer y hoy*, Pearson Education: NJ, 2004, p.296.

261) Paula Rodríguez-Moreno et al. "Female labor force participation, inequality and household well-being in the Second Globalization. The Spanish Case", *History & Economic Institutions*, June 2016. p.5

정권의 극단적인 남녀 차별 정책에 견주어보면 당연한 결과였다.

오늘날의 성 역할

스페인이 민주화되고 나서 가장 극적으로 변화한 분야가 바로 남녀의 성 역할이다. 제2공화국 시기에 신장되었던 여성 인권을 프랑코 정권이 뒤로 되돌린 것이었기에 민주화가 되자 이혼법, 민간 결혼 허용 등 법적인 개정이 급속하게 진행되었다. 1980년대 말이 되자 대학 재학생 중 여성의 비율이 남성을 앞지르게 되었고 현재까지 그런 경향이 유지되고 있다. 우리나라에서 2005년이 되어서야 여학생의 진학률이 남학생보다 높아진 것을 고려하면,[262] 스페인은 상당히 빠르다고 할 수 있다. 또한, 여성의 경제 활동 참여율도 급격하게 높아져 북유럽만큼은 아니지만 상당히 높은 수준을 유지하고 있다. 여성의 경제 활동 참여율은 각국 전체 실업률에 따라 상당한 차이를 보이기에 남성의 참여율과 대비해서 보아야 하는데, 2005년을 기점으로 스페인 여성의 남성 대비 경제 참여율은 우리나라보다 높아져서 현재는 80%대에 이르고 있다.

이렇게 경제 참여율이 높으니 회사의 중견 간부나 임원을 맡는 여성도 늘어나고 있다. *Women in Business*에서 조사한 바에 따르면, 스페인 회사의 중견 간부 중에서 여성의 비율은 34%를 기록하여 독일(30%), 미국(28%), 프랑스(28%)보다 높았다. 특히 종업원 50명 이

(HYPERLINK "http//www.upo.es/serv/bib/wphaei/haei1602.pdf"http://www.upo.es/serv/bib/wphaei/haei1602.pdf

262) 교육부·한국교육개발원, 「교육통계연보」, 2005.

상의 기업의 CEO 중에서 여성의 비율은 25%에 이르러 유럽에서 가장 높은 비율을 기록했다.263) 이에 비해 우리나라에선 2019년 여성가족부가 발표한 바에 따르면 상장 법인 2072개 중에서 여성 임원이 1명 이상 있는 기업은 32.1%에 불과했으며, 여성 임원의 비율은 4.0%에 불과했다.264) 물론 이러한 수치도 빠르게 증가하고 있는 중이긴 하지만 스페인에 비해서 한참 뒤떨어져 있는 것이 사실이다.

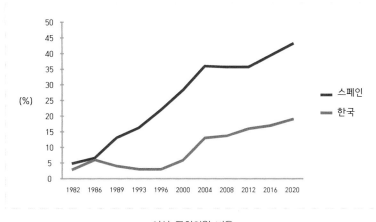

여성 국회의원 비율

2010년대에 접어들어서도 스페인 여성의 사회 참여율이 우리나라 여성보다 활발하다는 것은 여러 지표로 나타난다. 가장 대표적인 것이 여성 국회의원 비율이다. 2003년 스페인 하원 350석 중 126석 (28%)을 여성 의원이 차지했는데, 2019년 선거에서는 151명의 여성

263) "El número de mujeres directivas crece en España 4 puntos y llega al 34%, la cifra más alta en 16 años", *La Vanguardia*, 2020.4.3.

264) 여성가족부, 「보도자료. 2019년 1분기 기준 여성 임원 4%, 여성 사외이사 3.1%」, 2019.10.16.

의원이 당선되어 전체 하원 의석의 43.1%를 여성이 차지하게 되었다. 이 비율은 유럽에서 스웨덴(47.2%), 핀란드(47%)에 이어 세 번째로 높은 수치다. 아래의 그림에서 보듯 우리나라는 아직 여성 의원의 비중이 20%를 넘지 못하고 있다.

정부를 구성하는 내각의 장관 또한 한국과 스페인은 많은 차이가 난다. 우리나라의 문재인 정부는 내각의 30%를 여성 장관으로 채우는 것을 공약으로 정했었고 임기 중반에 이르러서야 이 목표를 달성한 바 있다. 하지만 스페인에서는 성평등을 공약으로 내건 2004년 사회노동당의 사파테로 1기 행정부에서부터 여성 각료가 이미 전체 내각의 절반을 차지하기 시작했고, 2008년 사파테로 2기 행정부에서는 여성 장관이 남성 장관을 넘어섰다. 특히 국방 장관에 37세의 여성이 임명되어 스페인은 물론 세계를 놀라게 했다. 그가 임신한 몸으로 군대를 사열하는 모습은 젠더 면에서 스페인의 성평등을 상징하는 사진으로 전 세계 언론을 통해 퍼져나갔다. 2018년 사회노동당 수상의 1기 행정부에선 16명의 장관 중 11명의 여성 장관이 임명되어 스페인이 세계에서 가장 여성 장관 비율이 높은 나라가 되었다.
유럽연합은 회원국의 성평등 지수를 조사하여 매년 발표하고 있다. 2019년 조사에서 유럽연합 평균은 67.4점이었고 스페인은 70.1점을 받아 28개 회원국 중에서 9위를 차지했다. 건강, 보건 면에서는 좋은 점수를 받았으나 아직도 요리 등 집안일에 있어서는 여성이 남성보다 두 배의 시간을 쓰는 것으로 나타나 평가가 좋지 않았다.[265] 스웨덴(83.6), 덴마크(77.5), 프랑스(74.6), 핀란드(73.4) 등 북유럽 국

265) https://eige.europa.eu/gender-equality-index/2019/ES

가에 비해선 낮았지만, 동유럽이나 남유럽 국가 중에선 스페인이 가장 높은 성평등 지수를 기록한 나라였다.

불과 50년 전만 해도 유럽에서 가장 불평등한 성역할의 국가였던 스페인이 민주화를 시대를 거치며 매우 급속하게 성역할의 평등을 이룬 반면, 우리나라에서 성역할의 변화는 훨씬 서서히 진행되어 왔다. 성역할은 문화권의 전통과 밀접한 관련이 있는 만큼, 성역할의 측면에서 전향적인 국가들이 포진해 있는 유럽에 속해있는 스페인이 보수적인 성역할 문화가 지배적인 아시아에 속해있는 한국에 비해 유리한 위치에 있었다고 볼 수 있다.

최근의 페미니즘 운동

유럽에 속해 있으면서도 전통적으로 가부장적 문화가 강했던 스페인에서는 페미니즘 운동의 물결이 여러 번 있어왔다. 최초로 조직적인 페미니즘 운동이 일어났던 때는 왕정을 허물고 건설된 제2공화국(1931-1936) 시기였다. 사회에 대한 전면적인 개혁이 일어났던 이 시기에 페미니즘 운동이 일어난 것은 당연한 것이었다. 1931년 여성 참정권이 인정되었고, 1936년에는 '자유 여성(Mujeres libres)'이라는 아나키즘 여성 단체가 창설되어 정기 간행물을 발간하는 등 활발하게 활동하였다. 내전이 일어나자 이 단체의 여성들은 프랑코 반란군에 대항하여 총을 들고 전투에 참여하기도 했다.

시대착오적인 보수적 성 역할론을 강요했던 프랑코 정권은 제2공화국 시기에 이루어진 많은 성평등적 성과들을 원점으로 돌려놓았다. 하지만 프랑코 말기인 1970년대에 이르러 세계적인 페미니즘 운동의 영향으로 스페인에서도 미온적이나마 여성 인권 운동이 일어난다. 이때의 이슈는 양성평등보다는 가정 폭력 등 여성에 대한 성적 학대와 성매매 등에 대한 문제 제기에 한정됐다. 프랑코가 사망하자 여성들은 거리로 나오기 시작했고, 민주화 시위와 함께 여성 인권을 외치는 여성들의 시위가 벌어졌다.

2000년대에 접어들어 스페인의 여성 운동은 보다 조직화되었고 가시적 성과를 거두기 시작했다. 사회 각 분야에 여성의 진출이 활발해졌고 그런 분야에서 성적 평등은 괄목한 만한 것이었다. 또한, 법령의 개정도 이루어져 2009년, 임신 14주 내에 있는 16세 이상의 여성들은 자신들의 의사에 의해 합법적으로 낙태할 수 있게 되었다. 산모의 건강에 영향이 있다면 22주 내에서도 가능하게 되었다. 현재 스페인 내에서 다른 여성의 자궁을 빌려서 출산하는 대리모가 성행하는 것으로 알려져 있는데, 이에 대해 여성 단체에서는 대리모를 금지하는 법안을 제정할 것을 주장하고 있다. 또한, 법적으로 규제받지 않는 성매매에 대해서도 단속하여 처벌할 것을 요구하고 있다. 현재 스페인에서는 공공장소나 거리에서 성매매가 이루어지는 경우 보건 행정법에 의해 처벌받지만, 거의 단속이 되지 않고 있는 실정이다.

최근 몇 년 전부터 3월 8일 세계 여성의 날에는 마드리드, 바르셀로나 등 스페인 대도시에서 여성들의 거리 시위가 벌어지고 있다. 2020년에는 코로나-19 확산 우려에도 불구하고 그 동안 시위 중에서 가장 많은 인파가 몰렸으며, 마드리드에 37만 명, 바르셀로나에 20만 명, 다른 도시에 5만 명 정도가 모인 것으로 추산되고 있다.[266] 이 시위에는 현 행정부의 수반인 사회노동당 페드로 산체스 수상의

---

266) Pilar Alvarez, "Claves del huracán feminista español", *El País*, 2019.3.10.

부인도 참여하였다. 이들은 성적 자유와 여성의 안전 그리고 직장
내 성차별 금지를 부르짖었다. 2020년 시위에 특별히 많은 여성 군
중이 몰려든 이유는 그 시기 스페인 여러 지역에서 일어난 집단 성
범죄와 폭력 사건에 여성들이 분노했기 때문이다. 스페인에서 이러
한 범죄는 오히려 증가세를 보이고 있으며 특히 어린 청소년들에 의
한 범죄도 자주 일어나고 있다. 또한, 반페미니즘 정당처럼 보이는
극우 정당 Vox의 출현과 약진도 여성들을 사극한 것으로 보인다.

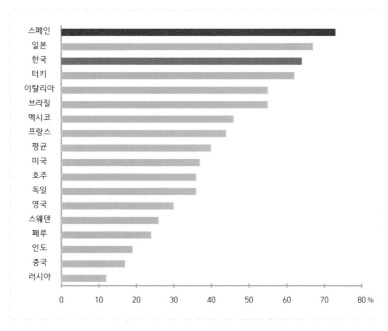

자신의 국가에서 성차별이 존재한다고 생각하는 여성의 비율
(¿Es España el país más feminista del mundo?, *El confidencial*. 2019.3.8.)

현재 한국과 스페인은 지구상에서 페미니즘 운동의 물결이 가장 거세게 일고 있는 국가이다. 위의 표에서 보듯 한국과 스페인 여성의 높은 비율이 사회에서 성차별이 존재한다고 믿고 있다. 그렇기 때문에 양성평등을 위한 다양한 논의가 나오고 있다. 다른 점이 있다면 우리나라에선 성별에 따라 페미니즘에 대한 태도가 다르다는 점이다. 한국 남성 중 여성의 조직화된 움직임으로서의 페미니즘에 부정적인 인식을 가진 사람이 상당히 많은 것으로 조사되고 있다. 특히 20, 30대 남성 사이에서는 50% 이상이 페미니즘 운동에 부정적인 시각을 가지고 있고, 전 연령대에서 페미니즘 운동에 동의하는 남성의 비율은 20%대에 머물러 있다.[267] 한국에 비해 스페인 남성들은 페미니즘에 동의하는 비율이 훨씬 높다. *El País*의 조사에 의하면 스페인에서 20대 여성의 64.5%가 페미니즘에 동의하는 입장을 취했으며, 20대 남성 역시 45.9%가 동의하는 입장이라고 응답했다. 연령대가 높아지면서 페미니즘에 동의하는 비율이 낮아지다가 55세에서 64세 사이에서 여성의 54.6%, 남성의 37.9%가 페미니즘에 동의한다고 응답하여 다시 높아지는 양상을 보였다.[268] 아마도 이 연령대가 프랑코 말기에 초등교육을 받은 세대로서 보수적인 성 역할론에 대해 반감을 가지고 있는 것으로 풀이된다.

스페인과 한국의 젊은 남성 사이에서 페미니즘에 대한 인식 차이가 큰 것은 군복무와 관련 있어 보인다. 스페인에서는 2001년부터 의무 군복무 제도가 폐지되어 남성들만 군대에 간다는 피해의식이 없다. 이에 비해 한국의 젊은 남성들은 군복무에 대한 부정적인 인

---

267) 마경희 외, 「성불평등과 남성의 삶의 질에 관한 연구」, 한국여성정책 연구원, 2019. pp.82-84.

268) Pilar Alvarez, "Claves del huracán feminista español", *El País*, 2019,3,10.

식이 높고 이에 따라 남성만 군복무를 해야 하는 상황에 대한 불만
이 높다. 실제로 한국 남성의 59.7%, 특히 20대 남성의 72.2%가 남
성 징병제를 남성에 대한 차별이라고 생각하는 것으로 나타났다. 또
한, 군복무에 대한 부정적 인식이 높을수록 페미니즘에 대해서도 반
대하는 비율이 높았다.[269]

최근 스페인의 페미니즘 운동의 열기가 뜨겁다고 해도 사실 스페
인 페미니즘 운동의 역사는 제2공화국(1931-36) 시기까지 거슬러 올
라간다. 성역할의 평등 면에서 최근 스페인이 이룬 성취 역시 오랜
투쟁과 노력의 결과라 할 수 있다. 2020년 세계경제 포럼에서 조사
한 성역할 차이 지수(Gender Gap Index)에서 153개국 중 108위를
차지한 ―스페인은 8위― 우리나라는 지속적인 사회개혁이 필요해 보
인다.[270]

---

269) 마경희 외, 「성불평등과 남성의 삶의 질에 관한 연구」, 한국여성정책 연구원, 2019,
    pp.111-130.
270) http://www3.weforum.org/docs/WEF_GGGR_2020.pdf

5

이민자의 증가와 사회의 변화

이민자의 대규모 유입

스페인은 오랜 이민의 역사를 지닌 국가다. 이주 시기와 기원을 알 수 없지만 많은 수의 집시들이 이베리아 반도에 왔고, 이스라엘과 유다왕국의 멸망 후 디아스포라를 겪던 유대인들 또한 이베리아 반도에 정착하였다. 중세 시대에는 게르만족과 무슬림들이 무력을 앞세워 이베리아반도에 정주하기 위해 왔었다. 아메리카를 정복한 15세기 이후로는 상황이 역전되는데, 많은 수의 스페인 사람들이 아메리카 대륙으로 이주하여 새로운 삶을 개척하게 된다. 아메리카로 이주한 사람들 중에는 아메리카 무역의 중심지였던 안달루시아 출신이 많았으나 바스크인도 상당히 많았다. 19세기에 우루과이, 아르헨티나 등지에서 목축업이 발달하게 되자 이 분야에 숙달된 바스크 기술자들이 이민을 떠났던 것이다.

20세기에 접어들자 세계 각지에서 이민은 더욱 활발하게 일어난다. 지구상에서 산업과 경제의 불균등한 발달로 부와 일자리가 편중

되자 가난한 지역에서 일자리를 찾아 부유한 지역으로 떠나는 이민자가 비약적으로 늘어났다. 산업 발전이 이웃 국가들에 비해 늦었던 스페인과 한국은 20세기 접어들어 많은 이민자를 보냈다. 스페인은 1960년대부터 1970년대 중반까지 부유한 이웃 나라인 프랑스, 독일, 스위스로 2백만 명에 가까운 이민자를 송출했다.[271] 우리나라 역시 20세기 초 하와이 사탕수수 농장으로 노동자를 보내기 시작하면서 미국 이민이 시작되었고, 1960년대 말부터 다시 미국을 중심으로 유럽, 남미 등 전세계로 백만 명이 넘는 이민자들이 떠났다.

그러다 1990년대 이래로 스페인과 우리나라는 경제적으로 선진국 문턱에 다다르고 정치도 안정화되면서 이민자를 받아들이는 나라가 되었다. 스페인이 1999년 유로화를 도입함으로써 외국의 투자가 몰리고 경제가 활황을 맞이하자, 많은 이민자가 몰려들기 시작했다. 지역적으로 가까운 모로코, 동유럽 국가들, 그리고 언어적으로 불편함이 없는 라틴아메리카로부터 많은 사람이 스페인으로의 이민을 택했다. 또한, 독일, 영국과 북유럽 등 유럽 국가의 노년층 중에도 기후가 좋은 스페인으로의 이민을 택한 사람이 많았다. 이 덕분에 경제위기를 겪었던 2009년부터 2014년 사이에 줄어들었던 이민 인구는 경제위기 이후 다시 늘어나기 시작했다. 2020년 통계에 의하면 502만 명의 외국인이 스페인에 거주하고 있는 것으로 집계되고 있다.[272] 이에 더해 39만 명에서 47만 명 정도의 불법 이민자들이 체류하고 있는 것으로 추정되고 있으니,[273] 전 인구의 약 11~12%가

---

271) Ricardo Martín de la Guerra y Guillermo A. Pérez Sánchez, "La sociedad española durante el régimen de Franco", Javier Paredes ed. Historia contemporánea de España (siglo XX), Barcelona: Ariel, 1998.

272) Instituto Nacional de Estadística (INE), "Notas de prensa", 2020.1.8.
https://www.ine.es/prensa/cp_j2019_p.pdf

외국 이민자로 이루어진 셈이다. 1989년에 1%도 안 되는 외국 이민자가 있었던 것에 비하면 20년 만에 스페인은 큰 변화를 겪은 것이다. 순수한 스페인 태생의 인구는 이미 2010년대부터 줄어들기 시작했고, 이민자는 경제 상황에 따라 다소 변동은 있지만 계속 늘어나는 추세이기 때문에 전 인구에서 이민자가 차지하는 비중은 계속 증가할 것으로 보인다.

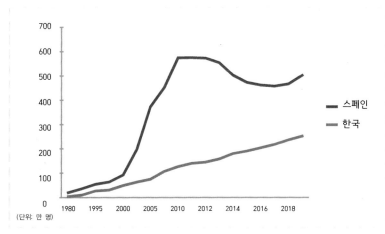

스페인: Instituto Nacional de Estadística, 한국: 법무부, 출입국 외국인 정책본부

한국과 스페인 내에 거주하는 외국인 수

우리나라도 1990년대 후반부터 본격적으로 국내 체류 외국인이 증가하기 시작했고, 2019년 252만 명에 이르러 스페인만큼은 아니지만 빠르게 증가하고 있다. 국내에 체류하는 외국인 중에서 40%가 이른바 '조선족'으로 불리는 한국계 중국인이고, 11.5%가 베트남,

---

273) Angel Villarino, "Casi el 80% de los 'sinpapeles' llegan ya de América y menos de un 10% proceden de África", *El Confidencial*, 2020.6.25.

10.5%가 중국 출신이다. 이민자의 절반을 차지하는 중국계 한국인이나 중국인들은 외모가 한국인과 구별이 되지 않기 때문에 상당수의 한국인은 이민자가 이렇게 많다는 사실을 잘 알지 못한다. 한국에 온 이민자들은 광·제조업, 도소매·음식·숙박업 등에 종사하는 사람이 가장 많다.[274) 15세 이상의 이민자 중 월평균 소득이 200~300만 원이 가장 많고(35%), 소득 없음(22.2%), 100~200만 원 미만(21.8%) 순으로 많다.[275)

이민자와 사회 통합

스페인, 한국과 같이 저출산과 인구 고령화의 경향이 뚜렷한 국가에서 노동 인구로서 유입되는 비교적 젊은 연령의 이민자들은 국가의 경제에 도움이 된다. 하지만 이민자의 정착과 사회 통합에 소요되는 비용 또한 적지 않다. 예를 들어 이민자의 유입이 국가 전체로는 이득이 될 수 있지만, 직업 시장에서 경쟁해야 하는 층에서는 이민자에 대한 반감이 형성되기 쉽다. 또한, 단일민족의 신화에 대한 집착이 큰 보수층에서는 피부색이 다른 이민자들을 같은 국민으로서 동등하게 대우하기 쉽지 않다. 실제로 최근 내국인과 이민자의 통합이 중요한 이슈로 부각되고 있다.

스페인은 유럽 국가 중에서 비교적 이민자에 대한 인식이 좋은 편이다. 이것은 역사적으로 이베리아반도에서 여러 민족이 공존해온 스페인의 문화적 전통 때문인 것으로 보인다. 2018년 유럽 각국 국

---

274) 통계청·법무부, 「2019 이민자 체류실태 및 고용조사」, 2018.12.19. p.6.
275) 통계청·법무부, 「2019 이민자 체류실태 및 고용조사」, 2018.12.19. p.38.

민을 대상으로 한 이민자 관련 설문 조사에서 이민 통합 정책이 지역 혹은 국가에 성공적이라고 대답한 스페인 사람은 73%로서, 유럽연합 평균인 54%를 훨씬 상회하고 있다.[276] 이민자의 사회적 영향에 대해서도 26%가 매우 긍정적, 37%가 긍정적이라고 답했고, 부정적이라고 답한 사람은 14%에 불과했다.[277] 한국의 경우 외국인 및 이민자가 한국 사회에 미치는 전반적 영향에 대하여 아래의 그림에서 보듯 긍정적 평가가 부정적 평가를 조금 앞서고 있지만, 절반 이상의 사람들은 보통이라고 대답하며 큰 관심을 보이지 않고 있다. 스페인은 우리보다 훨씬 많은 이민자가 있음에도 우리나라보다 이민자에 대한 긍정적 인식을 갖고 있는 점은 놀랍다. 앞으로 우리나라의 이민자가 늘어나서 스페인 정도가 되었을 때, 이민자에 대한 인식이 더 나빠지지 않을지 우려된다.

우리나라에서 젊은 농촌 여성 인구가 줄어들어 농촌 남성들이 결혼하기가 어렵게 되자 베트남, 필리핀 등 동남아시아 여성과 결혼하여 많은 다문화 가정이 만들어졌듯이, 스페인에서도 같은 현상이 나타나고 있다. 스페인 농촌 남성들이 주로 라틴아메리카 출신 여성들과 중매 프로그램을 통해 결혼하고 있다. 이 경우 언어적 장벽이 없다는 점에서 우리나라의 다문화 커플에 비해 소통이 훨씬 수월하다. 하지만 문화적 장벽은 여전히 해결해야 할 큰 숙제로 다가온다.

---

276) European Commission, Integration of Inmigrants in the European Union, April 2018, p.62.
277) European Commission, Integration of Inmigrants in the European Union April 2018, p.72.

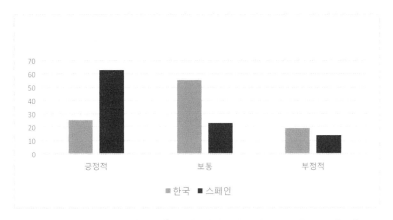

자료: 이규용, 김혜순, 송영훈, 최서리, 「한국사회의 이민과 통합 연구」, 한국노동연구원, 2018, pp.69, 114.

이민자의 사회적 영향에 대한 인식

이주자가 폭발적으로 증가한 스페인 사회를 반영하듯 최근 스페인 영화에는 이주자들이 자주 등장하고, 이주자 문제를 정면으로 다룬 영화도 아주 많다. 이 작품들은 스페인 사회에서 겪는 이주민들의 애환과 적응을 이야기한다. 그런 작품 중에서 이시아르 보야인 (Icíar Bollaín) 감독이 1999년에 만든 <외지에서 온 꽃들 Flores de otro mundo>은 스페인의 농촌 남성과 외국 이주 여성의 결합을 다루고 있어 화제를 모았다. 노총각만 살고 있는 스페인의 작은 마을에 어느 날 외지 여성을 가득 태운 관광버스가 도착한다. 농촌 총각들과 외지 여성들이 어울리는 파티가 마련되고, 이 행사를 통해 스페인 노총각들과 쿠바, 도미니카 공화국 그리고 스페인 타지 출신 여성 커플이 만들어진다. 남자의 재력과 여성의 성적 매력으로 결합한 커플은 오래가지 못한다. 하지만 이해와 소통을 기반으로 맺어진 커플은 고부 갈등, 이혼 경력 등 난관을 극복하고 성공적인 다문화

가정을 이룬다.

스페인 사람들은 난민을 수용하는 문제에 있어 유럽에서 가장 전향적이다. 전쟁, 폭력, 기근으로 인해, 다수의 난민이 발생한 2010년대에 이르러, 스페인은 가장 적극적으로 난민을 받아들였다. 2018년 6월 스페인의 사회노동당 정부는 이탈리아와 몰타에서 거부당한 630명의 아프리카 출신 난민들을 받아들였다. 같은 해 7월에도 스페인 구호단체가 운영하는 난민 구조선을 통해 팔레스타인, 시리아, 기니 등 다국적 난민 60명을 받아들였다. 이에 『워싱턴 포스트』는 스페인의 사회노동당 정부가 아프리카 난민을 받아들이는 데 있어 유럽 정부 중에서 가장 호의적이라고 전하며, 「스페인은 유럽에서 가장 이민자를 환영하는 나라이다. 이것이 지속될 수 있을까?」라는 제목의 기사를 실었다.[278] 2018년 한 조사에 의하면, 유럽 주요 10개국을 포함한 세계 18개국 조사에서 스페인 사람들은 가장 난민에 우호적인 국민으로 밝혀졌다. 이 조사에 따르면 86%의 스페인 사람들이 난민을 받아들이는 정책을 지지했으며, 13%만이 난민 수용에 반대 의견을 나타내었다.[279]

난민과 이민자에 대해 반난민 기조가 강화되고 있는 독일, 오스트리아, 이탈리아와 달리, 스페인 사람들이 전향적인 태도를 가지고 있는 것은 사실이다. 스페인 사람들은 난민이나 이민자들이 스페인 경제에 도움을 준다고 생각한다. 다만 스페인 사람들의 이민자에 대한 인식이 앞으로도 계속 우호적일 수 있을지는 미지수다. 사실 그동안의 추이를 보면 2000년대에 접어들어 스페인 경제가 좋을 때는

---

278) James McAuley and Pamela Rolfe, "Spain is the most welcoming country in Europe for migrants. Will it last?", *The Washington Post*, 2018.10.28.

279) "Spain is the most welcoming EU country for refugees, survey finds", *El País*, 2018.9.24.

이민자에 대한 인식이 매우 우호적이었다. 하지만 스페인이 경제위기에 직면하고 일자리가 줄어들자, 이민자에 대한 시각이 급격하게 나빠졌고 경제위기 국면에서는 부정적인 시각이 긍정적인 시각을 넘어서기도 했다. 이 기간에 스페인의 전체 이민자 숫자도 줄어들었다. 그러다가 다시 경제가 위기 국면을 벗어나 회복되고 실업률도 어느 정도 안정되자, 이민자에 대한 시각도 다시 우호적으로 변했다. 이렇듯 이민자의 사회 통합 문제는 경제사정과 밀접한 관련이 있음이 틀림없어 보인다.

우리나라도 최근 난민 수용 문제와 관련하여 사회적으로 논란이 벌어지고 있다. 세계 여러 지역에서 난민이 증가하고 있고, 우리나라에도 2013년 난민법 시행을 기점으로 난민이 크게 증가하고 있다. 2018년 9월 예맨인 난민 484명이 단기 체류가 가능한 제주도에 입국하여 난민 신청을 하였다. 이전에도 난민 신청은 꾸준히 들어왔지만, 이렇게 대규모의 인원이 신청한 것은 처음이었다. 이에 국제 사회에서 우리나라의 위상에 걸맞는 책임감을 보여야 한다는 의견도 있었지만, 난민 신청 허가제를 폐지하자는 청와대 청원이 70만 명을 넘는 등 사회적으로 큰 논란이 있었다. 이때 한 보고서에 의하면, 예맨 난민을 수용해야 한다는 입장은 24%, 반대 입장은 56%였다.[280] 국민 사이에선 반대 의견이 우세했지만, 정부는 난민 심사를 진행한 끝에 412명에 대하여 인도적 체류를 허가했다. 하지만 이후 난민 보호율(난민 인정 비율+인도적 체류 허가 비율)은 6.1%(2019년), 4.1%(2020)로 낮아졌다.[281] 난민 인정률 세계 평균이 38%인 것에

280) 「"유럽보단 한국" 난민 2만 명 몰린다는데, 정부 대비책이 없다」, 『중앙일보』, 2020.6.19.
281) 「'한국 살고 싶어요' 난민 신청자 7만 명 첫 돌파」, 『연합뉴스』, 2020.11.2.

비하면 우리나라의 난민 인정률은 매우 낮은 편이다.282) 우리나라는 난민 수용에 있어 아직까지 소극적인 입장을 취하는 것으로 보인다. 오랫동안 단일민족의 신화를 믿어온 우리나라 국민이 완전히 다른 문화권 출신의 난민을 포용하기에는 상당한 시간이 걸릴 것으로 보인다.

---

282) 「난민 인정률 세계평균 38%, 한국 2%… "전향적 변화 필요"」, 『연합뉴스』, 2018.9.15.

6

평준화된 대학과 서열화된 대학[283]

대학의 성격 차이

스페인 대학의 역사는 유럽 대학의 역사와 맥을 같이 한다. 스페인은 711년부터 1492년까지 700년 이상 이베리아반도에서 이슬람 왕국과 공존하였으며, 당시 세계에서 가장 발달한 과학기술을 보유하고 있던 이슬람으로부터 수학, 천문학, 식물학, 항해술 등 많은 지식을 얻게 된다. 이 과정에서 아랍어로 된 여러 문헌 그리고 그리스어로 쓰인 철학 서적 등을 라틴어 또는 로망스어(현대 유럽어)로 번역하는 작업이 12세기 중세 스페인에 활발하게 일어나게 된다.[284] 이러한 지적 풍토 속에서 스페인의 대학이 설립되기 시작하였다. 1134년 설립되어 1218년 왕실에 의해 권위가 부여된 살라망카 대학을 필두로, 바야돌리드 대학교(1241), 바르셀로나 대학교(1450), 산

---

283) 이 장에는 서울대학교에 제출된 보고서, 김병섭 외 "대학거버넌스와 재정의 국제비교 연구"(2020)에 포함된, 임호준, 「스페인 대학의 지배구조와 재정분석 -마드리드 대학을 중심으로-」의 일부 내용이 포함되어 있음.

284) 조민현, 「중세 스페인에서 번역과 그 문화적 의미」, 『스페인어문학』 63, 2012, p.285.

티아고 데 콤포스텔라 대학교(1495), 발렌시아 대학교(1499), 알칼라 대학교(1499), 세비야 대학교(1505), 그라나다 대학교(1531), 사라고사 대학교(1542) 등이 개교하였다. 스페인의 각 지역 대도시에 세워진 수백 년의 역사를 지닌 이 대학들은 현재까지도 지역 거점 대학으로서 중요한 역할을 하고 있다.

대학교	소재지	설립 연도	학생 수	교수 및 연구원	예산(2018) (천 유로)
세비야 대학교	세비야	1505	71,577	4,185	497,942
그라나다 대학교	그라나다	1531	55,958	3,621	405,297
바르셀로나 대학교	바르셀로나	1450	62,995	5,773	386,111
바르셀로나 자치 대학교	바르셀로나	1968	37,166	3,262	
폼페우 파브라 대학교	바르셀로나	1990	12,705	1,583	140,185
살라망카 대학교	살라망카	1134	31,834	2,257	
바르셀로나 자치 대학교	바르셀로나	1968	37,166	3,262	313,091
오비에도 대학교	오비에도	1606	22,000	2,000	
발렌시아 대학교	발렌시아	1499	65,789	4,305	351,270
산티아고 데 콤포스텔라 대학교	산티아고 데 콤포스텔라	1495	25,183	2,071	
마드리드 대학교	마드리드	1822	65,017	6,070	548,558
마드리드 자치 대학교	마드리드	1968	23,067		301.600,
바야돌리드 대학교	바야돌리드	1241	23,468	2,618	
무르시아 대학교	무르시아	1272	32,486	2,642	216,905

19세기 중반까지만 해도 스페인의 모든 대학은 공립이었다. 그러다 19세기 말부터 가톨릭 재단에 의해 사립대학이 생겨나기 시작했다. 최초의 사립대학은 1886년에 개교한 데우스토 대학(Universidad de Deusto)과 1890년 개교한 교황립 코미야스 대학이다. 그리고 1940년에 교황립 살라망카 대학교, 1952년에 나바라 대학이 설립되었다. 이들은 모두 가톨릭교회가 세운 학교로서, 교회로부터 많은

재정적 지원을 받게 되었다. 그 후 인구의 증가와 함께 대학의 수요가 급증하면서 1990년대부터 가톨릭교회와 무관한 사립대학도 생겨나게 되었다. 이 대학들은 마드리드, 바르셀로나, 발렌시아 등 대도시에 몰려있다.

스페인의 대학은 유럽의 많은 대학과 마찬가지로 교양교육보다는 전공교육에 주력하고 있다. 그래서 대학의 커리큘럼이 우리나라 대학처럼 다양한 분야의 교양과목을 많이 수강하도록 설계되어 있는 것이 아니라 전공과목, 전공과 유관한 기초과목을 이수하는 것으로 짜여져 있다. 그래서 어느 대학에 가는지보다는 어떤 전공을 공부할 것인지를 더 중시하는 풍토가 자리 잡게 되었다. 이에 비해 우리나라의 대학은 미국식 대학의 모델을 따라 풍부한 교양교육을 통해 지식인이 되는 것과 함께 직업에 응용할 수 있는 전공 지식을 익히는 것을 병행하고 있다. 적어도 대학의 커리큘럼으로 보자면 한국의 대학이 다양성을 지향하는 커리큘럼을 제공한다. 유럽이야말로 대학이 시작된 곳이고 유구한 대학교육의 전통을 가진 곳이지만, 오히려 유럽 대학이 전문적인 직업교육에 주력하고 미국과 아시아의 대학이 교양교육의 중요성을 외치고 있는 것은 아이러니하다.

평준화된 대학과 서열화된 대학

스페인과 한국 대학의 가장 큰 차이는 스페인의 대학이 거의 평준화되어 있는 데 비해 한국의 대학은 서열화되어 있다는 것이다. 알다시피 이것은 국가의 전체 교육 시스템에 큰 차이를 가져온다. 한국에서는 초등학교 입학 때부터 학생과 학부모의 모든 관심이 좋은 대학을 가는 것에 맞춰진다고 해도 과언이 아니다. 대학 이전의 교육 시스템은 조금 다르긴 하지만 큰 차이는 없다. 스페인 학생의 경우 만 6세부터 시작하여 6년 동안 의무 초등교육 과정(EP)을 마치고, 4년 동안 의무 중등교육(ESO)을 이수하게 된다. 의무 중등교육은 2+2 과정으로 이루어져 있는데, 처음 2년 동안은 공통과정을 이수하게 된다. 다음 2년 과정은 직업을 준비하는 학생이 이수하는 코스와 고등학교에 진학하려는 학생이 이수하는 코스로 나뉘게 된다. ESO까지가 의무교육이고 그 후 공부를 계속하려는 학생은 2년 과정의 고등학교(Bachillerato)에 진학하게 된다. 고등학교에서는 적성에 따라 예술 분야, 과학·기술분야, 인문·사회과학 분야, 자연과학 및 보건 분야 중 하나를 선택하여 이수한다.

대학에 진학하기 위해서는, 고등학교 과정을 마치기 전에 공부하길 원하는 대학에 선호도에 따라 복수의 전공을 기재하여 미리 지원한다. 공립대학에 진학하기를 원하는 경우 하나의 자치주에서 하나의 대학에만 지원해야 한다. 선호하는 대학과 전공에 선발 인원보다 많은 지원자가 있을 경우엔 고등학교 과정의 내신 성적(60%)과 우리나라의 수능에 해당하는 대학 입학 종합시험(PAU, 40%) 성적이 당락을 결정하는 자료가 된다. 예체능 전공은 실기 시험을 볼 수 있고, 사립대학에서는 자체적으로 면접을 실시하거나 간단한 시험을 볼 수도 있다.

스페인에는 모두 82개의 대학이 있으며(2018년 기준), 이 중에서 공립은 50개, 사립은 32개이다. 우리나라에 4년제 대학이 202개, 2년제 대학이 145개 있는 것에 비해 스페인의 대학은 훨씬 적다는 것을 알 수 있다. 스페인 공립대학의 규모가 크기 때문이기도 하지만, 우리나라보다 스페인 학생들이 대학을 덜 가기 때문이다.

공립대학은 지방자치 정부로부터 학교 재정의 70% 이상을 지원받기 때문에 학비가 저렴하다. 사립대학은 재단 전입금 외 학생의 등록금으로 재정의 70% 정도를 의존한다. 그렇기에 사립대학의 등록금은 공립대학에 비해 훨씬 비싸다. 공립대학은 1년 등록금이 100~250만 원 정도 되는 데 비해 사립대학은 1,000~1,500만 원 정도로 상당한 차이가 난다. 사립 의과대학의 경우엔 1년 등록금이 2,500만 원 정도로 가장 높다.

스페인의 공립 거점 대학들은 상당히 오랜 역사를 지니고 있고 사회적으로 권위도 인정받고 있으나, 석·박사 과정에 비해 학부의 규모가 비대하기 때문에 연구 중심 대학으로 발전하기 어려운 구조적 한계를 지니고 있다. 또한, 미국 대학은 물론 아시아 대학과 비교해도 등록금이 훨씬 저렴하기 때문에 재정의 절대적인 부분을 지방자치 정부의 전입금에 의존할 수밖에 없어 재정 확충에도 한계가 있다. 그렇기 때문에 세계 대학 랭킹에서 높은 순위에 있지는 못하다. 2020년 QS World University Ranking에서 바르셀로나 대학이 165위, 바르셀로나 자치 대학이 188위, 마드리드 자치대가 192위, 마드리드 대학이 212위, 나바라 대학이 245위를 차지했다.[285] 같은 조사에서 서울대가 37위, KAIST가 41위, 고려대가 83위, 포항공대가 87위, 성균관대가 95위, 연세대가 104위를 차지한 것에 비하면 스페인 대학의 경쟁력이 그리 높지 않음을 알 수 있다.

스페인의 사립대학들은 공립대학에 비해 역사도 짧고, 학교 규모도 훨씬 작은 편이다. 하지만 우월한 재정을 바탕으로 시대의 트렌드에 맞는 교육 프로그램을 제공하여 인기를 얻고 있다. 공립 거점

---

285) https://www.topuniversities.com/university-rankings/world-university-rankings/2020

대학은 지나치게 큰 규모 탓에 신규 학문 분야 프로그램의 개설이나 학생 관리 등에서 문제를 드러내며 최근에는 사립대학에 밀리는 경향을 보이고 있다. 특히 실용 학문 석사 과정에서 공립대학은 사립대학에 많은 학생을 빼앗기고 있다.[286]

스페인 학생들에겐 취업이 가장 중요하기 때문에 스페인에서는 대학보다는 전공이 중요하다. 당연하게도 학생들은 취업이 잘 되고 많은 수입을 올릴 수 있는 전공을 선호하며, 의대, 약대, 수의대 등이 높은 커트라인을 형성해왔다. 전통적으로 스페인에서도 가장 인기 있는 전공은 의학, 간호, 약학 계열이다. 2018년의 경우 의학, 간호, 약학 계열에 33,938명의 입학 정원이 있었는데, 모두 115,049명이 지원해서 3.39:1의 경쟁률을 보였다. 가장 경쟁이 약한 계열은 우리나라와 달리 공학, 농학 계열로, 53,973명 모집에 56,743명이 지원해서 1.05:1을 기록했다. 이런 경쟁률은 결국 취업과 관련이 있다. 보건 계열 졸업생들은 거의 다 취업이 되는 반면, 공학, 농학 계열은 취업이 잘되지 않기 때문이다.

하지만 최근에는 복수전공이 인기를 끌고 있다. 우리나라와 달리 스페인의 복수전공은 2년 정도 학교를 더 다니면서 더 많은 학점을 이수해야 하기 때문에 비용도 더 들어간다. 그럼에도 복수전공이 인기를 끄는 이유는 취업에 도움이 되기 때문이다. 그리하여 최근에는 수학·물리 복수전공이 의대를 제치고 입학 성적 커트라인이 가장 높았다. 수학·물리 복수전공은 4차혁명 시대에 여러 분야로 응용될 가능성이 많다고 보는 것이다. 실제로 기업에서도 수학, 물리 등 순

286) Daniel Sánchez Caballero, "La mayor universidad de España elige rector en medio de la pérdida de prestigio y recursos de la educación superior pública", *El Diario*, 30 mar. 2019.

수 자연과학 전공생을 많이 채용하고 있다. 문과는 이과에 비해 입학 성적이 훨씬 낮은 편이다. 그나마 법학·경영학 복수전공, 국제관계학·경영학 복수전공이 인기가 있는 편이다.

아무래도 대도시 대학에 많은 지원자가 몰리는 경향이 있다. 그래서 마드리드대(UCM), 마드리드 자치대(UAM), 바르셀로나대(UB), 바르셀로나 자치대(UAB), 세비야대, 발렌시아대, 사라고사대, 말라가대 등이 선호되는 대학이다. 하지만 지방에 산다면 집에서 가까운 지역 거점 대학에 진학하지, 굳이 마드리드나 바르셀로나까지 진학하려는 학생은 많지 않다. 어느 대학을 졸업하더라도 취업할 때 별 차이가 없기 때문이다. 또한, 지역 거점 도시보다 마드리드나 바르셀로나가 집세 등 생활비가 비싸기 때문에 경제적인 이유에서도 지방 거점 대학에 진학하는 학생이 많다.

반대로 대도시에 사는 학생이 자신의 점수로 대도시 대학의 인기 학과를 갈 수 없을 경우엔 경쟁이 덜한 지역 대학의 인기 학과를 선택하기도 한다. 아무래도 마드리드나 바르셀로나 등 대도시 대학의 입학 경쟁이 더 치열하기 때문이다. 하지만 우리나라의 경우처럼 대학이 서열화되어 있진 않기 때문에 지방의 우수한 학생들이 대도시로 집중되는 현상은 훨씬 덜 하다. 예를 들어 스페인의 대표적 농촌 지역인 안달루시아주의 경우에도 대학입학 종합시험(PAU)에 응시한 학생 중 68.7%의 학생이 안달루시아 대학에 진학했고, 갈리시아 출신 학생 중에서 대입 시험에 응시한 학생 중 64.6%가 갈리시아 지역 대학에 진학했다.[287] 지방에 살면서 경제적으로 넉넉한 집안에

---

287) Ministerio de Ciencia, Innovación y Universidades, "Datos y cifras del sistema universitario español. Publicación 2018-2019", p.31.

서는 자식을 마드리드나 바르셀로나로 유학 보내는 경우도 꽤 있는 편이다. 아무래도 두 대도시에 있는 대학이 인지도 면에서 낫다고 보기 때문이다. 또한, 아주 부자이거나 자녀 교육에 관심이 많은 집에서는 자식을 사립대학에 보내기도 한다. 사립대학은 등록금이 비싼 대신 시설이나 교육 환경이 공립대학보다 우수한 편이다. 하지만 취업에 있어 유리한 것은 아니기 때문에 사립대학의 입학 커트라인이 높은 것은 아니다.

2019년 입시에서 가장 높은 입학 성적 커트라인이 형성된 전공은 마드리드 대학(UCM)의 수학·물리 복수전공 과정이었다. 두 번째는 사라고사 대학의 수학·물리 복수전공이었고, 세 번째는 마드리드에 있는 카를로스 3세 대학의 국제학·법학 복수전공이었다.[288] 바르셀로나, 세비야, 발렌시아 대학의 수학·물리 복수전공 과정이 열 번째 안에 들었다. 이렇듯 최근에는 수학·물리 복수전공 과정이 최고 인기 전공으로 자리 잡고 있지만, 그렇게 오래된 현상은 아니다. 유럽연합이 볼로냐 과정(Bolonia process)을 통해 각국의 고등교육 제도를 상호 호환 가능하도록 표준화하면서 스페인 대학에 복수전공 프로그램이 본격적으로 자리 잡기 시작했다. 때마침 2000년대 말부터 스페인이 경제위기를 겪으면서 대학 졸업생의 취업이 더 어려워지자, 졸업이 늦더라도 두 개의 학위를 통해 취업문을 뚫으려는 학생이 늘어나게 되었다. 현재는 스페인 대학 학위 프로그램의 1/3 정도가 복수전공일 정도로 인기가 높다.

---

288) Raquel Sáez, "Estas fueron las carreras con la nota de corte más alta tras la Selectividad", *La Vanguardia*, 2020, 7,21.

최근 우리나라 대학에서도 많은 학생이 4년 이상 재학하면서 복수전공을 이수하고 있다. 스페인 대학은 대학에 입학할 때부터 복수전공 프로그램을 선택하고 5,6년을 재학해야 복수 학위를 받을 수 있도록 제도화되어 있는 반면, 우리나라 대학생들은 일단 하나의 전공으로 입학한 후 자신의 결정에 따라 부전공 또는 복수전공을 선택할 수 있다. 열심히만 한다면 4년 내에도 복수전공 학위를 받을 수 있다. 하지만 최근 우리나라 학생들도 4년만에 졸업하는 학생은 많지 않고, 좀 더 오래 학교를 다니면서 취업을 준비하고 있다. 우리나라 대학에서도 수학이 상당히 인기를 누리고 있지만 의학, 치의학, 한의학, 약학, 컴퓨터 공학 등의 전공보다 인기가 있지는 못하다.

스페인의 대학 입학은 다소 경쟁이 있지만 우리나라 만큼 치열하지는 않다. 스페인의 대학 진학률(41%)은 우리나라(70%)에 비해 낮은 편인 것은 물론, OECD 평균(60%)에 비해서도 낮은 편이다.[289] 대학 졸업장이 직업을 보장하지 않는다고 생각하기 때문에 굳이 대학에 갈 생각을 하지 않는 것이다. 이에 비해 우리나라에선 대학을 졸업해야 신분상의 불이익을 받지 않는 교양인이 된다고 생각하기 때문에 형편이 되든 안 되든 무조건 대학에 진학해야 한다고 생각하는 사람이 많다. 사무직과 생산직의 연봉 차이가 점점 줄어들고 있고, 특성화고, 마이스터고 등 직업과 직접적으로 연계된 기술을 배우는 학교들이 인기를 얻고 있기 때문에 우리나라고교 졸업생의 대학진학률도 서서히 떨어질 것으로 예상된다.

---

289) Francisco Pérez García et al., "Universidad, universitarios y productividad en España", Fundación BBVA, 17 de abril de 2012.

7

세계적인 장수국가 스페인과 한국

　통계마다 조금씩 차이는 있지만 한국과 스페인은 모두 세계적인
장수국이다. 스페인은 세계에서 일본 다음의 장수국으로 알려져 있
다. 일본이 평균수명 83.4세로 세계 1위이고, 스페인이 83.2세로 세
계 2위를 차지하고 있다.[290] 우리나라의 경우 여성의 수명은 세계적
으로 높은 수준이다. 최근 영국 런던의 임페리얼 칼리지와 세계보건
기구(WHO)가 공동으로 실시한 연구에 의하면 2030년에 태어난 한
국 여성은 세계에서 유일하게 평균수명이 90세를 넘길 것으로 조사
되었다.[291] 한국 남성 역시 세계 최고는 아니지만 2030년에는 평균
수명이 84세에 이르러 다른 나라 남성들보다 장수할 것으로 예상되
었다.[292] 이 조사가 한국을 2030년 최장수국으로 예상한 이유는 한

---

290) "Los secretos (y contrapunto) de la longevidad española", *ABC*, 05 nov. 2015.
　　　http://www.abc.es/sociedad/abci-secretos-y-contrapunto-longevidad-espanola-201511051331
　　　_noticia.html

291) http://www.bbc.com/mundo/noticias-39052073

292) Kate Wighton, "Average life expectancy set to increase by 2030", News. Imperial College
　　　London, 21 Feb. 2017. https://www.imperial.ac.uk/news/177745/average-life-expectancy-

국인이 교육과 영양 면에서 우수하며, 의료 시스템이 잘 구비되어 있기 때문이다. 고혈압도 잘 관리되고 있고 비만도가 세계에서 가장 낮은 것도 장수의 비결이 될 것으로 예상했다.

스페인의 장수 비결로는 아무래도 일조량이 많은 기후와 낙천적인 생활 풍습 그리고 이베리아반도의 풍부하고 질 좋은 먹거리 등이 꼽힌다. 외국의 언론이 주목하는 한국의 건강 먹거리가 된장, 김치 등의 발효 음식이라면, 스페인의 건강 먹거리는 신선한 채소와 올리브유다. 가장 흔한 안주가 올리브고, 많은 가정에서 올리브 열매를 절여서 먹을 정도로 스페인 사람들은 올리브를 좋아하는데, 특히 올리브 기름은 식용유 중에서 가장 몸에 유익한 것으로 알려져 있다. 스페인에서는 값이 싼 올리브유를 음식 재료로 먹거나 조리용으로 사용하며, 샐러드에도 올리브유와 식초를 넣어서 먹는다 (소금을 넣는 사람도 있다). 올리브 전문점에 가면 최상급 올리브유뿐만 아니라 올리브로 만든 샴푸, 비누, 로션 등 다양한 제품을 판매하고 있어 스페인이 올리브의 나라라는 것을 실감하게 된다.

스페인은 반도 국가인 덕분에 어류 자원도 풍부해서 해산물도 즐겨 먹는다. 특히 대서양 연안에 어류 자원이 다양하고 풍부해서 갈리시아와 바스크 지방이 해물 요리로 유명하다. 물론 지중해 연안에서도 해물을 많이 먹는다. 세계에서 가장 우수한 평가를 받은 식당들이 스페인의 바스크와 카탈루냐 지방에 많은 것은 이곳에 해산물이 풍부하기 때문이다. 세계 최고의 식당으로 꼽히는 El Bulli, El Celler de Can Roca, Mugaritz 등이 카탈루냐와 바스크에 있다. 이렇게 해산물을 많이 먹는 것 또한 스페인 사람들의 중요한 장수 비결

increase-2030/

이기도 하다.

다만, 우리나라 사람들에게 스페인 음식은 짜게 느껴질 때가 많다. 그래서 우리나라 관광객들은 스페인 음식점에 가면 소금을 적게 넣어달라고 주문하는 경우가 많다. 한국인들도 세계보건기구의 나트륨 섭취 하루 권장량의 2배에 이를 정도로 짜게 먹는 편에 속하는데, 한국 사람의 입에도 짜게 느껴질 정도니 스페인 사람들은 이렇게 짜게 먹고도 장수할 수 있을까 하고 의문을 갖게 된다. 하지만 통계에 의하면, 스페인을 포함한 남유럽 사람들이 북유럽 사람들보다 짜게 먹는 것은 사실이지만 스페인 사람들도 세계보건기구 권장량의 2배 정도의 소금을 섭취하는 것으로 되어 있으니 우리나라 사람들과 비슷하다고 할 수 있다.[293] 알려진 바와 같이 우리나라 사람들의 나트륨 섭취는 주로 국이나 찌개 등 국물 요리를 통한 것으로, 국물이 뜨거우면 짠맛을 잘 느끼지 못해 소금을 많이 먹게 된다. 이에 비해 스페인 사람들은 고기나 생선의 표면에 소금을 많이 뿌리기 때문에 짠맛이 혀에 그대로 느껴진다. 하몽 같은 음식도 돼지 뒷다리를 소금 더미 속에서 절이기 때문에 처음 먹는 사람은 많이 짜게 느껴질 수밖에 없다. 그래서 스페인 사람들도 하몽을 바게트 사이에 끼워 먹거나(보까디요), 멜론과 함께 먹거나, 술 안주로 주로 먹는다. 이렇듯 고기, 해산물, 채소, 과일 등, 질 좋은 먹거리와 깨끗한 공기, 햇볕이 풍부한 것이 스페인 사람들의 건강에 큰 도움을 주고 있다.

또한 한국과 스페인은 매우 우수한 의료 시스템을 구비하고 있다. 저렴한 비용으로 양질의 의료 서비스를 제공받는 한국의 의료 시스템도 우수하다고 하지만, 스페인은 모든 의료 서비스를 무상으로 제

---

293) "España duplica el consumo de sal por persona que aconseja la OMS", *El País*, 2013.3.22.

공한다. 게다가 은퇴한 노년층은 약도 무료로 처방받을 수 있다. 또한, 요양병원 등 스스로 생활하기 어려운 노인을 위한 복지 시설도 잘 갖추어져 있는 편이다. 이렇게 한국과 스페인 모두 우수한 의료 시스템과 보험제도를 구비하고 있는 것이 세계적인 장수국이 되는 데 결정적인 요인이 되고 있다.

코로나-19 방역 조치에 대한
사회적 시각의 차이

지구촌은 2020년 초 부터 불어 닥친 코로나-19 바이러스로 인해 심한 몸살을 앓고 있다. 코로나-19 바이러스는 2019년 11월 중국 후베이성 우한에서 처음 발견되었고, 2020년 1월부터 중국을 넘어 인근 국가에 퍼지기 시작했다. 한국에서는 1월 19일 우한에서 입국한 중국인이 첫 확진자로 판정되었다. 과거 사스(Sars, 2002년), 신종플루(2009년) 방역을 성공적으로 수행했으나 메르스(2015년) 방역에서 허점을 드러내어 국민으로부터 많은 비판을 받았던 전력이 있었기에, 정부는 질병관리청과 중앙방역대책본부를 중심으로 코로나 방역에 온 신경을 쏟았다. 그러나 국경을 봉쇄하지 않은 탓인지, 2월 말이 되자 대구를 중심으로 하루 확진자가 800명까지 치솟았다. 초기에 국경을 봉쇄함으로써 확진자가 우리보다 훨씬 적게 나온 대만, 홍콩, 싱가포르에 비해 우리나라의 초기 대응은 실패라는 비판이 터져 나왔다. 대구 지역에서 집단감염 상황이 발생하자 당국과 의료진은 필사적으로 집중 방역에 나섰고 3월 둘째 주가 되어 대구 지역의 폭발적 증가세가 잡혔다.

이에 비해 스페인은 확산 초기에 코로나-19 방역에 별로 신경을 쓰지 않았다. 아시아를 중심으로 코로나-19가 확산되고 있던 2020년 3월 초, 스페인에서는 3월8일 국제 여성의 날을 기념하여 수십만 명의 인파가 거리로 나왔다. 마드리드에 12만 명, 바르셀로나에 5만 명이 모여 여성에 대한 폭력 종식과 임금 차별 철폐를 외쳤다. 참가 자 대부분은 마스크를 쓰지 않았다. 공교롭게도 이 행사 이후 코로 나-19 바이러스는 스페인에는 걷잡을 수 없이 전파되어 급기야 스페 인은 유럽에서 이탈리아 다음으로 많은 확진자가 나오는 나라가 되 었다. 행사의 취지가 훼손된 것은 물론이고 이 행사를 허용한 마드 리드시의 책임자는 고발되기에 이르렀다.[294] 행사가 있기 전날인 3 월 7일까지만 해도 스페인 내 확진자가 589명에 불과했는데, 3월 11 일 하루 확진자가 천 명을 넘기 시작하여 3월 말에는 하루에 8,9천 명이 확진 판정을 받았다. 더욱이 행사에 참여했던 총리 부인도 확 진 판정을 받는 등 확진자가 폭발적으로 늘어나자, 스페인 정부는 14일 뒤늦게 국가비상사태를 선포하고 생필품 구매가 아니라면 집 에 머물 것을 당부했다.

---

294) "La Audiencia de Madrid archiva la causa contra el delegado del Gobierno en Madrid por el 8-M", *El País*, 2020.11.6.

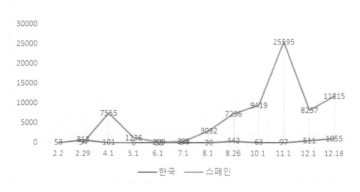

2020년 코로나 확진자 일일 변동 내역

우리나라의 보건 당국은 확산 초기부터 마스크 착용을 권했고, 방역을 위해 확진자의 동선을 공개하기 시작했다. 모든 국민은 당국의 지시를 충실히 이행했고 마스크를 착용했다. 그러자 마스크는 동이 났고 당국은 출생 연도에 맞춰 요일마다 마스크를 살 수 있는 배급 판매제를 시행하였다. 국민은 당국의 지시에 따라 약국마다 길게 줄을 늘어서서 마스크를 구매하여 착용하였다. 모임을 자제하고 사회적 거리두기에도 적극적으로 동참하였다. 당국은 확진자가 아니더라도 만일을 위해 모든 사람이 식당이나 공공장소에 드나들 때 QR 코드로 개인 인증을 하거나 신원을 기재하게 하였다. 개인 프라이버시 침해, 종교활동의 제한 등이 지나친 시민권 침해라고 우려하는 목소리도 있었지만, 공동체의 안전이라는 대의명분 아래 금방 묻혀버렸다.

하지만 스페인에서는 사태 초기부터 확진자의 동선을 조사하는 것에 대해 개인의 사생활 침해라는 비판의 목소리가 높았고, 코로나-19 사태가 개인에 대한 국가의 통제를 강화할 것이라는 반대 목소리가 터져 나왔다. 2020년 8월 마드리드의 콜론 광장에는 3천 명 정도의 군중이 마스크를 쓰지 않고 빽빽하게 모여 "팬데믹은 코믹 연극"이라며 마스크 강제 착용 등 정부의 조치에 항의하고 자유를 요구하는 시위를 벌였다.[295] 우리나라 국민들이 마스크를 열심히 구해서 쓰는 동안, 유럽에서는 마스크가 효과가 없고 국가가 시민을 노예화하는 도구라고 여기는 등 마스크 착용을 거부하는 사람도 많았다. 급기야 베를린, 파리 등에서도 마스크 착용에 반대하는 시위가 벌어졌으며, 이들은 단순히 마스크를 거부하는 차원을 넘어서 정부가 코로나 위기를 과장해 개인의 자유를 억압하고 사생활을 침해하는 것에 반대했다.[296]

---

295) Ana María Ortiz, "Unas 3000 personas, sin mascarilla ni distancia, protestan en Colón contra las medidas antiCovid", *El Mundo*, 2020.8.17.

296) 「'더는 못 참겠다' 유럽 '노 마스크' 시위, 그 뒤엔 자유 외침」, 『중앙일보』, 2020.09.01.

2020년 봄에 창궐했던 코로나-19가 여름에 다소 진정세를 보이자 스페인 정부는 경제 활성화를 위해 봉쇄 조치를 완화했다. 하지만 가을이 되어 하루에 2만 명 이상의 확진자가 발생하는 등 2차 유행하는 사태를 맞게 되자, 스페인 당국은 국가비상사태를 선포했다. 스페인 중앙 정부는 코로나 확산이 가장 심한 마드리드에 이동 제한 조치를 시행하려 했으나, 마드리드 고등법원은 이 조치가 기본권을 침해한다며 불허했다. 결국, 스페인 정부는 마드리드 내 이동을 제한하고 술집 영업시간을 제한하는 조치만을 취했다.[297] 코로나-19의 최대 위기 속에서도 고등법원은 시민들의 기본권을 침해하는 것을 우려하는 입장을 보인 것이다.

정부 당국이 주도하는 코로나-19 방역 조치에 대한 국민의 반응을 보면, 스페인 사회와 한국 사회에 큰 차이가 있다는 것을 알 수 있다. 우선 스페인의 일부 국민은 코로나-19 사태를 그리 중하게 여기지 않는 것 같다. 역사적으로 다른 역병의 대유행을 겪어서인지, 적지 않은 국민이 코로나-19를 심한 독감 정도로 여겼다. 또한, 많은 국민은 개인의 기본권을 제한하는 조치에 대해 상당히 민감하게 반응했다. 코로나-19 바이러스가 대유행하고 사회적으로 큰 피해가 발생하자, 그제서야 정부의 조치에 순응하는 듯하다.

이에 비해 한국 국민들은 초기 사태부터 당국의 지시를 신속하게 따랐다. 국민 대부분이 공공의 이익을 위해 개인의 기본권이 제한받는 것은 당연하다고 여겼다. 사실 이러한 태도는 중국, 일본, 대만 등 아시아 국가에서 일반적인 것이었다. 중국은 코로나-19 바이러스의 발원국이자 초기에 많은 확진자가 나왔지만, 이후 철저한 방역

---

297) Isabel Vega, "La justicia anula el cierre de Madrid", *ABC*, 2020.9.10.

조치를 이행하여 코로나바이러스를 제어하는 데 성공하고 있다. 대만, 싱가포르 등은 더 철저하게 관리하여 코로나-19 방역의 세계적 모범 사례가 되고 있다. 물론 코로나-19 사태가 앞으로 어떻게 전개될지 더 두고 봐야 하겠으나, 방역 조치를 둘러싸고 스페인과 한국의 국민이 보여준 상반된 태도는 어떤 가치를 우선시하는지 두 사회의 차이를 잘 보여주었다.

느리게 사는 나라와
빠르게 사는 나라

V

문화와 스포츠

1. 축제의 나라: 전통과 창조

2. 영화와 영화산업

3. 산티아고 순례길과 한국인

4. 생활 스포츠와 엘리트 스포츠

5. 스페인 프로 축구와 한국 프로 스포츠

6. 프로 스포츠의 지역주의와 국가주의

1

축제의 나라: 전통과 창조

　작은 도시에서 벌어지는 축제까지 포함하면 스페인은 일 년 내내 축제가 끊이지 않는 나라이다. 일 년 내내 어디에선가는 축제가 벌어지는 것을 볼 수 있을 정도로 축제가 많다. 스페인에 이렇게 축제가 많은 이유는 무엇일까? 그것은 역설적이게도 오래된 가톨릭 전통과 관련성이 크다. 서양에서 가장 큰 축제인 카니발(Carnival)은 원래 종교적 절기에서 유래된 것이다. 부활절 전 40일 동안 예수의 고난을 기리고 동참하는 기간이 사순절(四旬節)인데, 이 기간에는 일체의 육류를 먹지 않고 경건한 생활을 해야 했다. 사순절에 들어가기 전 4~7일 동안 신나게 즐기는 것이 사육제(謝肉祭), 즉 카니발이다. 사순절을 경건하게 보내야 하기에 카니발 기간에는 무한정 자유가 허용되었다. 이 기간에 사람들은 평소의 생활을 지배하던 종교적 교리에서 벗어나 마음껏 먹고 마시고 놀면서 물질적, 육체적 원리가 지배하는 세계를 즐겼다. 카니발은 '거꾸로 뒤집힌 세상'으로서 왕과 성직자들까지도 풍자의 대상이 되었고, 바보와 광대가 왕이 될 수 있었다.[298] 세르반테스의 『돈키호테』에서 우둔한 산초 판사가 섬의 영주가 되는 것이 바로 카니발적 상상력에서 비롯된 것이다.

엄격한 종교적 교리가 지배하던 중세 시대에서부터 스페인 전역에서 카니발은 성황을 이루었다. 먹고 마시고 떠드는 것은 기본이고, 다양한 놀이가 펼쳐졌다. 담요 키질, 술래잡기, 시소 타기 등 놀이에서부터 단막극 등 연극도 주메뉴였다. 종교적 절기로서 사육제에서 시작된 축제는 이 기간에 그치지 않고 각 도시나 주의 수호성인을 기념하는 날까지 확대되었다. 그리하여 마드리드의 산 이시드로 축제(5월 11일~15일), 바르셀로나의 산 조르디 축제(4월 23일), 팜플로나의 산 페르민 축제(7월 6일~14일), 발렌시아 산 호세 성인을 기념하는 파야스 축제(3월 19일) 등 도시마다 특색 있는 축제가 벌어지고 있다. 이처럼 도시마다 수호성인을 기념하는 다양한 방식의 축제를 열기 때문에 스페인에는 축제가 끊이지 않는다.

우리나라에도 스페인의 축제 전통과 비견될 수 있는 민중 축제의 풍성한 전통이 있다. 굿, 풍물, 민속극, 민속놀이, 민요, 판소리, 곡예, 환술(幻術) 등이 그런 것들이다.[299] 스페인도 그랬지만 우리나라 전통 사회 역시 엄격한 신분제 사회였기 때문에 민중이 일탈할 수 있는 민중 연희 문화가 발달할 수밖에 없었을 것이다. 여러 민속놀이는 설이나 한가위 등 특정한 절기에 집중적으로 영위되었으며, 이 역시 특정한 시기에 벌어졌던 서양의 축제 전통과 유사하다. 5일 마다, 혹은 7일 마다 정기적으로 열리던 장터 한 켠에서도 민중적인

---

298) 미하일 바흐친, 『라블레의 작품과 중세 및 르네상스의 민중문화』, 아카넷, 2001. pp.33-41.
299) 임재해, 「한국 전통연희의 유형과 축제: 자산으로의 새 지평」, 『한국전통공연예술학』, 제2집, 2013.9. p.86.

놀이가 행해졌으며, 이 또한 장터에서 벌어지던 스페인의 민중 연극의 전통과 유사하다.

다만 우리나라의 풍성한 민중 연희 전통은 서구 문명을 수입하는 근대화 과정에서 비과학적이고 비합리적인 미신으로서, 오히려 극복되어야 할 유산으로서 인식된 측면이 있다. 굿과 같은 것이 그러한데, 민속학자인 임재해는 "몸의 모순인 질병은 물론 체제의 모순인 사회적 질병까지 치유하는 변혁굿은 앞으로 가꾸어 가야 할 전통이다"라고 말한다.300) 굿 뿐만 아니라 다양한 민속놀이 역시 서양 근대성에 대한 맹목적인 추종과 함께 한동안 제대로 계승되지 못했는데 최근에 이르러 지자체를 중심으로 이러한 민속놀이들을 복원하려는 움직임이 일어나고 있다.

축제의 다양한 모습

종교적 절기에서 비롯된 카니발로서의 축제는 종교적 행렬 등 종교적인 의식보다 오히려 세속적인 행사가 더 인기를 끌면서 지역마다 특별한 모습의 축제가 발전하기 시작했다. 소몰이(encierro) 행사로 유명한 산 페르민 축제 같은 것이 대표적이다. 이 축제는 팜플로나의 수호성인인 산 페르민을 기념하기 위해 1591년부터 매년 7월 초 개최되던 것이었다. 세계적으로 유명한 소몰이 행사의 유래는 아주 단순하다. 이 축제에는 투우가 포함되어 있었고 외양간이 도시 외곽에 있어 투우에 쓰일 소들을 아침 일찍 투우장에 데려오기 위해

---

300) 임재해, 「한국 전통연희의 유형과 축제」, p.103.

선 도심을 가로질러야 했다. 처음엔 사람들이 소 떼를 따라서 뛰었으나 장난기가 동한 사람들이 소의 꼬리를 잡거나 앞에서 뛰기 시작하자 스릴 넘치는 이벤트가 되었다. 대신 부상자가 속출하고 사망자까지 생기게 되었지만,[301] 오늘날까지 이어지면서 전 세계 뉴스의 해외 토픽에 등장하는 특별한 이벤트가 되었다. 물론 산 페르민 축제에 단지 소몰이 행사만이 있는 것은 아니다. 거인 행렬 또한 유명한데, 지구의 각 대륙을 상징하는 거인 인형들은 사람들과 함께 도시를 누비며 축제 분위기를 돋운다. 이 축제에 매료되었던 헤밍웨이에 의해 『태양은 다시 떠오른다』에서 잘 묘사됨으로써 세계적으로 알려지게 된 산 페르민 축제에는 인구 20만 명의 팜플로나 사람보다 더 많은 관광객이 세계 각지에서 몰려든다.

지중해에 면한 항구도시 발렌시아에서 3월 15일부터 19일까지 벌어지는 파야스(Fallas) 축제 역시 시민들이 일 년 동안 공들여 만든 인형을 축제 동안 태워 없애는 이벤트로 유명하다. 파야스는 라틴어로 횃불을 의미하는 파쿨라(Facula)에서 유래했다. 처음엔 발렌시아 성벽을 밝히던 횃불들을 지칭하였으며, 목수들이 성 요셉의 축일 전날 작업장의 대팻밥 등을 태우던 이벤트였으나 이후 발렌시아의 수호성인이자 목수들의 성인인 성 요셉을 기념하는 점화 의식으로 발전하게 되었다.[302] 축제가 시작되기 한 달 전부터 니놋(Ninot)이라고 불리는 800여 개의 인형이 박물관에 전시된다. 높이 3m의 작은 인형에서부터 30m에 이르는 초대형 인형에 이르기까지 다양한 인

---

301) 1924년부터 2010년까지 총 15명의 사망자가 발생하였다. 정동희, 「일상으로부터의 탈주와 위반의 즐거움」, 김창민 편, 『스페인 문화순례』, 서울대학교 출판문화원, 2013, p.374.
302) 정동희, 「일상으로부터의 탈주와 위반의 즐거움」, p.353.

형이 전시되며, 최우수 니놋으로 선정된 인형을 제외한 나머지 인형은 축제의 마지막 날인 3월 19일에 모두 소각된다. 화염 속에서 거대한 인형들이 소각되는 현장은 장관을 이루며 축제의 하이라이트가 된다.

한편, 남부 도시 세비야에서는 4월 축제(Feria de abril)가 벌어진다. 이 축제는 사순절이 시작하기 전에 펼쳐지는 것이 아니라 사순절이 끝남을 축하하는 의미로 벌어진다. 4월 19일부터 5일 동안 벌어지는 축제 동안, 세비야는 화려한 전등으로 치장되어 도시의 야경은 한껏 빛나게 된다. 또한, 수많은 전등으로 만들어진 높이 50m에 달하는 거대한 '축제의 문'이 만들어지고, 이 문을 통해 축제의 방문객들이 들어가게 된다. 4월 축제는 세비야 시장이 버튼을 눌러 많은 전등을 점등하여 화려한 야경의 장관이 펼쳐지는 것으로 시작된다. 축제 동안 많은 시민은 안달루시아 전통 복장을 하고 도시를 활보하며, 차 대신 마차가 유일한 교통수단이 된다. 수많은 카세타(천막)가 설치되어 다양한 볼거리와 먹거리를 제공하고, 투우, 플라멩코 등 다양한 행사가 펼쳐진다.

스페인의 많은 축제는 스페인 내에서보다 외국에 더 알려진 경우가 많다. 인구 9천 명의 작은 도시 부뇰에서 벌어지는 토마토 축제가 대표적이다. 이 축제의 하이라이트인 토마티나(토마토 전투)는 1940년대 중반부터 시작되었는데, 기원은 정확하지 않으나 축제 동안 일단의 젊은이들과 시청관계자들 사이에서 시비가 붙어 근처 채소가게에 있던 토마토와 채소를 던지며 싸운 데서 비롯되었다는 설이 유력하다.[303] 1950년대에는 정부에 의해 금지되기도 했지만, 시

---

303) 정동희, 「일상으로부터의 탈주와 위반의 즐거움」, 김창민 편, 『스페인 문화순례』, 서울

뷰놀의 토마토 축제

민들의 항의로 1957년 다시 허용되어 오늘날까지 전통으로 이어져
오고 있다. 오전 11시에 많은 트럭이 중앙 광장에 2층 높이의 토마
토를 쏟아붓는 것으로 광란의 축제가 시작된다. 사람들은 아무에게
나 토마토를 던지는데, 부상을 피하기 위해 잘 익은 토마토를 미리
손아귀에서 으깨서 던지도록 규칙이 정해져 있다. 토마토는 식용으
로 쓰기 어려운 질이 나쁜 엑스트레마두라산(産) 토마토가 사용된다.
전 세계적으로 유명해지면서 너무 많은 사람이 모여들어 도시가 마
비 상태에 빠지자, 2013년부터는 약 2만 명을 추첨하여 참가자를 선
정하고 있다.304)

대학교 출판문화원, 2013. p.379

304) Sabrina Barr, "What is La Tomatina, how did it begin and where does it take place?",
The Independent. 2019.8.28.

이렇게 스페인의 경우를 보면 무엇이든 고장의 개성을 살려 세계적인 축제로 만들어낸 것을 알 수 있다. 우연한 사건에서 빚어진 에피소드가 전통이 되어 축제의 하이라이트가 되었다. 전통이라고 해도 50년에서 100년밖에 되지 않은 것도 많다. 우리나라에서도 전국에 천 여개의 축제가 있으며 이 중에서 보령 머드 축제, 포항 국제불빛 축제, 함평군 나비 축제, 봉화 은어 축제, 화천 산천어 축제, 제주 유채꽃 축제, 금산 인삼 축제, 홍천 찰옥수수 축제 등 지역의 특성을 살린 다양한 축제들이 매년 성공적으로 개최되며 꽤 전통이 쌓이고 있다. 하지만 대부분의 축제들은 국제적인 축제로 발전되기는 커녕 지역민들의 호응조차 얻지 못하고 있는 것이 현실이다. 이 축제들은 자연 발생적으로 생겼다기보다는 지자체의 기획에 의해 시작되었고 지자체의 재정적 도움을 받아 유지되고 있을 뿐이다. 스페인의 경우에서 보듯 진정한 축제는 지역민들에 의해 향유되어야 한다. 지역민들로부터 사랑받는 축제가 전국적으로, 또한 국제적으로도 알려져 많은 관광객을 불러 모은다.

응원 문화와 축제 기질

이렇게 오랜 기간 풍성한 축제의 역사를 지닌 스페인 사람들에게 축제 기질이 생기는 것은 당연하며, 이는 축제 기간이 아닌 일상의 삶까지 영향을 끼치게 되었다. 이를테면 여러 사람이 스스럼없이 어울리고 같이 플라멩코를 추는 장면을 쉽게 볼 수 있는데, 이런 것도 축제를 통해 자연스럽게 익혀진 기질이라고 할 수 있다. 또한, 축구장이나 투우장에 가보면 관중들이 단순히 게임을 즐기는 것이 아니라 같이 참여하고 있다는 인상을 강하게 받는다. 투우장에서 투우사가 실수하면 관중들은 다 같이 야유를 보내거나 휘파람을 불고, 반대로 투우사가 멋진 퍼포먼스를 보여주면 박수를 아끼지 않는다. 투우장에 구경 간 한국 관광객들은 스페인 관중의 격한 반응에 당황할 때가 많다.

축구장 역시 또 하나의 축제가 펼쳐지는 공간이다. 엘 클라시코 등 라이벌전이나 챔피언스 리그 등 빅 경기가 벌어질 때면 팬들은 경기 전부터 구장 주변의 바에 모여 술 한잔 걸치며 경기예상을 하면서 흥을 돋운다. 그리고 좌석이 정해진 연간 회원들은 같은 구역의 회원들과 잘 알게 되기 때문에 경기 시작 전 주변 사람들과 인사를 나누고 경기가 진행되는 동안 강한 유대감을 갖는다. 그리고 떼지어 합창하고 폭죽을 터트리는 등 경기장 분위기를 한껏 고조시킨다. 지역 팬들이 하도 극성이기 때문에 원정 온 팀의 선수들은 신변의 위협을 느낄 정도로 위축될 수밖에 없다. 중요한 경기가 있을 때 감독이 홈팀 관객들의 적극적인 응원을 요구하는 발언을 하면, 관객들은 더 극성스러운 응원을 준비하여 원정팀의 기를 죽인다. 그렇기에 스페인 리그에서 어느 팀이든 홈경기 전적과 원정경기 전적이 상당히 차이 날 수밖에 없다. 요즘엔 레알 마드리드, FC 바르셀로나 등 상위권 팀의 전력이 워낙 강해서 원정경기에서도 좋은 성적을 거두지만, 리그에 참여하는 팀들의 전력이 평준화되었던 1990년대까지만 해도 리그 우승을 하는 팀조차 원정 성적은 승과 패가 비슷한 반타작 정도였다.

축구장의 관객들은 선수들의 활약에 대해 민감하게 반응하여 좋은 활약을 보인 선수가 교체될 때는 기립 박수를 보내지만 못하는 선수에게는 심한 야유를 보낸다. 선수단의 성적이 형편없어 감독을 해임시키길 원할 때는 흰 손수건을 흔들며 구단주에게 압력을 가하기도 한다. 또한, 다른 팀으로부터 스카우트해 오기를 바라는 선수의 이름을 한 목소리로 불러 선수 스카우트에까지 영향을 미친다. 관객은 구단 회원인 소시오가 대부분이기 때문에 이러한 적극적인 반응은 신문에 크게 실리고 선수들이나 감독에게 큰 압력이 된다. 이렇게 축구장의 관객은 경기에 직접 참여하게 되고 축구 경기는 하나의 축제가 된다.

우리나라의 야구장이나 축구장에 가도 집단적인 응원과 흥겨운 축제의 현장을 목격하게 된다. 집단적인 응원 없이 개별적으로 자유롭게 경기를 즐기는 미국 야구장의 풍경과 비교해보면, 떼 지어 합창을 부르는 한국의 응원 문화도 특이하다. 운동 경기장에서 관중의 응원 행태로 보자면 스페인 사람들이나 한국 사람들의 기질이 비슷하다고 볼 수 있다. 모르는 사람에게 쉽게 마음을 열지 않는 한국 사람들이 한 팀을 목이 터져라 응원하면서 유대감을 느끼는 것은 축제의 분위기임에 틀림없다. 이런 응원이 즐거워서 스포츠 경기장에 간다는 사람도 많다. 이것은 가족 단위로 야구장에 와서 여유롭게 앉아 경기를 즐기는 미국의 관객 문화와는 많이 다른 것이다. 적어도 운동 경기의 축제적인 관객 문화만큼은 우리나라와 스페인, 유럽이 비슷하다고 할 수 있겠다.

2

영화와 영화산업

스페인은 유럽에서 손꼽히는 영화 강국이다. 2000년대 이래 우리 나라 영화가 폭발적으로 성장하며 스페인을 능가해 버렸기에 스페 인의 영화산업 지표가 우스워 보이지만, 스페인은 1인 연간평균 극 장 관람 횟수가 2회를 능가하고 자국 영화 관객 비율이 15% 이상을 상회하는 건실한 영화산업을 가진 국가다. 세계 영화 시장을 미국 영화가 지배하는 상황에서, 자국 영화의 제작 편수가 200편을 상회 하고 시장 점유율이 15% 이상을 넘기는 나라는 지구상 열 나라 정 도에 불과하다.

스페인 사람들이 영화를 좋아한다는 것은 영화산업의 지표로 드러 나는 것 이상이다. TV 드라마가 발달한 우리나라와 달리 스페인 TV 에는 자체 제작한 ― Telenovela라고 불리는 ― 드라마는 거의 없고, 라틴아메리카에서 수입한 드라마가 있을 뿐이다. 대신 영화가 많이 편성되어 있다. 그렇기 때문에 스페인 TV에서는 고전 영화부터 현대 작품까지 다양한 영화를 볼 수 있다. 일간 신문에서도 그날 방영되는

TV 영화에 대해 평론가들의 별표와 함께 비평을 볼 수 있다.

그러다 보니 스페인 사람 중에서 세계 영화에 대해 식견이 높은 사람을 자주 만날 수 있다. 수도인 마드리드에는 스페인 문화부가 운영하는 고전 영화 극장 Cine Doré가 있으며, 많은 시네필이 무성 영화와 흑백 영화 등 스페인과 세계 각국의 고전 영화를 보기 위해 여기로 모인다. 스페인 시네필들 사이에서 우리나라 감독의 영화를 좋아하는 사람도 많다. 최근 국제 영화제에서 큰 상을 받은 봉준호, 박찬욱 감독의 작품은 물론, 홍상수, 김기덕 등 예술성 있는 영화를 좋아하는 사람도 많다. 특히 김기덕 감독의 초기작들은 스페인에서 신드롬을 일으켰고, <섬>(2001), <봄, 여름, 가을, 겨울 그리고 봄>(2004), <빈집>(2005) 등의 작품은 한국보다 스페인에서 더 많은 관객을 모으며 평론가들의 찬사를 받았다. 김기덕 감독 영화의 거칠고 그로테스크한 씬들이 화가 프란시스코 데 고야로부터 영화감독 루이스 부뉴엘, 카를로스 사우라 등의 작품으로 이어지는 스페인의 전통적 그로테스크 미학과 잘 맞아떨어지기 때문인 것으로 보인다.

영화산업 비교

	총 관객 수 (천 명)	1인 평균 극장 관람(회)	스크린 수	자국 영화 제작 (장편)	자국 영화 관객 비율
스페인 (2018)	98,900	2.21	3,589	266	17.6%
한국 (2019)	226,680	4.37	3,079	502	51.0%

(자료: Anuario de cine, Año 2018, 영화진흥위원회)

양국의 영화산업을 비교해보면 규모 면에서 우리나라 영화산업이 스페인을 압도하는 것을 알 수 있다. 한국 사람들이 스페인 사람들보다 일 년 동안 극장에 가는 횟수도 두 배 정도 많고, 연간 자국영화 제작 편수도 두 배 정도 많다. 하지만 표에서 보듯 우리나라의 스크린 수는 스페인에 비해 오히려 적다. 알다시피 우리나라에는 몇 개의 대기업이 제작사, 배급사, 상영관을 모두 소유하며 영화산업을 좌지우지하고 있다. 그 결과 많은 제작비를 투입한 대작영화가 동시에 전체 스크린의 70~80%를 차지하는 독과점 상황이 일어나게 되었다. 대기업 영화사가 한 작품에 많은 광고 비용을 쓰면서 스크린을 독점하면 관객은 선택권을 빼앗기고 많이 상영하는 영화를 볼 수밖에 없고, 그 영화는 몇백만 관객을 쉽게 넘기게 된다. 지금까지 천만 관객을 넘은 한국 영화가 스무 편이나 되는 것은 스크린 독과점 전략에 힘입은 바 크다.

스크린 독과점으로 인한 가장 큰 문제는 관객이 다양한 영화를 보기 어렵다는 것이다. 이것은 거꾸로 말해서 한 해 500편 이상 만들어지는 한국 영화 중 관객과 충분히 만날 기회를 부여받는 작품은 소수에 불과하다는 것이다. 신인 감독과 여러 스태프가 혼신의 노력을 기울여 만든 작품이 관객에게 제대로 보이지도 못하고 사장(死藏)되는 경우가 허다하다. 결국 한국 영화산업은 대기업이 전략적으로 투자한 소수 영화들의 향연이라고 볼 수 있다.

이에 비해 스페인 극장에서는 스크린 상한제가 실시되고 있어서 대형 멀티플렉스라고 할지라도 동시에 3관 이상 같은 영화를 상영할 수 없도록 법으로 정해져 있다. 그렇기에 스페인 영화 중에서 천만 이상의 관객을 기록한 영화는 아직 없다. 스페인 영화 중에서 가장 많은 관객이 든 영화는 <여덟 개의 바스크 성 Ocho apellidos vascos>(2014)로서 950만 명의 관객을 기록했고, 두 번째는 <디 아더스 Los otros>(2001)로서 640만의 관객을 맞았을 뿐이다.

대신 스페인 영화는 우리나라 영화보다 부가판권(附加板權)이 더 크다. 부가 판권이란 극장 수익 외 TV방송국에 판매하거나 DVD 발매 등으로 얻는 수익을 말한다. IPTV, 케이블 TV, VOD 서비스, 넷플릭스, 유튜브 등 부가적으로 수익을 올릴 수 있는 매체는 점점 늘어나고 있다. 우리나라에서는 아직까지 극장 수익의 17~20% 정도를[305) 부가 판권에서 얻는다고 평가되고 있으나, 스페인 영화는 부가 판권이 극장 수익을 넘어서고 있다. 스페인 TV에서 영화를 많이 편성하기 때문에 영화에 대한 수요가 많은 데다, 스페인어를 쓰는 라틴아메리카 국가들에 수출할 기회도 많기 때문이다.

관객 입장에서 보았을 때 스크린 상한제의 장점은 한 시점에서 다양한 영화를 볼 수 있다는 것이다. 게다가 스페인은 우리나라보다 스크린 수가 더 많기에 스페인 관객들은 우리나라 관객들에 비해 훨씬 다양한 영화를 볼 수 있다. 실제로 대도시의 멀티플렉스 극장에 가면 세계 각국의 매우 다양한 영화를 볼 수 있다. 스페인 관객 중에서 김기덕, 홍상수 감독의 팬이 생긴 것은 이러한 관람 환경과 무관하지 않아 보인다. 이렇듯 멀티플렉스 극장을 드나드는 스페인 관객 중에는 세계영화에 대한 식견이 상당한 사람이 많다.

---

305) 「200억 투자 영화 손익분기점은 관객수 526만명… 극장이 수익 최고」, 『서울경제』, 2018.12.22.

산티아고 순례길과 한국인

산티아고 순례길은 역사가 매우 오래된 길이다. 예수의 열 두 제자 중에서 이베리아반도의 선교에 힘썼던 성 야고보가 A.D. 44년 예루살렘에서 순교하자 배로 옮겨져 이베리아반도 북서쪽에 묻혔다는 전설에 따라, 이 마을은 성 야고보라는 의미의 대중 라틴어 Sancti Iacobi가 스페인어 식으로 변형되어 Santiago라고 불리게 되었다. 이곳은 산티아고 순례길의 종착점으로서 산티아고 데 콤포스텔라(Santiago de Compostela)라는 지명으로 불리게 되었다. Compostela의 유래는 한 수도승이 별의 인도를 받아 산티아고를 발견하게 되었다는 전설에 따라 '별이 비추는 땅'이라는 의미의 라틴어 Campus Stellae에서 왔다는 말도 있고, 매장된 땅이라는 의미의 라틴어 compositum에서 왔다는 설도 있다.[306] 이곳은 로마 시대에 공동묘지였는데, 8세기에 건국한 아스투리아스 왕국은 이곳에 야고보의 무덤이 있다고 주장했고 교황 레오 3세가 이를 인정하였다. 물론 기독교 세력이

---

306) https://www.oxfordreference.com/view/10.1093/oi/authority.20110803100441348

순례길의 종착점인 산티아고 성당

이슬람에 맞서 건국한 아스투리아스 왕국에 힘을 실어주려는 정치적 의도였다. 그리하여 산티아고에는 성 야고보를 기념하는 교회가 건설되었고, 9세기부터 유럽 각지에서 많은 순례객이 산티아고로 몰려들기 시작했다. 예루살렘이 이슬람 세력에 의해 점령되어 있었기 때문에 유럽의 순례자들은 이탈리아반도의 교황청이나 이베리아반도의 산티아고를 성지로 여기고 순례의 고행길에 올랐다.

유럽 각지에서 몰려온 순례자들로 인해 산티아고 순례길에는 다양한 유럽 문화가 어우러지고 꽃피게 되었다. 지리적으로 유럽 변방에 있어 문화적으로 다소 고립되어 있던 중세 스페인에 유럽 각지의 서사시, 서정시, 전설, 민담 등이 전해졌고, 건축 양식 등 새로운 기술도 도입되었다. 피레네산맥을 넘어 메세타고원을 거쳐 산티아고에 도달하는 가장 대표적인 루트인 프랑스 길을 따라 마을들이 생겨났고, 많은 수도원, 교회, 다리, 병원, 숙박 시설이 건축되었다. 또한, 원래부터 산티아고 길 위에 있었던 팜플로나, 부르고스 등 도시는 더욱 발전하게 되었다. 이베리아반도를 점령한 아랍인들에 의해 불타버렸던 산티아고 성당은 기독교 세력이 재정복한 11세기에 카스티야 왕의 원대한 계획 아래 재건축되기 시작하였고, 100년이 걸려 완공되었다. 물론 그 후에도 여러 부분이 보수되고 증축되었다.

중세에 절정을 이뤘던 산티아고를 향한 순례 열기는 근대에 접어들어 쇠퇴하게 된다. 북유럽을 중심으로 전개된 신교 운동이 유럽 전역에 전파되면서, 종교적 상징물에 경배를 표하는 구교적 풍습이 비판받았기 때문이다. 그래서 한 동안 산티아고 순례길도 잊히게 된다. 하지만 1960년대 스페인이 본격적으로 외국 관광객을 받아들이기 시작한 후 산티아고 순례길의 역사적 가치가 주목을 받기 시작했다. 그리하여 방치되었던 순례길이 재건되기 시작했고, 다시 순례자들이 찾아오게 되었다. 1998년 UNESCO가 산티아고 순례길(프랑스 길)을 인류의 문화유산으로 지정하면서 전 세계적인 붐을 일으키게 되었다. 그러면서 프랑스 길 뿐만 아니라 북부 해안가로 이어진 북쪽 길, 포르투갈 남쪽에서부터 올라오는 포르투갈 길 등도 재건되기에 이르렀다.

2018년 공식 통계에 의하면 한해 동안 산티아고 성당의 인증서를 발급받은 순례자는 327,328명이며,[307] 그중 한국인은 5,665명으로서 전체 순례객의 1.73%를 차지했다. 한국은 산티아고 순례길에 세계

---

307) 대성당에서 발급하는 인증서를 받기 위해서는 적어도 성당까지 100km 구간을 걸어야 하고 각 구간에서 도장을 받아야 한다.

에서 아홉 번째로 많은 순례자를 보냈다. 스페인이 44.02%로 가장 많았고, 이탈리아(8.25%), 독일(7.73%), 미국(5.88%), 포르투갈(4.40%), 프랑스(2.88%), 영국(2.33%), 아일랜드(2.3%) 다음이었다.[308] 미국을 제외하곤 모두 스페인과 가까운 유럽 국가들이기 때문에, 우리나라 순례객이 이렇게 많이 산티아고 순례길을 찾는다는 것은 이례적이라 할 수 있다.

한국인들의 산티아고 순례길 열풍에 대해 스페인 현지에서도 놀라워하며, 여러 매체에서 이를 보도하였다. 이 매체들은 한국 순례자들의 특징으로 젊은이가 많다는 것을 지적하면서 그것이 K-pop 스타인 GOD가 Reality Show를 통해 순례길을 걸음으로써 젊은이들에게 영향을 주었기 때문이라고 분석했다.[309] 또한 김남희 작가의 순례길 여행기나 파울루 코엘류의 『순례자』가 순례자들에게 영감을 주었다고 보도한 매체도 있었다.[310] 스페인 매체가 보도한 한국 순례자들의 특징은 젊은이가 많다는 것 외에도 순례길의 비수기인 1, 2월에 외국인 중 1위를 차지할 정도로 많다는 것, 그리고 프랑스 길의 시작이라고 할 수 있는 생 장 피에 드 포(Saint Jean Pie de Port)에서 시작하여 산티아고까지 789km를 완주하거나 그것도 모자라 스페인의 서쪽 끝인 피니스테레(Finisterre)까지 걷는 사람이 많다는 것이다.[311]

---

308) "Informe estadístico Año 2018", Oficina del Peregrino. http://oficinadelperegrino.com/wp-content/uploads/2016/02/peregrinaciones2018.pdf

309) Patricia Abet, "De Seúl a Compostela, la fiebre de los coreanos por el Camino de Santiago", ABC, 2019.5.29.
https://www.abc.es/cultura/abci-seul-compostela-fiebre-coreanos-camino-santiago-20190528 1240_noticia.html

310) Tomás Álvarez, "Un mes, "coreano", en el camino", Guiarte.com, 2019.5.12.

311) "Los coreanos, peregrinos de invierno", Albergues del Camino de Santiago, 2016.2.3.

사실 2010년대에 접어들어 스페인에 한국 관광객이 폭발적으로 증가했기 때문에 많은 한국 순례자가 산티아고 순례길을 찾는 것은 전혀 이상하지 않다. 1, 2월에 한국 사람이 많은 것은 겨울방학을 이용하여 순례길을 찾는 대학생이 많기 때문인 것으로 풀이된다. 하지만 순례길을 찾는 한국인들의 평균 연령이 42.5세인 것을 보면 장년층 혹은 노년층 순례자도 상당히 많음을 알 수 있다. 이들은 순례길의 걷는 의미에 대해 '인생의 쉼표', '나를 찾는 여행'이란 표현을 쓴다.312) 아무래도 한국인들의 일상이 바쁘고 동적(動的)이기 때문에 소박한 장소에서 잠을 자고 소박한 음식을 먹으며 한적한 스페인의 시골 마을로 이어진 순례길을 걷는 여행이 한국 중장년층에게 매력적으로 다가왔으리라 추측된다.

스페인 정부도 산티아고 순례길을 수익을 얻으려는 목적으로 이용하려는 의도는 갖지 않는다. 그래서 순례길에는 순례자 신분증만 제시하면 매우 저렴한 값에 잠을 재워주거나 아예 돈을 받지 않고 기부금만을 받는 공립 숙소(알베르게)가 운영되고 있다. 또한, 식당에서는 순례자들을 위해 저렴한 메뉴가 제공되고 있다. 종교 재단들도 숙소를 운영하며 순례자들의 편의를 돕고 있다. 그렇기에 순례자는 매년 늘어나고 있지만, 어떤 스페인 매체도 이를 관광 수입과 결부시키지 않는다. 아직도 가톨릭 신자가 많은 스페인에서는 세계 어느 곳에서 왔든, 순례를 위해 먼 길을 걷는 순례자들에게 우호적인 시선을 보낸다.

---

312) Antón Pombo, "Los coreanos en el Camino de Santiago", Gronze.com, 2018.3.12.
  https://www.gronze.com/articulos/coreanos-en-camino-santiago-14976

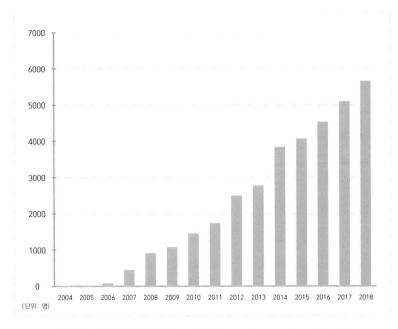

(단위: 명)

산티아고 순례길의 한국인(http://oficialperegrino.com/estadisticas/)

산티아고 순례길에 많은 한국인들이 몰리자 스페인까지 가지 않고 우리나라 내에서도 순례길과 유사하게 걸으며 사색할 수 있는 여러 도보 여행 코스가 만들어지고 있다. 제주도를 한바퀴 도는 올레길이 대표적인데 425km에 이르는 올레길은 산티아고 순례길처럼 길 곳곳에 상징물이 있고 순례객 여권에 스탬프를 찍는 시스템을 도입했다. 비록 완주하는 사람은 1년에 천 명이 채 안될 정도로 적지만 부분적인 구간을 걷는 사람은 수 백만 명에 이를 정도라서 올레길은 제주도의 관광객 유치에 상당히 도움을 주었다는 평가를 받고 있다. 올레길의 성공 이후 지리산 둘레길, 남해 지겟길, 남한산성길 등 전국 각지에 도보여행 코스가 만들어졌다.

순례길을 다녀온 후 좋은 기억을 간직한 사람들은 순례기를 인터넷 커뮤니티에 올리거나 책으로 출판하기도 했고, 산티아고 순례기를 테마로 카페를 연 경우도 있다. 한 TV 채널에서는 유명 연예인이 산티아고 순례길에 숙소를 열어 한국요리를 대접하는 <스페인 하숙>이라는 프로그램을 방영하기도 했다. 산티아고 순례길은 스페인과 한국 사이의 문화적 가교(架橋) 역할을 훌륭하게 수행하고 있다.

4

생활 스포츠와 엘리트 스포츠

스페인 사람들은 스포츠를 매우 좋아한다. 대도시에는 잔디 축구장, 육상 트랙, 농구장, 테니스장, 라켓볼 구장 등을 갖춘 공공 스포츠 컴플렉스가 곳곳에 설치되어 있고, 작은 도시에도 이런 시설이 잘 마련되어 있다. 대학에도 우리나라 대학보다 운동 시설은 훨씬 많은 편이다. 회원제로 운영되는 사설 운동 클럽도 있으며 이런 곳에는 공립보다 더 우수한 수영장, 테니스장 등이 마련되어 있다. 주말에는 유니폼을 잘 차려입은 팀들이 정식으로 축구 시합을 하는 것을 쉽게 볼 수 있다. 2009년 OECD의 조사에 의하면, 세계에서 스포츠를 가장 열심히 하는 국민은 스페인 사람들이었다. 여가 시간에 주로 무엇을 하느냐는 질문에 대하여 스페인 사람들의 12%가 스포츠를 하며 보낸다고 응답함으로써, 5%가 그렇게 응답한 미국을 크게 앞질렀다.[313)

---

313) David Gauthier-Villars, "France: Sleepiest Industrialized Country", *The Wall Street Journal*, 2019.5.4.

그래서인지 스페인은 여러 종목에서 세계 정상급의 성적을 올리고 있다. 스페인에서 가장 인기 있는 종목인 축구만 해도 국가대표 팀은 2008년 유럽컵, 2010년 월드컵, 2012년 유럽컵을 제패하여 세계 대회 3회 연속 우승이라는 전무후무한 기록을 세웠다. 스페인 프로축구 1부 리그인 라 리가(La liga)는 2010년대 유럽 대항전에서 가장 좋은 성적을 올렸다. 남자 농구도 유럽의 최강자로서 올림픽에서도 세 번이나 결승에 진출하여 미국과 금메달을 놓고 겨뤘다. 특히 2008년, 2012년 연속으로 올림픽 결승에서 미국의 NBA 드림팀과 붙었는데 비록 모두 패해 은메달에 그쳤지만 10점 차 내외의 대등한 승부를 펼쳐 세계인들을 놀라게 했다. 2000년대 이래 스페인 농구의 중심으로 활약하고 있는 파우 가솔(Pau Gasol)은 2002년 NBA에 진출하여 외국인 선수로는 처음으로 신인상을 받았고, 여섯 번이나 올스타팀에 포함되었다. 그 외에도 마르크 가솔, 리키 루비오, 에르난 고메스 등 여러 선수가 미국 NBA에서 뛰고 있다.

테니스의 경우에도 남자 세계 랭킹 100위 안에 10~15명 정도의 스페인 선수가 포진해 있을 정도로 스페인은 테니스 강국이다. 특히 슈퍼스타 라파엘 나달(Rafael Nadal)을 비롯해서 스페인 테니스 선수들은 클레이 코트에 강한 면모를 보인다. 비가 자주 오는 영국이나 미국에서는 테니스 유망주들이 실내나 하드 코트에서 테니스를 배우는 반면, 맑은 날이 많은 스페인에는 야외 클레이 코트에서 배우기 때문이다. 같은 이유로 스페인에는 좋은 골프장도 많고, 골프 인구도 많아 세베 바예스테로스(Seve Ballesteros), 호세 마리아 올라사발(José María Olazábal)과 같은 전설적인 골프 선수도 배출되었다. 또한, 투르 드 프랑스(Tour de France)를 5연패 한 사이클의 미겔 인

두라인(Miguel Induráin), 세계적인 F1(자동차 경주) 선수인 페르난도 알론소(Fernando Alonso) 등 사이클, 모터사이클, F1(자동차 경주)과 같은 종목에서도 세계적인 선수가 즐비하다.

하지만 스페인은 올림픽에서는 우리나라만큼 좋은 성적을 올리진 못하고 있다. 국민들 사이에서 인기 있는 구기 종목은 올림픽 메달이 적어서 전체 성적에 별 도움이 안 되었고, 많은 동호인을 보유한 요트, 사이클, 카누 같은 종목에서만 주목할 만한 성적을 거두었기 때문이다. 게다가 날씨가 춥지 않은 이유로 스키나 스케이트 등 동계 올림픽 스포츠를 즐기는 인구가 많지 않아 동계 올림픽에서는 거의 메달을 획득하지 못했기 때문에 역대 하계 올림픽과 동계 올림픽에서 모두 154개의 메달을 획득하여 국가 순위에서 세계 30위권에 있다. 그러나 온갖 종목의 스포츠 경기가 치러지는 올림픽에서 스페인의 순위가 낮다고 해서, 아무도 스페인이 스포츠를 못하는 나라라고 생각하지 않는다. 구기 종목 등 스페인 사람들이 좋아하는 스포츠에서는 세계적인 수준에 이르고 있기 때문이다.

스페인에 비해 우리나라는 올림픽에 유독 강한 면모를 보인다. 하계 올림픽에선 양궁, 태권도, 유도, 레슬링, 사격, 배드민턴, 복싱, 역도, 탁구, 체조 등에서 많은 메달을 획득했고, 동계 올림픽에선 스케이팅, 특히 쇼트트랙에서 좋은 성적을 올려왔기 때문이다. 그런데 이들은 태권도, 탁구, 배드민턴 등을 제외하곤 국민들이 많이 하는 스포츠가 아니다. 그런데도 이 종목들에서 좋은 성적을 거두고 있는 것은 엘리트 스포츠 정책 덕분이다. 어릴 때부터 자질을 보이는 유망주들은 지도자의 권유에 따라 그 종목의 운동부가 있는 학교에 진학하여 전문선수로 키워진다.[314] 또한 국내 평가전을 통해 선발

된 선수들을 국가대표 선수촌에 합숙시키며 집중훈련하여 메달을 딸 수 있는 수준으로 만든다. 그리고 국제 대회에서 좋은 성적을 거둔 선수들에겐 병역 혜택이나 연금 혜택을 주는 식으로 목표 의식을 고취시킨다. 선수들이 올림픽 등 국제 대회에서 우수한 성적을 거두는 것은 국위 선양이나 국민의 사기 진작에 도움이 되기 때문이다.

스페인에서는 학교 스포츠가 발달되어 있지 않기 때문에 자녀를 선수로 육성하고 싶다면 부모들은 사설 클럽에 등록시켜야 하고 개인이 레슨비를 부담할 수밖에 없다. 그러니 자녀를 전문 선수로 육성하는 데는 상당한 비용이 들게되고 부모의 경제적 형편이 되어야 엘리트 유망주로 입문할 수 있다. 축구나 농구 등 재정이 튼튼한 클럽들은 자체 예산으로 유소년 클럽을 운영하며 어린 유소년 유망주를 발굴하여 체계적으로 관리하고 육성하는 프로그램을 운영하고 있다. 물론 여기에도 부모가 개입하기 마련이다. 하지만 이런 일에 국가가 나서지도 않고, 국위를 선양했다고 연금 등의 혜택을 주지도 않는다. 한국의 국가적인 체육 엘리트 지원과 투자는 스페인에선 기대하기 어렵다. 다만 우리나라에서도 골프 같은 종목은 사적인 영역에서 유망주들이 육성되고 있다.

최근 우리나라는 생활체육 시설 확충에 많은 노력을 기울이고 있다. 생활 체육의 중요성을 강조하는 목소리가 높아지면서 지자체들에 의해 국민 체육 시설이 비약적으로 증가하고 있다. 우리나라의 여러 하천변에 산책로나 자전거 길이 설치되고 운동할 수 있는 공간

---

314) 박광호, 「부모 관점에서의 자녀의 엘리트 스포츠 참여와 스포츠 양육」, 『한국사회체육학회지』, 79, 2020. p.174-5.

도 많이 마련되었다. 우리나라의 스포츠 엘리트 육성 시스템이 바뀌진 않겠지만 앞으로 시민들을 위한 생활 체육 환경도 점점 좋아질 것으로 보인다.

5

스페인 프로 축구와
한국 프로 스포츠

프로 축구는 스페인에서 가장 인기 있는 스포츠로서 스페인 경제에 많은 파급효과를 주고 있다. 직접적으로는 축구 승패를 맞추는 끼니엘라(Quiniela)를 비롯하여 다양한 도박 사이트에 많은 금액이 몰리고 있다. 또한, 축구 구단마다 열성 팬들이 있어 이들은 국내 원정경기는 물론 해외 원정경기까지 참관하며 팀을 응원하고 있다. 가정을 돌보지 않고 축구에 빠져 사는 사람이 많아 그런 남편을 가진 부인은 축구 과부(viuda de fútbol)라고 불리기도 한다. 축구 팬 중에는 경기장에 가지 못하는 경우 혼자 TV를 보기보다 집 근처의 바에서 다른 사람들과 같이 경기를 보는 사람도 많다. 스페인에서 가장 많은 부수가 팔리는 신문은 스포츠 신문으로, 축구는 많은 사람의 화제가 된다.

스페인 축구에는 약 95만 명의 등록 선수가 있고 2만 개의 팀이 있는 것으로 집계되고 있다.[315] 이 중에서 약 66,000명의 선수가 리그에 속해 있다. 리그에 속한 팀은 정기적으로 경기를 하고 성적에 따라 승급을 하거나 강등을 당한다. 리그 중에서 가장 정점에 있는 것은 역시 라 리가(La liga)라고 불리는 1부 리그이다. 여기에는 20개의 클럽이 속해 있으며, 상위 4개 팀은 챔피언스 리그(Champions League), 그다음 3개 팀은 유로파 리그(Europa League)라는 유럽 클럽 대항전에 출전한다. 하위 세 팀은 2부 리그로 강등당한다. 2부 리그에는 22개 팀이 있고, 2부 리그 B에는 20팀씩 네 개의 리그가 있다. 3부 리그는 자치주별로 운영되고 있으며 20~22개 팀씩 18개의 리그가 있다(안달루시아만 두 개의 그룹이 있음). 그리고 그 밑으로 지역 리그(Divisiones regionales)가 존재한다.

그동안 유럽 대항전에서 스페인팀들은 최고의 성적을 올렸다. 2010년부터 10년 동안의 집계에서도 스페인 리그는 영국, 독일, 이탈리아 리그 등을 제치고 최고의 점수를 획득했다. 하지만 스페인 리그가 다른 국가의 빅 리그에 비해 예산이 많은 것은 아니다. 실제로 클럽의 평균 수익 면에서 스페인팀(93억 유로)은 영국팀(139억 유로)이나 독일팀(108억 유로)에게 뒤진다. 하지만 스페인의 두 거함 레알 마드리드와 FC 바르셀로나는 수입 면에서 유럽 Top 3 구단에 위치하고 있다.[316] 2018/19 시즌의 경우만 해도 FC 바르셀로나가 8억 4천만 유로, 레알 마드리드가 7억 6천만 유로를 벌어들여 맨체스터 유나이티드(7억 천만 유로), 바이에른 뮌헨(6억 6천만 유로)을 따돌리고 수익 면에서 1, 2위를 차지했다.[317] 2017/18 시즌까

315) "Memoria 2016/ Licencias y Clulbes federados".
    http://www.csd.gob.es/csd/estaticos/asoc-fed/LicenciasyClubes-2016.pdf
316) KPMG. "The European Elite 2020: Football Clubs' Valuation". *KPMG Sports Advisory Practice*, 2020.

지만 해도 레알 마드리드가 줄곧 1위를 지켜왔지만, 2018/19년에는 FC 바르셀로나가 1위를 차지했다. 두 거대 구단이 떠받치고 있는 라 리가의 경제 효과는 스페인 전체 GDP의 1.4%를 차지하며, 185,000명을 고용하고 있어 국가 경제에 엄청난 기여를 하고 있다.[318]

예산 면에서 유럽에서 세 번째인 라 리가에 속해 있는 레알 마드리드와 FC 바르셀로나가 유럽에서 가장 많은 수익을 내는 구단으로서 유럽의 수위를 차지할 수 있는 이유는 그만큼 두 구단이 성적도 좋고, 전 세계적으로 많은 팬을 보유하고 있기 때문이다. 레알 마드리드와 FC 바르셀로나는 다른 외국 클럽과 달리 개인 소유자가 없는 시민 구단이다. FC 바르셀로나는 18만 명의 회원(socio)을, 레알 마드리드는 10만 명의 회원을 보유하고 있다. 회원은 연간 20~30만 원 정도의 회비를 내야 하며, 연간 입장권은 따로 사야한다. 회원이 되면 구단 소식지를 받아보며 구단의 총회에 참석하고, 회장을 선출하는 투표권을 갖는 등 여러 혜택이 있다.

프로 구단의 수입원은 입장권 판매, TV 중계권 판매, 마케팅이 있다. 보통의 구단은 TV 중계권이 가장 큰 부분을 차지하지만, 레알 마드리드와 FC 바르셀로나 등 유명 구단들은 마케팅 수입의 비중이 더 크다. 유니폼 사용과 유니폼에 부착하는 광고가 마케팅 수입의 가장 큰 부분이다. 그 외에 경기장 투어, 유니폼 판매, 해외 친선경기 등으로 다양한 수입을 올리고 있다. 레알 마드리드와 FC 바르셀로나는 최근 자체 TV 채널을 만들고 스마트폰 앱을 개발하는 등 새

---

317) David Lange, "Top-20 European soccer clubs by total revenue 2018/19 season", Statista, 2020.2.5.

318) "La liga posts record financial figures", Reuters, 2019.5.9.
https://uk.reuters.com/article/uk-soccer-spain-finances/la-liga-posts-record-financial-figures-id UKKCN1SF1L4

로운 영역으로 사업을 확대하고 있다.

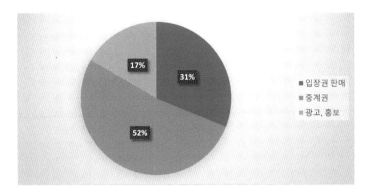

스페인 라 리가의 수익구조

　스페인 프로 축구팀에 비해 우리나라 프로 야구단은 지역을 연고로 하지만 기업이 소유하고 있다는 특징이 있다. 우리나라 프로 축구단의 경우 절반 정도는 기업이 소유하고 있지만 나머지 절반은 레알 마드리드나 FC 바르셀로나와 같은 시민 구단이다. 하지만 시민 구단의 경우에도 지자체가 최대 주주로서, 세금을 재원으로 한 지자체의 보조금이 구단 운영비의 많은 부분을 차지한다는 점에서 순수하게 팬들이 구단을 소유하고 있는 스페인팀들과는 다르다. 우리나라의 축구단이나 야구단은 자체로 이익을 얻는 구단이 거의 없고, 대부분 손실(50~200억 원)을 보고 있다. 하지만 모기업이 기업홍보 효과를 보는 대신 이 손실을 메우는 방식으로 운영된다. 프로 야구의 경우엔 팀 이름에 기업 이름을 가장 앞에 표기해서(두산 베어스, LG Twins 등), 기업 입장에선 상당한 홍보 효과를 기대할 수 있다. 하지만 프로 축구의 경우엔 지역명을 앞에 표기하기 때문에(수원 삼성 블루윙즈, 전북 현대 모터스 FC 등) 기업의 홍보 효과는 야구에 비해 떨어진다. 최근 프로 야구 구단 중에서 순이익을 기록하는 구단이 나오고 있는데, 프로 구단이 모기업에 의존하지 않고도 생존할 수 있는 가능성을 보여주고 있다는 점에서 고무적이다.

KBO와 라 리가를 비교해보면 KBO의 경우 총 입장객의 숫자는 라 리가의 80% 이상에 해당한다. 그런데도 입장 수입 면에서는 10%에도 도달하지 못한다는 것은 입장권 가격이 스페인 축구에 비해 1/10도 안 된다는 것을 의미한다. 우리나라 프로 야구 주말 입장권의 평균 가격이 만 원 정도인 데 비해, 라 리가의 입장권은 경기에 따라, 좌석 위치에 따라 천차만별이지만 평균 약 10만 원 정도로 추산되고 있다.[319] 게다가 챔피언스 리그, 유로파 리그 등 유럽 대항전의 입장권은 정규 경기보다 훨씬 비싸기 때문에 입장권 수입은 더 증가하게 된다.

중계권 규모에서는 더 차이가 난다. 2018년 라 리가의 중계권은 2조 2천억 원에 육박한 반면,[320] KBO의 중계권은 760억 원에 불과해서 30배의 차이가 났다. 중계권은 지상파, 케이블 TV, 통신·인터넷 포털 등에 판매하는데, 라 리가의 경우 입장료 수입이 중계권 수입의 60% 정도밖에 안 될 정도로 중계권은 리그 전체에서 가장 중요한 수입원이다. 하지만 KBO의 경우엔 야구의 특성상 경기 수가 더 많은 데도 중계권 수입이 입장권 수입보다 오히려 적은 편이다.

중계권이 스페인 축구나 유럽 축구보다 너무 저렴하다고 해서 무

---

319) Marcos Iriarte, "Las entradas de fútbol en España, las segundas más caras del mundo", *El mundo*, 2015.9.29.
https://www.elmundo.es/economia/2015/09/29/5604367e268e3eb3738b45d1.html

320) "Informe económico-financiero del fútbol profesional 2018", La liga. p.24.
https://files.laliga.es/pdf-hd/informe-economico/informe-economico-2018_v1.pdf

작정 올릴 수도 없다. 시청률에서 큰 차이가 있기 때문이다. KBO의 시청률이 라 리가에 비해 훨씬 낮기에 방송사나 인터넷 포털에 중계 권료를 많이 요구하기 어려운 것이다. 하지만 라 리가나 다른 유럽 축구의 경우 경기장 입장 수입보다 중계권 수입이 훨씬 큰 것을 보면, KBO의 중계권이 다소 저렴해 보이기는 한다.

스페인 라 리가와 비교한 국내 프로 야구/축구(2018)

	La liga (스페인 프로축구)	KBO리그 (한국프로야구)	K-league (한국프로축구)
총 관객 수	10,342,948명	8,400,000명	1,820,000명
총 경기 수	379	737	228
평균 관중	27,290명	11,398명	8,013명
입장권 판매 수익	13,356억 원	898억 원(2017)	162억 원(2019)
중계권 수익	22,526억 원	760억 원	100억 원(추산)
광고, 홍보 수익	7,140억 원		

(한국스포츠정책과학원, 「2018 스포츠산업백서」, La liga, "Informe económico-financiero de fútbol profesional, 2018」.)

이렇듯 라 리가와 비교했을 때 우리나라 프로 스포츠는 입장권 수입이 구단 수입의 가장 많은 비중을 차지하는 후진적 양상을 보인다. 입장권 가격도 스페인 라 리가의 1/10 수준밖에 안 되는 데도 말이다. 상황이 이러하니 많은 구단이 적자를 볼 수밖에 없고, 모기업이나 지자체의 지원이 없으면 유지되기 어려운 것이 현실이다.

유럽프로축구연맹(UEFA)은 유럽의 각국 축구 리그를 묶어 챔피언스 리그나 유로파 리그를 만들어 전 세계 축구 팬의 이목을 집중시키고 있다. 예전에도 각국 리그의 우승 팀들이 격돌하는 유럽컵이 있었지만, 1992년부터 이름을 챔피언스 리그로 바꿔 리그제를 도입했으며 1999/2000 시즌부터는 성적에 따라 한 리그에서 최대 4팀까지 출전하도록 하는 등 점차 대회의 규모를 키워가고 있다. 이제는 자국 리그의 우승보다 챔피언스 리그의 우승이 더 영예롭고 가치 있는 것으로 여겨지고 있다. 물론 이렇게 함으로써 유럽 축구의 파이는 점점 커지고 있고, 해마다 챔피언스 리그에 출전하는 레알 마드리드, FC 바르셀로나, 아틀레티코 마드리드와 같은 구단들은 막대한 수익을 올리고 있다.

우리나라의 프로 스포츠 역시 파이를 키우기 위해서는 인접한 일본, 중국 등의 국가와 협력하여 국제 대항전을 조직화해야 한다. 물론 프로 축구의 경우 중동과 대양주까지 포함한 아시아 챔피언들이 출전하는 AFC 챔피언스 리그가 있지만, 아직 유럽만큼 팬들의 관심을 받고 있지 못하다. 미국처럼 자국 스포츠 시장이 충분히 큰 경우가 아니라면 국제적인 대회를 조직하여 시장의 규모를 키우는 것이 지구화 시대 프로스포츠가 살 길이다.

프로 스포츠의
지역주의와 국가주의[321]

스페인의 프로 축구가 대중 사이에서 가장 인기 있는 스포츠로 자리 잡은 데 스페인 특유의 지역주의가 작용하고 있음은 잘 알려진 사실이다. 지역 팀에 대한 광적인 애정은 유럽의 어느 나라에서나 볼 수 있지만, 이를 넘어 스포츠팀이 지역 정체성의 구심점 역할을 한다는 것이 스페인 축구의 특이점이다. 그래서 많은 지역 구단은 "클럽 이상의 클럽(Más que un club)"이라는 모토를 앞다투어 사용하고 있다.

지역민 전체가 지역 팀의 서포터라고 볼 수 있지만, 그중에서도 가장 핵심적인 서포터들은 지역 팀을 응원하는 것이 삶의 가장 중요한 일 중 하나가 된다. 그들은 연간 관람권을 사서 모든 홈경기를 참관할 뿐 아니라 다른 도시, 심지어 외국에서 벌어지는 어웨이 경기

---

321) 이 장에는 필자의 논문, 「스페인 프로축구와 지역민족주의」, 『이베로아메리카 연구』, 22-2, 2011. pp.37-63. 일부가 포함되어 있음.

에도 팀을 응원하기 위해 생업을 중단하고 여행을 떠난다. 그중에서 가장 극단적인 배타성과 폭력성을 보이는 훌리건 그룹도 있다. 이들은 한쪽 골대 뒤편에 자리를 잡고 거친 언사를 퍼붓고 때로는 폭력적인 성향을 보여 상대 팀 팬과 싸움을 벌이기도 한다. 이들은 정치적으로도 매우 지역주의 성향이 강한데, 카탈루냐, 바스크, 갈리시아 팀의 훌리건들은 지역의 독립을 주장하는 현수막을 내걸기도 한다. 이에 비해 마드리드 등 내륙 팀의 훌리건들은 극우적 성향을 표출하는 경우가 많다.

흥미로운 것은 한 도시에 여러 팀이 있는 경우 정치적 입장에 따라 팬이 나뉜다는 것이다. 바르셀로나에 위치한 두 팀 FC 바르셀로나와 FC 에스파뇰의 팬은 카탈루냐 독립주의자와 반독립주의자로 나뉘어진다. 그래서 FC 바르셀로나 경기에선 독립을 주장하는 구호가 터져 나오거나 퍼포먼스가 벌어지기도 하지만, FC 에스파뇰의 경기에선 그런 광경을 찾아보기 어렵다. 마드리드에는 세 팀이 있는데, 레알 마드리드의 구장은 부유한 구역에 있고, 아틀레티코 마드리드 구장은 중산층 구역에 있으며, 라요 바예카노(Rayo Vallecano)의 구장은 마드리드의 대표적인 빈민 구역에 자리 잡고 있다. 레알 마드리드의 팬들은 정치적으로 보수적, 아틀레티코의 팬들은 중도적, 라요 바예카노의 팬들은 진보적 성향을 갖는 것으로 알려져 있다. 물론 정치적 입장과 관련없이 순수하게 스포츠적인 관점에서 자기 팀을 응원하는 팬들도 상당히 많다.

이렇듯 스페인에서 축구는 지역주의와 겹쳐져 있다. 그러니 양대 거대 구단이자 최대 라이벌인 레알 마드리드와 FC 바르셀로나의 경기는 뜨거울 수밖에 없다. 이는 현재 스페인 정치의 최대 쟁점인 스페인 통합주의와 카탈루냐 독립주의의 대결이기도 하기 때문이다. 이에 따라 카탈루냐 독립의 열기가 최고조에 달했던 최근 몇 년간의 경기가 가장 격렬했다. 게다가 양 팀에는 세계 축구계 불세출의 스타이자 호적수인 리오넬 메시와 크리스티아노 호날두가 있었으니 그 열기는 상상하기 어려웠다. 2012년 10월 캄 노우에서 벌어진 '엘 클라시코'에서 많은 바르셀로나 팬은 전후반 17분 14초에 일어나 카탈루냐 깃발을 들고 독립을 외쳤다. 1714년 스페인 국왕 펠리페 5세에 의해 바르셀로나가 함락되어 카탈루냐의 자치권을 빼앗긴 사건을 상기시키는 퍼포먼스였다. 2012년 시작된 이 퍼포먼스는 이후로도 지속되어, 카탈루냐 독립을 주장하는 상징적인 행위로 자리 잡았다.

당연하게도 스페인 축구 구단 중에서 정치와 가장 가깝게 결부된 곳은 지역 민족주의가 발달한 바스크, 카탈루냐, 갈리시아 등이다. 프로 축구와 지역 민족주의가 결합하게 된 가장 중요한 이유 중 하나는 구단의 창설과 초기의 발전 과정이 그 지역의 정치·사회적 상황과 긴밀하게 연관되어 있다는 점이다. 스페인 프로 구단들은 우리나라처럼 프로 축구의 리그 시스템이 생긴 후 그에 따라 지역 분배에 의해 인위적으로 창단된 것이 아니라, 각 지역 속에서 자생적으로 발전하였다. 초기에 바스크 지역에서 여러 축구 구단이 창단된 것은 19세기 바스크 지역 철강산업의 발전과 관련이 깊다. 빌바오를 중심으로 한 바스크 지역의 철광 개발을 위해 영국 기술자들이 몰려왔고, 이들에 의해 축구가 바스크 지역에 빠르게 전파되었다. 바스크 출신으로서 영국으로 유학을 떠났던 스페인 학생들도 축구를 배워와 바스크 지역에서 축구가 발전하는 데 중요한 역할을 했다.

그리하여 영국인 근로자, 스페인 유학생, 그리고 지역민들은 1898

년 자신들의 구단인 아틀레틱 빌바오(Athletic Bilbao)를 창설했다.[322] 곧 바스크 지역에서 구단 창단이 이어져 1902년 이룬 풋볼 클룹(Irún Fútbol Club), 1908년 라싱 클룹 데 이룬(Racing Club de Irún), 1909년 레알 소시에닷(Real Sociedad), 1914년 아레나스 클룹 데 헤초(Arenas Club de Getxo) 등이 창설되었다. 이러한 바스크 지역 팀들은 1929년 스페인 프로 리그 라 리가(La Liga)의 창설에도 주도적인 역할을 담당했다. 첫 시즌 열 개의 참여 팀 중에서 다섯 개가 바스크 팀이었을 정도로, 바스크는 초기 스페인 프로 축구의 중심지가 되었다.

빌바오에서 아틀레틱 구단의 승리는 지역 최대의 축제였다. 아틀레틱 구단이 리그를 우승하거나 국왕컵을 차지하게 되면 빌바오의 산 안톤(San Antón) 성당에서 주교의 집전 아래 특별 미사가 행해졌고, 그들의 트로피는 빌바오시의 수호성인인 성모 베고냐(Virgen de Begoña)에게 바쳐졌다. 1970년대까지만 해도 선수들은 바스크의 아들로 간주되었기에, 시즌 종료와 함께 빌바오 예수회 대학에 일주일 동안 합숙하며 영적 훈련의 시간을 가졌다.[323] 아틀레틱 빌바오의 홈구장인 산 마메스(San Mamés) 구장은 지금도 빌바오 팬들 사이에서 '대성당(La Catedral)'이라고 불릴 정도로 신성한 곳이다.

한편, FC 바르셀로나 구단의 창단 역시 지역의 산업적 발전과 관련이 깊다. 바르셀로나 구단은 1899년 스위스 출신 사업가 한스 캄페르(Hans Kamper)에 의해 창단되었다. 사업차 바르셀로나에 들렀

---

322) 아틀레틱 빌바오는 스페인에서 두 번째로 창설된 축구 구단이다. 첫 번째는 1889년에 창설된 레크레아티보 데 우엘바(Club Recreativo de Huelva) 구단이다.

323) Jeremy MacClancy, "Nationalism at Play: The Basques of Vizcaya and Athletic Club de Bilbao", MacClancy ed., *Sports, Identity and Ethnicity*, Oxford: Berg, 1996, p.186.

던 그는 이 도시에 반하게 되어 여기에 살기로 작정한다. 그리고 카탈루냐 민족주의에 동화되어 자신의 이름을 카탈루냐어를 따라 조안 감페르(Joan Gamper)라고 개명하였다. 그는 1908년부터 1925년까지 구단 회장직을 수행하면서 카탈루냐 지역의 성공한 상공인들을 회원으로 불러 모았고, 구단을 카탈루냐 민족주의 운동과 연계시키려 했다. 그리하여 카탈루냐어 학교를 세우고, 구단 멤버들에게 카탈루냐어를 가르쳤으며, 스페인으로부터의 카탈루냐 독립을 위한 캠페인을 펼쳤다.[324] 이렇게 되어 FC 바르셀로나 구단은 카탈루냐 지역 정체성의 구심점으로 떠 오른다.

스페인 프로 축구가 지역적 정체성을 대표할 수 있는 또 하나의 중요한 이유는 소유 구조에 있다. 알다시피 유럽 축구계에서 대자본의 논리가 지배하기 시작한 2000년대 이후 영국의 주요 구단은 거의 대부분, 러시아, 미국, 아랍의 재벌에게 매각되었고, 이들의 자본력을 바탕으로 유럽 무대에서 월등한 성적을 올리고 있다. 창단 당시에는 시민 회원들에 의해 집단 소유되었던 구단들이 운영에 유리한 유한 회사의 형태로 바뀌었고, 이제는 개인들에게 매각된 것이다. 반면 스페인의 레알 마드리드, FC 바르셀로나, 아틀레틱 빌바오 등의 구단은 클럽 회원들(socios)을 바탕으로 한 집단 지배 체제를 고수하고 있다. 원래는 모든 구단이 이러한 회원제로 운영되었으나, 1990년 발효된 스페인 스포츠 법령은 스페인 리그에 참여하는 모든 구단이 의무적으로 유한 회사(Sociedad Anónima) 형식을 갖추도록 규정했다. 집단 소유제로는 법적이고 재정적인 책임을 감당하기 어

---

324) Sean Hamil, Geoff Walters and Lee Watson, "The model of governance at FC Barcelona: balancing member democracy, commercial strategy, corporate social responsibility and sporting performance", *Soccer & Society* Vol 11. No. 4., 2010, pp.475-504.

렵다고 판단했기 때문이다. 그러나 이 법령은 레알 마드리드, FC 바르셀로나, 아틀레틱 빌바오, CA 오사수나 구단을 예외로 인정했다. 지역의 정체성을 대표할 만큼 회원제의 전통이 뿌리 깊고 회원 대부분이 회원 시스템을 지지하고 신봉하기 때문이다.

아틀레틱 빌바오의 회원은 43,500 명에 달하는데 (2019)[325] 이들은 일년 회비로 200만원 정도를 내고 구단주 선출 투표권을 부여받는 등 구단 경영에 참여한다. 돈이 많은 사람이라도 구단에 더 투자할 수 없고, 오로지 회원의 1년 회비만 낼 수 있다. 돈 많은 한두 사람에 의해 클럽의 운영이 좌지우지되지 않고 공동으로 소유하는 것을 회원 대부분이 원하기 때문이다. 구단의 운영을 위해 개최되는 대표자 회의는 바르셀로나 구단의 경우 3,000명으로 구성되며, 이는 회원 중에서 컴퓨터 추첨으로 정해진다. 집단 소유 구조에서 중요한 것은 재정과 운영의 투명성인데, 이를 위해 구단은 모든 회원에게 정기적으로 뉴스레터를 보내 구단 운영을 보고하고 있다.

지역주의와 결부된 구단 운영의 대표적인 예로 바스크 구단들이 바스크 혈통의 선수만을 구단 선수로 뛸 수 있도록 하는 정책이 있다. 아틀레틱 빌바오 구단은 1919년 바스크 지역에서 태어난, 바스크 혈통의 선수만이 구단 선수로 뛸 수 있다고 공식 선언했다.[326] 레알 소시에닷(Real Sociedad) 구단 역시 바스크 지역에서 태어난 사람으로 선수 자원을 한정했지만, 바스크 혈통이 아닌 이민자의 자손

---

325) https://www.athletic-club.eus/club/datos-institucionales

326) 아틀레틱 구단의 폐쇄주의는 내부적으로는 바스크인들의 지지를 받았지만 외적으로는 많은 비판에 직면했다. 비판 중에는 기본적으로 바스크의 순혈성에 회의적인 시선을 보내는 경우도 있었다. 바스크 지역에는 19세기의 산업적인 발전으로 인해 외부에서 많은 인구가 유입되었고, 1900년대에 이미 80%의 거주민이 이민자이거나 이민자의 자식들이었기 때문이다(Gershon Shafir, *Immigrants and Nationalists*, Albany: State University of New York Press, 1995. pp.42-43.).

도 허용함으로써 아틀레틱 구단에 비해서는 다소 문호를 넓혔다. '지역 선수와 팬만으로 충분하다. 수입할 필요는 없다(Con cantera y afición no hace falta importación)'라는 구단 모토에서 드러나듯, 아틀레틱 빌바오 구단은 엄격한 순혈주의를 고수했다. 앞서 말했듯 바스크 지역은 일찍부터 축구가 발전했던 곳이라, 다른 지역의 선수들을 영입하지 않아도 좋은 성적을 올릴 수 있어서 1950년대까지 리그를 여섯 번이나 제패했다.

그러나 1970년대부터 스페인 축구에서 외국 선수들에 대한 제한이 점차 완화되고, 1990년대부터 외국 선수들이 본격적으로 영입되기 시작하자 바스크 구단들의 성적은 내려가기 시작했다. 그러자 레알 소시에닷 구단은 1989/90 시즌에 처음으로, 스페인 타지역 선수와 외국 선수를 스카우트했다. 아틀레틱 빌바오 구단은 1996/97 시즌부터 구단의 선수로 뛰기 위해선 혈통과 관계없이 바스크 지역에서 축구를 배우기만 했으면 된다는 것으로 순혈주의의 범위를 대폭 확장했다. 그러나 바스크와 전혀 연고가 없는 선수는 아틀레틱 빌바오 구단에서 뛸 수가 없기에 순혈주의는 여전히 고수되고 있다고 보아야 한다. 다른 팀들이 자유롭게 타지역 또는 외국 선수를 영입하는 상황에서 아틀레틱 빌바오의 순혈주의는 성적의 부진을 가져왔다. 그러나 바스크 사람들은 빌바오팀의 오랜 전통이 깨지는 것을 원치 않는다. 절대다수의 회원이 다른 지역 선수를 기용하는 것보다 팀이 2부 리그로 강등하는 것을 보겠다고 했다.

축구와 결부된 지역주의와 상충되는 것은 국가 대항전이다. 스페인 내의 클럽 대항전에서는 자기가 살고 있는 지역의 팀을 응원하더라도, 월드컵이나 유럽컵 등 국가대표팀이 경쟁하는 이벤트에서는 국가대표팀을 응원하는 것은 당연하다. 흥미롭게도, 스페인 국가대표팀은 '선발팀'이라는 의미의 'La selección'이라는 말을 쓰며 nacional이라는 말을 붙이지 않는다. 지역민족주의와 혼동되기 때문이다. 선발팀(La selección)이라는 말은 바스크팀, 카탈루냐팀, 안달루시아팀을 지칭할 때도 똑같이 쓰인다. 스페인 프로 축구의 수준은 세계적이면서도 2000년대 이전까지 스페인 국가대표팀이 국가 대항전에서 이렇다 할 성적을 거두지 못하자, 스페인의 고질적인 지역주의로 인한 분열이 국가대표팀에도 영향을 미친다는 분석이 나오곤 했었다. 숙명의 라이벌인 레알 마드리드와 FC 바르셀로나의 선수들이 주축이 되어 구성된 스페인 대표팀이 단결력을 보여줄 수 있겠느냐는 회의감에서 비롯된 것이다.

그런데 2000년대에 접어들어 스페인 국가대표팀이 좋은 성적을 거두면서 이런 회의적인 시각은 설득력을 잃게 되었고 대표팀의 인기가 올라갔다. 특히 2010년 월드컵 결승에서 결승 골을 넣은 안드레스 이니에스타(Andrés Iniesta) 선수는 국민적인 영웅이 되었다. 라만차 지방 출신인 그는 FC 바르셀로나에서 오랫동안 뛰며 주장을 맡기도 했는데, 카탈루냐 독립운동이 격해지자 카탈루냐 주정부와 마드리드 중앙 정부 간의 열린 대화를 촉구하기도 했다.[327]

우리나라에서도 프로 스포츠팀이 지역을 연고로 하고 있지만, 스페인처럼 지역 정체성 형성의 구심점 역할을 하는 정도는 아니다. 이것은 우리나라의 지역주의가 스페인만큼 강하지 않고 국가주의가 발달해 있기 때문으로 보인다. 우리나라 프로 축구의 경우 K-league

---

327) "Barcelona captain Andrés Iniesta calls for 'open dialogue' over Catalonia crisis", *The Guardian*, 2017.10.5.

는 그리 인기 있다고 하기 어렵지만, 국가대표 경기는 국민적 관심사가 된다. 특히 한일전이 벌어지면 국민의 관심은 최고조에 달한다. 이는 물론 일본과의 역사적 관계에서 비롯된 것으로서, 스포츠에서의 승리를 통해 심리적인 해원(解冤)을 하는 것이다. 4년 마다 한번씩 열리는 월드컵은 범국가적인 최고의 스포츠 이벤트다.

프로 야구의 경우엔 프로 축구만큼 전 세계적으로 국가 대항전이 활성화되어 있지 않다. 2006년부터 월드 베이스볼 클래식(WBC)이 창설되어 4년마다 한 번씩 열리고 있지만, 축구의 월드컵에 비하면 인지도나 권위 면에서 한참 떨어진다. 미국의 스타급 선수들은 부상을 이유로 출전을 회피한다. 하지만 우리나라는 국내 프로 선수는 물론 해외에 진출한 선수들을 총망라하여 최고의 선수로 팀을 꾸려서 1회 대회 3위, 2회 대회(2009) 준우승을 차지하는 등 준수한 성적을 올려왔다. 또한, 올림픽, 아시안 게임, WBSC 프리미어 12 국제 대회 등에도 최고의 선수들로 팀을 구성하여 참여하고 있고, 좋은 성적을 올리면 선수들에게 병역 혜택도 부여하고 있다. 국가 대항전이 발달한 축구가 그렇지 못한 야구보다 프로 스포츠로서 인기가 덜한 것은 국가주의와 프로 스포츠의 미묘한 상관관계를 보여준다고 할 수 있겠다.

VI

일상의 풍경들

1. 삶의 방식

2. 임금 근로자의 근로 환경

3. 스페인과 한국의 일과 시간

4. 시에스타와 쪽잠 문화

5. 스페인의 바와 한국의 길거리 식당

6. 휴가를 보내는 방식

7. 비슷하거나 상이한 일상의 풍경들

1

삶의 방식

세계의 많은 사람이 휴가를 즐기기 위해 스페인을 찾는 것은 단순히 스페인의 좋은 날씨와 해변 때문만이 아니다. 세계인들은 스페인인들의 삶의 방식과 사회 분위기를 좋아한다. 스페인식 삶의 방식이란 일과 휴식을 균형 있게 유지하며 삶을 즐기는 것을 말한다. OECD 조사에 의하면 스페인인들은 자고, 먹고, 레저를 즐기고, 취미 생활을 하고, 친구나 가족과 보내는 데 하루 평균 15.9시간을 쓰는 것으로 집계되었다. 일과 휴식의 균형(Work-Life Balance) 면에서 OECD 국가 중 네 번째를 차지했다.[328] 특히 스페인 사람들은 북유럽 사람들과 달리 여가를 혼자 보내기보다는 밖에서 친구 또는 가족과 보내는 경향이 강하기에, 현대 산업사회의 문제로 떠오른 고독한 개인 문제가 아직까지는 심각하게 부각되지 않고 있다. 식사 시간만 해도 스페인 사람들에겐 단순히 먹는 시간이 아니라 다른 사람과 떠들며 즐기는 시간이라는 인식이 강하다. 그래서 식탁에 앉으면 실컷

---

328) OECD Better Life Index. http://www.oecdbetterlifeindex.org/topics/work-life-balance/

수다를 떨며 두 시간씩 먹는 것이 보통이다.

스페인 사람들에게는 샐러드, 파스타, 고기 등으로 구성된 푸짐한 식사와 디저트 그리고 포도주나 맥주 한잔을 곁들이는 식사시간이 무엇과도 바꿀 수 없는 일상의 행복이다. 우리나라 사람에겐 주식인 스파게티, 빠에야 등의 요리는 스페인 사람들의 점심에선 애피타이저에 불과하고, 고기나 생선이 주요리가 된다. 거기에 달콤한 디저트까지 먹으니 양도 엄청나고 시간도 오래 걸릴 수밖에 없다. 스페인 식당에는 금기가 있으니, 음식을 빨리 가져다 달라고 재촉하는 일이다. 첫 번째 요리를 다 먹어도 종업원이 두 번째 요리를 가져올 때까지 기다리고, 디저트도 가져다줄 때까지 기다린다. 또한, 계산서를 가져다 달라고 하면 한참 걸려서 가져오기 때문에 스페인 식당에서 제대로 점심을 먹으려면 1시간 30분은 기본으로 걸릴 수밖에 없다.

독일이나 영국 등 유럽 주요 국가의 회사원들은, 공식적인 식사약속이 없으면 일하던 책상에서 집에서 싸온 샌드위치 등으로 간단하게 점심을 해결하는 경우가 많다. 이렇게 되면 점심시간으로 인해 업무가 끊어지지 않아 업무의 효율성이 높아지는 장점이 있다. 물론 퇴근시간은 상당히 이르다. 우리나라 회사원들은 대부분 밖에 나가 식당에서 먹기 때문에 북유럽 회사원들보다 점심을 잘 먹는 편이다. 대신 점심시간이 짧아 전쟁터를 방불케 할 정도의 속도전으로 진행된다. 식당에 가기 전에 미리 사람 숫자와 메뉴를 정해서 알려주고, 식당에 도착하자마자 준비된 음식을 먹기 시작해서 15~20분이면 식사가 끝나게 된다. 그리고 근처 카페에 가서 커피까지 한잔 마시고, 한 시간을 꽉 채워서 사무실로 돌아간다. 우리나라 회사원의 식사량도 스페인 회사원에 비해 적지 않은 편이기 때문에, 점심을 먹고

나면 졸리기 마련이다. 우리나라 회사원들은 짧은 시간을 효율적으로 일하기 보다 야근 등 긴 업무 시간으로 효율성을 대체한다고 볼 수 있다.

　세계적으로 사라져가고 있는 밤 문화도 스페인에서는 성행하고 있다. 주말이 되면 길거리를 가득 메운 노천카페가 사람들로 가득 차 새벽 한두 시까지 불야성을 이룬다. 특히 해가 늦게 지는 여름에는 건조한 공기 때문에 밤이 쾌적해서, 밤이 되면 사람들이 거리로 쏟아져 나와 삼삼오오 노천카페에 앉아 술이나 음료를 마신다. 스페인 사람들은 말이 많기 때문에 그런 자리는 언제나 시끌벅적하다. 2014년 CNN이 선정한, 밤 문화가 발달한 세계 10대 도시 순위에서 스페인의 이비사(Ibiza)가 1위를, 바르셀로나가 6위를 차지했다.[329)]

　우리나라는 직장의 근로 시간이 길기 때문에 스페인처럼 여가를 즐길 시간이 길지는 않지만, 스페인 못지않게 밤 문화가 발달한 나라다. 우리나라를 방문한 미국이나 유럽인들이 놀라는 점은 한국이 '조용한 아침의 나라'가 아니라는 것이다. 낮 동안 열심히 일하던 사람들이 밤이 되면 식당이나 카페에서 친구들, 동료들과 어울리는 문화가 발달해 있다. 밤새 문을 여는 클럽도 사람들로 가득 찬다. 한국 사람들도 스페인 사람들만큼이나 다른 사람과 어울리는 것을 좋아한다. 다만, 한국 사람들은 낯가림이 있어 스페인 사람들만큼 처음 본 사람과 쉽게 친해지지는 않는 것 같다. 하지만 한번 친해지면 흉금을 터놓고 이야기하길 좋아하는 것이 한국인의 성격으로서, 이 부분은 스페인 사람들과 닮았다.

---

329) Mark Manson, "World's best nightlife cities", *CNN*, 2014.10.2.

2
임금 근로자의 근로 환경

우리나라는 세계에서 가장 근로 시간이 긴 나라 중 하나이며, 스페인은 유럽에선 중간쯤에 속하지만 세계적으로 보자면 근로 시간이 매우 짧은 편에 속한다. 공식 통계로 보자면 우리나라 근로자의 연간 근로 시간은 2,071시간으로, 2,348시간 일하는 멕시코 다음으로 길다.[330] 통계에 잡히지 않지만 많은 사무직 종사자가 야근을 밥 먹듯이 하고, 직장 내 회식이나 워크숍 등도 많다. 이런 시간을 고려한다면 우리나라 사람들이 직장에 쏟는 시간은 사실상 세계 1위라고 해도 과장이 아니다.

반면, 스페인의 근로 시간은 유럽 국가들의 평균 정도에 해당한다. 원래 스페인인들의 근로 시간은 유럽에서도 짧은 편에 속했지만, 2000년대 후반부터 경제위기를 겪으면서 점차 늘어났다. 현재 일주일에 평균 40시간 일하는 것으로 집계되는데, 주말을 제외하고 평일에 8시간씩 일하는 셈이다. 연간 근로 시간은 OECD 평균인 1,692

---

330) "OECD 국가 중 연간 근로시간 긴 나라 2위 한국… 1위는?", 『중앙일보』, 2017.12.28.

시간보다 조금 적은 1,650시간으로 영국과 비슷한 수준이다. 이것은 독일(1,371), 네덜란드(1,419) 등에 비해 다소 많은 수준이다. 스페인 사람들은 경제위기를 겪으면서 근로 시간이 늘어난 것에 대해 불평하며, 삶의 질이 떨어진 것에 불만을 갖고 있다. 하지만 스페인 사람들의 근무 행태인 커피 브레이크, 긴 점심시간, 여름 단축 근무 등을 고려하면, 근무 강도는 약하고 효율성도 떨어진다는 평가를 받는다.[331]

여름이 되면 스페인 직장 대부분은 단축 업무를 한다. 이때는 모든 관공서, 은행, 회사가 오후 2시면 업무를 끝낸다. 그리고 7, 8월 동안 한 달씩 여름 휴가를 간다. 더운 여름 동안 해변이나 시골 전원에 장기체류 하면서 게으른 생활을 즐기게 된다. 우리나라 사람들이 차 밀리는 도로와 북새통 해변에서 기껏해야 일주일 휴가를 보내는 것과 극명하게 대비된다. 스페인은 반도 국가인 데다 섬도 많아서 아름다운 해변이 많고, 중산층 정도만 되면 이런 해변이나 전원에 휴가용 아파트를 한 채씩 보유하고 있다. 바르셀로나, 발렌시아, 말라가 등 대도시 주변이 아니라면 해변의 아파트는 그리 비싸지 않다. 적어도 8월 한 달은 모두가 휴가를 보내기 때문에, 8월에 일하는 회사원은 상당히 드물다.

스페인 회사는 근무 시간 외에도 우리나라 회사에 비해 근로 여건이 매우 좋다고 할 수 있다. 회사는 직원을 위해 월급 외에 사회보장 비용(seguridad social)을 국가에 납입해야 한다. 사회보장 비용에는 고용보험, 건강보험, 산재보험 그리고 연금이 포함되며, 이 액수는

---

331) María Fernández, "Encadenados al trabajo", *El país*, 21 ene 2018.
   https://elpais.com/economia/2018/01/19/actualidad/1516382383_527856.html

회사가 근로자에게 지급하는 월급의 42%에 이를 정도로 많다.[332] 스페인은 국민연금 제도를 도입한 역사가 오래되었기 때문에 연금 소득 대체율이 매우 높은 나라이다. 연금 소득자가 은퇴 전 평균 소득 대비 얼마만큼의 연금을 받는지를 나타내는 연금 소득 대체율에서, 우리나라는 45.1%, OECD 평균은 62.9%인데 비해 스페인은 82%나 된다.[333] 그만큼 근로 기간 중 개인과 회사가 부담하는 연금 충당금이 많다는 것을 의미한다. 또한, 스페인은 노동시장의 유연성이 가장 낮은 국가 중 하나로, 회사가 폐업을 하지 않는 한 직원 해고는 극도로 어렵다. 노동조합의 역사가 워낙 오래되어 개별 회사의 노조는 강력한 협상력을 보유했기 때문이다. 그래서 많은 스페인 사람들은 한 번 직장에 정규직으로 취직이 되면 인생이 보장된 것으로 여긴다. 회사에서 근무하면서 월급을 받고, 은퇴하면 연금을 받으면 되기 때문이다. 20년을 일하면 퇴직 전 15년 평균 월급(세후)의 65%를, 30년을 일하면 받던 월급의 90%를 65세부터 받을 수 있다 (2027년부터 67세로 상향). 그래서 스페인의 젊은이들은 튼튼한 회사에 취업하는 것을 가장 큰 목표로 여긴다.

우리나라 회사들도 노동시장이 경직되어 회사 경영이 어려울 때 직원을 줄이기 어렵다고 불평한다. 하지만 우리나라는 스페인보다 노동시장 유연성이 높은 편이고, 직장 안정성은 낮은 편이다. 우리나라 임금 근로자가 한 직장에서 근무하는 평균 근속 기간은 5.8년인데 비해, OECD 평균은 9.6년이고 스페인은 11년으로 스페인 근

---

332) Diego Lorenzana, "¿Cuánto paga tu empresa por ti? Quizá más de lo que piensas", Pymes y Autónomos, 2017.1.30.https://www.pymesyautonomos.com/fiscalidad-y-contabilidad/cuanto-paga-tu-empresa-por-ti-quiza-mas-de-lo-que-piensas

333) 김복순, 「연금 소득대체율과 노령의존율 국제비교」, 『월간 노동리뷰』, 2019.11, p.73.

로자의 한 직장 평균 근속기간은 세계에서 제일 긴 수준이다.[334] 스페인 임금 근로자들은 여간해선 회사를 옮기지 않는다는 뜻이다. 이에 비해 우리나라 임금 근로자들은 스페인 근로자에 비해 직장 내에서 경쟁이 더 치열할 수밖에 없고, 직장을 다니면서 은퇴 후 노후 준비도 스스로 해야 하기 때문에 머릿속이 더 복잡할 수밖에 없다. 게다가 우리나라의 집값은 스페인보다 훨씬 비싼 편이다. 스페인은 실업률이 높지만 일단 취업하면 생활이 안정되는 반면, 우리나라는 실업률은 낮지만 임금 근로자의 삶이 스페인보다 어렵다고 볼 수 있다.

---

334) 남민호, 「국제 비교를 통한 우리나라 노동시장의 유연성 및 안정성 평가」, 『노동경제론집』 41.3, 2018, p.138.

3

스페인과 한국의 일과 시간

지도에서 보듯 스페인은 그리니치 표준시보다 서쪽에 있지만, 표준시보다 한 시간 빠른 시간대를 사용하고 있다. 즉 영국보다 조금 더 서쪽에 있으면서도 영국보다 한 시간 더 빠른 유럽 중심부의 시각을 채택하고 있는 것이다. 1942년 프랑코가 히틀러와 우호적인 관계를 유지하면서 독일 시간대에 맞추느라 그렇게 된 것이다. 이렇게 인위적으로 한 시간을 당겼기 때문에 스페인 사람들은 하루를 일찍 시작하는 대신 저녁 시간이 늘어나게 되었다. 게다가 3월 중순부터 10월 말까지는 한 시간을 앞당기는 섬머타임을 실시하고 있다. 스페인의 여름은 덥기 때문에 더워지기 전에 일과를 시작하자는 것이다. 그러니 여름철 마드리드 같은 도시에선 밤 10시가 되어도 해가 남아있고, 사람들이 즐길 수 있는 저녁 시간이 더 길다.

시간대를 빠르게 맞췄음을 감안해도 스페인 사람들의 식사 시간은 늦은 편이다. 이는 낮과 밤의 기온 차가 큰 건조 기후와 관련 있기도 하다. 햇볕이 따가운 이베리아반도에선 6월만 되어도 낮에 들판에서 일하는 게 쉽지 않다. 그래서 농부들도 보통 서늘한 밤에 수확을 했고, 일이 끝나야 저녁을 먹었다고 한다. 또한, 건조한 낮에 수확을 하다 보면 낟알이 떨어지기 때문이라고도 한다.[335]

그러다 보니 스페인의 모든 중요한 스포츠 경기나 문화 행사는 다른 유럽보다 늦게 시작한다. 축구 경기도 오후 8시 45분에 시작하는 것이 일반적이고, 오페라 등 문화 행사도 대부분 8시에 시작한다. 한여름이 되면 저녁까지 덥기 때문에 문화 행사도 늦게 시작하는데, 예를 들어 세계적인 연극제인 알마그로(Almagro) 연극제에선 10시 30분에 공연이 시작되어 새벽 1시가 다 돼서야 끝이 난다. 물론 스

---

335) 페르낭 브로델, 『지중해 I』, p.312.

포츠 경기나 공연이 끝났다고 해서 사람들이 바로 귀가하지 않으며, 마을 광장에서 한잔을 마시고 들어간다. 그래서 금요일, 토요일 밤의 광장은 새벽 1~2시에 불야성을 이룬다. 젊은이들이 춤을 추며 노는 클럽은 밤 11~12시가 되어야 문을 열며, 새벽 4~5시가 피크 타임이다. 대부분의 젊은이가 밤을 새워 클럽에서 놀고 아침이 돼서야 집으로 돌아간다.

스페인 사람들에 비하면 한국 사람들의 일과는 훨씬 빨리 시작해서 빨리 끝난다. 우리나라에선 새벽 5~6시에 버스나 지하철을 타도 승객이 꽤 있을 정도로 일찍부터 일과를 시작하는 사람이 많다. 많은 곳에서 새벽 시장이 열리고, 24시간 영업하는 식당도 많다. 대학교의 구내 식당은 오전 11시 30분이 되면 점심을 팔고, 오후 5시가 되면 저녁을 팔기 시작한다. 오후 5시면 점심을 늦게 먹는 스페인 사람들이 점심을 먹은 지 얼마 되지 않았을 시점이다.

하지만 스페인이 경제위기를 겪으면서 일과시간을 조정하자는 의견이 나오고 있다. 2016년집권 국민당의 마리아노 라호이 총리는 스페인의 시간을 한 시간 늦춰 유럽 중부 시간대를 탈피하고 영국, 아일랜드, 포르투갈과 시간대를 맞추자고 제안했다.[336] 그리고 점심시간을 줄여서 근무시간을 일찍 끝내고, 저녁을 일찍 먹음으로써 유럽 다른 나라 사람들과 비슷한 생활 패턴을 갖자고 주장했다. 스페인 정부는 긴 일과 시간은 생산성을 줄이고, 가족 간의 유대감에도 좋지 않으며, 낮은 출산율의 원인이 된다고 보았다. 무엇보다 낮잠을 잘 수 있을 정도로 긴 점심시간을 줄여서 6시에 일과를 끝내는 것이

---

336) Natalia Junquera, "Rajoy propone jornadas de trabajo hasta las 18.00 y horario de Canarias en toda España". *El País*. 2016.4.3. https://elpais.com/politica/2016/04/02/actualidad/1459588276_194781.html

중요하다고 보았다. 그 시간에 직장인들이 퇴근해야 아이들을 유치원이나 학교에서 데려올 수 있기 때문이다. 실제로 독일, 영국 같은 국가에선 점심시간이 짧은 대신 오후 4~5시에 퇴근하는 직장이 많다.[337] 또한, 저녁을 늦은 시간에 먹기 때문에 취침 시간도 늦어질 수밖에 없고, 이는 결국 수면 부족을 불러오며, 부족한 수면시간을 보충하기 위해 낮잠을 자는 악순환이 벌어진다고 본 것이다.

실제로 최근 스페인 사람들의 생활 패턴은 조금씩 바뀌고 있다. 전통적으로 스페인의 상점들은 오전 9시부터 오후 2시, 오후 5시부터 오후 8시 30분까지 문을 연다. 오후 2~5시 사이에는 휴점을 하고 점심시간을 갖는다. 점심시간이 길기 때문에 상점 근무자들은 집에 가서 점심을 먹고 오는 경우가 많고, 식당이나 바에서 먹는다면 적어도 1시간 30분씩 이야기를 해가며 오래 먹는다. 주말에는 문을 닫는 경우가 많은데, 영업을 해도 토요일 오전 정도만 하는 것이 일반적이다. 신문을 파는 키오스크(Kiosk) 역시 세 시간의 점심시간을 철저하게 지키고 주말에는 오전밖에 열지 않는다.

하지만 경제위기를 겪으면서 스페인의 전통적인 상점 영업시간은 점차 깨지고 있다. 대형 슈퍼마켓은 월요일에서 토요일까지, 점심시간 없이 아침 9시부터 밤 9시까지 문을 연다. 백화점도 오전 10시에서 오후 8시까지 영업하고 있다. 대형 슈퍼마켓과 백화점은 한두 시간 영업시간을 줄여서 일요일에도 문을 열고 있다. 1990년대 말 일반 상점 주인들은 거대 백화점 체인인 El Corte Inglés가 일요일 영업을 시작하자 백화점 앞에서 집단 시위를 벌이기도 했다. 하지만 세계적인 대세를 막기는 어려웠다. 또한, 중국인 이민자들이 운영하

---

337) 진명선, 「5시 퇴근에 근무시간 맘대로… 독일에선 현실이더라」, 『한겨레』, 2014.10.29.

는 상점들이 새벽부터 늦은 밤까지 문을 열고 손님을 끌자, 스페인 상인들도 영업시간을 늘리는 수밖에 없었다. 그리하여 지금은 점심 시간 없이 문을 여는 상점들이 스페인에 즐비하게 되었다. 이는 물론 중국인 등 이민자들이 운영하는 상점과 경쟁하기 위한 측면이 크다. 하지만 경제위기를 겪은 후 스페인 사람들이 좀 더 근면해진 것도 사실이다.

4

시에스타와 쪽잠 문화

스페인 하면 떠오르는 것 중 하나가 '시에스타(siesta)'라고 하는 낮잠 문화이다. 시에스타라는 말은 라틴어로 여섯 번째 시간이라고 하는 hora sexta에서 왔다. 로마에서 여섯 번째 시간은 원래는 정오를 의미했으나, 후에는 오후 2시가 되었다. 하루 중 가장 햇볕이 뜨거운 시간이기 때문에 점심을 먹고 나른할 때 눈을 붙이는 풍습이 생긴 것으로 보인다. 스페인뿐만이 아니라 로마 제국의 영토였던 그리스, 북아프리카 등 더운 지역에서 성행했던 풍습으로 알려져 있다. 또한, 아시아나 아메리카에도 낮잠을 자는 것이 전통인 지역이 많다.

최근 조사에 의하면 스페인 사람 중에서 절반에 조금 못 미치는 42~44%의 사람들이 가끔씩 낮잠을 잔다고 응답했다.[338] 전체 국민 중에서 일주일에 4번 이상 낮잠을 자는 사람은 17.6%에 달했다.[339]

---

338) "Echar siestas largas podría relacionarse con la obesidad".
https://cuidateplus.marca.com/bienestar/2018/11/10/echarse-siestas-largas-relacionarse-obesidad-168028.html?intcmp=MODNOT01

339) http://www.larazon.es/atusalud/la-siesta-es-solo-para-la-mitad-de-espana-DH14312625

시에스타 풍습을 실행하는 것은 지역에 따라 조금 다른데, 아무래도 날씨가 더운 남쪽 지방 사람들이 북쪽 지방보다 더 시에스타를 즐기는 편이다. 그런데 시에스타는 낮에 눈을 붙이는 것이니 '낮잠'이라고 표현하지만, 사실 '낮잠'이라고 하기에는 자는 시간이 길지 않는 편이다. 스페인 사람들의 평균 시에스타 시간은 35~45분 정도에 불과하기 때문이다. 남쪽 무르시아 지방에서 실시한 설문에 의하면 평균 44분을 자는 것으로 조사되었고, 전국적인 조사에 의하면 평균 35분을 자는 것으로 조사되었다.[340]

이에 비해 우리나라 사람들은 낮잠을 잔다고 하면 좀 더 오래 자는 편이다. 우리나라 사람 중에는 주말에 낮잠을 자는 사람이 많은데, 침대나 요 위에 누워서 적어도 한 시간, 길게는 두세 시간 자기도 한다. 바쁜 일과를 수행하느라 주중에 못 잔 잠을 주말에 보충하는 것이다. 우리나라 회사원이나 학생들은 바쁜 일과 속에서 '쪽잠'을 자는 경우도 많다. 의자에 기대거나 책상에 엎드려서 15~20분 잠을 자면 피곤이 풀린다. 한국인들이 짧은 시간 동안 쪽잠을 잘 수 있는 이유는 눕지 않고도 잠을 잘 수 있기 때문이다. 하지만 자세가 불편하니까 오래 자지 않고 잠을 깨게 된다. 반면 시에스타를 즐기는 스페인 사람들은 잠은 누워서 자는 것이라고 생각하기 때문에 침대에 누워서 자지 책상에 엎드리거나 의자에 기대서 잘 생각은 하지 않는다.

아마도 우리나라 사람들이 쪽잠을 즐기게 된 것은 밤잠이 부족하기 때문일 것이다. 실제로 한국, 일본, 싱가포르, 대만, 홍콩 등 아시아 국가 사람들은 세계 다른 지역의 사람들보다 수면 시간이 짧은

---

340) http://www.larazon.es/atusalud/la-siesta-es-solo-para-la-mitad-de-espana-DH14312625

것으로 조사되고 있다. 특히 중고등학교 학생들의 수면 시간이 짧기 때문에 어렸을 때부터 쪽잠을 자는 습관이 몸에 배었고, 성인이 되어서도 쪽잠을 잘 자는 것으로 보인다. 그래서 지하철이나 버스에서 이동 중에 잠을 자는 사람을 쉽게 보게 된다. 스페인 사람들도 다른 유럽 사람들에 비해서는 밤잠을 적게 자는 편이다. 아무래도 밤 문화가 발달해 있어 늦게 잠자리에 들기 때문인 것으로 보인다. 그래서 시에스타로 보충하는 것인데 우리나라 사람들처럼 의자에 기대서 쪽잠을 자는 것이 아니라 침대에 누워서 잔다는 점이 다를 뿐이다.

스페인이 경제위기를 겪을 때 시에스타 문화에 대하여 부정적인 기사가 많이 나왔다. 즉 30분 이상 낮잠을 자게 되면 여러 가지 부작용을 일으킬 수 있다는 것이다. 밤에 불면증을 유발할 수 있고, 허리가 굵어지는 비만을 유발할 수 있으며, 생체 리듬도 깨질 수 있어 오히려 피곤함을 느낄 수 있다는 것 등이다. 2009년부터 2014년까지 스페인이 경제위기를 겪는 동안 행정부를 이끌었던 국민당의 라호이 총리는 스페인 경제를 위해 시에스타 관습을 없애자고 제안하여 사회적으로 큰 논란을 일으켰다. 총리의 제안 이후 언론도 "시에스타여 안녕!" 등의 제목하에 스페인에서 벌어진 시에스타 논란을 다루었지만,[341] 기사의 대부분이 지적하듯 동료나 가족들과 수다를 떨며 포도주까지 곁들여 오랫동안 점심을 먹고 가볍게 눈을 붙이는 스페인 사람들의 오래된 생활 관습이 쉽게 바뀌리라 보이진 않는다. 2020년부터 코로나-19 사태로 집에서 생활하는 시간이 많아지고 자연스럽게 많은 사람이 낮잠을 자게 되자, 최근에는 시에스타가 자연

---

341) https://www.theguardian.com/world/shortcuts/2016/apr/05/adios-siesta-is-it-goodbye-to-spains-national-nap

스러운 생리적 반응으로서 오히려 건강에 도움이 된다는 보도도 자주 나오고 있다. 잠이 부족한 것이 누적되면 수명을 단축시킨다는 것이다.342)

스페인 사람들이 다른 나라 사람들에 비해 낮잠 자는 비율이 조금 더 높을 뿐인데 시에스타가 스페인의 독특한 문화인 양 알려진 것은 왜일까? 아마도 스페인의 긴 점심시간과 더불어 스페인 사람들의 여유로운/게으른 일상을 설명하기 위해 생겨난 과장으로 보인다. 하지만 어쨌든 주말이나 휴가철엔 많은 사람이 시에스타를 즐긴다. 스페인의 집 창문에는 거의 예외 없이 페르시아나(persiana)라는 햇빛 차단용 차양이 있는데, 이것을 내리면 햇빛이 전혀 들어오지 않는다. 주말이나 휴가철에 늦은 점심을 먹은 후 페르시아나를 내려놓고 잠깐씩 눈을 붙이곤 한다. 여름의 해변에는 그늘 아래서 시에스타를 즐기기도 한다. 낮잠이라는 세계적으로 보편화된 관습이 스페인의 고유한 문화로 여겨져 여러 논란을 만들고 있는 것은 흥미롭다.

---

342) Sergio Fanjul, "Ni de gandules ni solo de españoles: la ciencia avala la siesta como una necesidad biológica", *El País*, 2020.10.9.

5

스페인의 바와 한국의 길거리 식당

스페인 사람들의 생활에서 빼놓을 수 없는 것이 바(bar)이다. 도시는 물론 작은 시골 마을에도 100m에 한 개씩 바가 있는 것을 볼 수 있다. 2016년 통계로 스페인 전역에 27만 7천 개의 바와 식당이 있으니, 인구 175명당 한 개가 있는 셈이다.[343] 보통 바와 식당을 겸업하기 경우가 많고 대부분의 식당에는 바가 붙어있기 때문에 엄청나게 많은 수의 바가 있다고 볼 수 있다.

스페인 사람들은 바에서 커피나 차를 마시고 담소를 나누거나 아침을 먹고, 가벼운 간식을 먹는다. 점심 역시 바에서 스페인식 샌드위치인 보까디요(bocadillo) 등으로 간편하게 해결하는 사람이 많다. 또한, 밤에는 맥주나 포도주 혹은 더 센 술을 마시면서 친구들과 이야기를 나누거나 TV를 통해 축구 중계를 본다. 집에서 혼자 축구 중계를 보는 것보다 바에서 이웃들과 지역 축구팀을 응원하면서 보

---

343) ";Cuántos bares hay en España?", *ABC*, 21 de junio de 2016.
https://www.abc.es/viajar/noticias/abci-cuantos-bares-espana-201606211309_noticia.html

는 것이 재미있기 때문에 빅 매치가 있을 경우엔 일찍부터 많은 사람이 바로 모여든다. 이런 바들은 자체적으로 스코어 알아맞추기 내기를 주선하기도 한다. 이렇듯 스페인 사람들에게 있어 바는 없어서는 안 될 삶의 장소인 것이다.

예컨대 북유럽 국가에 많은 펍(pub) 역시 스페인의 바와 비슷한 역할을 한다. 하지만 펍이 주로 술을 마시는 공간으로 인식되는 데 비해, 스페인의 바처럼 커피를 마시면서 신문을 볼 수 있고, 빵과 커피, 오렌지주스를 곁들여 아침도 먹을 수 있는 등 다양한 쓰임을 갖는 공간은 드물다. 스페인의 바에는 남녀노소 누구나 편하게 들어가서 원하는 것을 얻을 수 있다. 맥주 한 잔 값이 가장 비싼 곳은 마드리드로서 한 잔에 2.93유로이고, 가장 싼 곳은 남부의 카디스(Cádiz)로서 1.25유로라고 한다.[344] 스페인 평균은 1.87유로이니, 우리나라보다 맥줏값이 싸다고 할 수 있다. 물론 맥주 한 잔을 시키면 타파스(tapas)라고 하는 가벼운 안줏거리도 함께 준다.

우리나라에서 바와 비슷한 공간이라면 길거리 식당을 꼽을 수 있다. 우리나라 길거리 식당 역시 저렴한 가격에 식사를 할 수 있고, 술을 마실 수도 있으며, TV를 볼 수도 있다. 스페인의 바와 다른 점이라면 바에서는 대부분의 손님들이 서서 간단한 음식을 먹거나 술을 마시는 반면, 우리나라의 길거리 식당에선 모두가 방바닥이나 의자에 앉는다. 이것은 입식 문화와 좌식 문화의 차이라고 할 수 있다. 스페인 사람들이 한국에 오면 식당의 음식 가격이 싼 것에 놀라는데, 그들 입장에서 볼 때 식탁에 앉아 먹는 레스토랑은 바에 비해 음식값이 훨씬 비싸기 때문이다. 하지만 한국에 산 지 오래된 스페인

---

344) ¿Cuánto cuesta una cerveza en España?, *Europa Press*, 25.06.2017.
https://www.20minutos.es/noticia/3074430/0/cuanto-cuesta-cerveza-espana/

사람들은 한국의 길거리 식당이 스페인의 바와 유사하다는 것을 안다. 다만 한국의 길거리 식당 음식값도 — 특히 안주의 경우 — 스페인의 바에 비해 결코 싸지 않다.

스페인의 바와 관련하여 최근 목격되는 주요 현상은 점점 프랜차이즈 바가 많아지고 있다는 것이다. 예전에는 주인이 바 하나를 직접 운영하는 소규모의 바가 대부분이었고, 주인은 주방 일과 서빙을 같이 하면서 동네 주민들과 친근하게 어울리곤 했었다. 하지만 최근에는 전국에 걸쳐 수십 개의 가맹점을 가진 프랜차이즈 형태의 바가 도시 거리를 장악하고 있다. 프랜차이즈 바는 전통적인 바에 비해서 외양과 인테리어가 훨씬 밝고 화려하다. 이런 바들은 안달루시아식, 바스크식, 갈리시아식 등 지역색을 살리고 있거나, 하몽 전문, 해산물 전문, 치즈 전문 등 메뉴에 따라 전문화되어 있는 경우가 많다. 그렇다고 전통적인 바에 비해 음식값이 비싼 것도 아니다. 오히려 식재료를 대량 구매하고 체계적으로 관리하다 보니 음식값이 더 쌀 수도 있다. 이렇게 해서 전통적인 바가 점점 사라지고 화려한 프랜차이즈 바가 자리를 잡고 있는 것이 요즘 스페인 대도시의 풍경이다.

소비자 입장에선 더 세련된 공간에서 전문화된 음식을 적당한 가격에 먹을 수 있으니 불평할 것이 없지 않냐고 할 수 있겠지만, 전통적인 바의 기능을 모두 대체할 수 없는 것은 사실이다. 가령 전통적인 바에서는 앞서 말한 바와 같이 일상의 다양한 필요를 모두 해결할 수 있었다. 아침에는 간단한 식사를 하면서 바에 비치된 신문을 읽을 수 있다. 한적한 오후에는 혼자서 바에 들어가 커피를 마시며 주인과 온갖 이야기를 나눌 수도 있다. 동네 주민들을 잘 아는 바의 주인이 요긴한 정보를 주기도 하고, 동네 사람들을 서로 소개시켜 주기도 한다. 아직도 스페인의 농촌이나 대도시 주변지역에선 전통적인 바들이 동네 커뮤니티의 구심점 역할을 하고 있다.

6

휴가를 보내는 방식

　대부분의 스페인 사람들은 여름에 장기 휴가를 떠난다. 온 가족이 집을 떠나 해변이나 경치 좋은 산악지방에서 짧게는 3주일, 길게는 5~6주일을 보내게 된다. 이렇게 하기 위해서는 두 가지가 충족되어야 하는데, 첫 번째는 회사원들의 휴가가 충분히 길어야 하고, 두 번째는 장기 체류할 수 있는 비교적 저렴한 아파트가 있어야 한다는 것이다. 스페인은 이 두 가지가 충족되기 때문에 장기 휴가 문화가 발달한 것이고, 우리나라는 하나도 충족이 안 되기 때문에 짧은 휴가를 다녀올 수밖에 없는 것이다.

　스페인의 노동자나 회사원은 최소한 일 년에 22일의 휴가를 쓸 수 있도록 법으로 규정되어 있다.[345] 휴가 일수는 근무 연한이 많아지면서 조금씩 더 늘어난다. 이것은 주말이나 공휴일을 제외한 것이니 누구나 한 달 이상의 휴가를 다녀올 수 있는 셈이다. 우리나라 근로자들에겐 스페인 사람들의 휴가일이 많아 보이지만, 사실 스페인

---

345) http://www.teinteresa.es/espana/Festivos-Europa_10_621637831.html

은 유럽 국가의 평균 정도에 불과하다. 영국은 28일, 프랑스는 25일의 휴가가 법적으로 보장되어 있다. 우리나라도 유급 휴가를 최소 15일 쓸 수 있도록 되어있지만, 실제로 이 정도의 휴가를 쓰는 직장인은 드물다. 그러니 여름에도 일주일 남짓의 짧은 휴가를 다녀오게 되고, 작은 국토에 한꺼번에 피서객이 몰리다 보니 이름난 곳은 사람들로 넘쳐나고 도로는 정체를 빚는다. 그래서 요즘엔 많은 사람이 해외로 휴가를 떠나고 있다.

스페인 사람들은 중산층만 되어도 자기 집 외에 해변이나 산 등에 작은 아파트나 집을 소유한 가정이 많고, 주말이나 휴가를 시골집에서 보내는 경우가 많다. 아무래도 국토가 넓다 보니 집값이 우리나라만큼 비싸지 않은 데다 휴가 기간도 길기 때문에 생긴 풍습일 수 있다. 하지만 이러한 휴가 문화는 지중해 특유의 살인적인 더위 그리고 자주 창궐한 전염병과도 관련이 깊다. 도시의 부자들과 부르주아가 여름 한 철을 시골집에서 보내는 것은 이미 16세기에 정착되어 있었다.[346] 왕들도 교외에 궁전을 지어 한 철을 교외에서 보냈다. 다만 왕들은 국사를 맡아야 했기에 수도에서 그리 떨어지지 않은 곳에 별장을 지었다. 펠리페 2세 때 건축한 엘 에스코리알(El escorial)이나 아랑후에스(Aranjuez), 엘 파르도(El Pardo) 등이 그런 곳이다.

가축이 많은 데다 사람들의 왕래가 많았던 지중해 지역에는 전염병이 창궐하여 가공할 피해를 주는 경우가 많았다. 특히 날씨가 더운 여름에 기승을 부릴 때가 많아서, 흑사병은 5월, 6월, 7월에 창궐했다.[347] 어떨 때는 도시 인구의 1/3에서 1/4이 희생되기도 했을 정

---

346) 프레낭 브로델, 『지중해 I』, p.445.
347) 페르낭 브로델, 『지중해 I』, p.531.

도로 피해가 심각했다.[348] 그런 경우 경제적으로 여유 있는 도시인들은 교외 주택, 포도원 등으로 피신했다. 성직자나 왕도 마찬가지였다. 가난한 사람들만 전염병이 도는 도시에 포위되어 있었고, 이들을 위해 도시에 전염병 환자 격리용 건물이 세워지기도 했다.[349]

이런 전통 때문에 스페인 사람들에게 한 달간의 여름 휴가는 없어서는 안 될 삶의 일부가 되었다. 여름 한 철 수영복만 걸친 채 실컷 잠을 자면서 게으르게 보내야 여름이 끝난 후 도시로 돌아가 바쁜 일상을 소화할 힘을 얻는다고 생각한다.

---

348) 페르낭 브로델, 『지중해 I』, p.439.
349) 페르낭 브로델, 『지중해 I』, p.379.

7

비슷하거나 상이한 일상의 풍경들

쉽게 말 붙이는 문화와 낯 가리는 문화

스페인과 한국에서 살다 보면 비슷한 장소와 환경에서 다르게 행동하는 두 나라 사람들을 목격하게 된다. 어느 것이 좋다 나쁘다 말할 수는 없지만, 어느 정도 국민성이 드러나는 대목이라 흥미롭다. 일단 스페인 사람들이나 한국 사람은 말이 많다. 사람들이 많이 모이는 곳에 가면 정신없이 큰 소리로 수다를 떠는 사람들로 인해 상당히 시끄럽다. 스페인의 바(bar)는 수다의 장소로서 커피 한 잔이나 술 한 잔을 앞에 놓고서 선 채로 축구, 정치, 유명인 등을 주제로 말의 성찬이 벌어진다. 스페인 사람들은 토론이 과열되면 상대방이 말하는 동안 기다려주지 않고 동시에 말을 하기 때문에 난장판이 되기 일쑤다.

17세기부터 스페인에서 작가나 지식인들이 시간을 정해서 바에서 만나 여러 주제에 대해 자유롭게 토론을 벌이던 모임을 테르툴리아

(tertulia)라고 한다. 20세기까지 테르툴리아 문화가 이어져 마드리드와 바르셀로나 등 대도시에는 유명한 지성인들이 모임을 갖던 유서 깊은 바들이 현재도 문을 열고 있다. 문인이나 예술가가 아닌 일반 시민들도 자유롭게 이야기하는 모임을 바에서 갖는다.

한국 사람들 역시 모이는 것을 좋아하고 대화하는 것을 즐긴다. 각종 동호회, 동창회, 친목회도 발달해 있고, 같이 하는 활동을 한 다음에는 술을 곁들인 뒤풀이가 이어지기 마련이다. 직장에서도 회식이라고 해서 같은 부서에 근무하는 사람들끼리 자주 어울리며 인간적인 관계를 맺는다. 서양인들은 같은 직장에 다니는 사람들끼리 개인적으로 친해져서 사적인 관계를 맺기는 해도, 회사 같은 곳에서 집단적으로 회식을 갖는 것은 연말 모임이 아니면 많지 않다. 그나마 스페인 사람들은 직장에 좋은 일이 있을 때 같이 식사하며 축하하는 모임을 갖는다. 그리고 결혼식 피로연에서는 우리나라 사람들보다 더 오래 술을 마시거나 춤을 추면서 떠들썩하게 즐긴다.

사람 사이의 만남에서 한국인과 스페인인이 다른 점이 있다. 한국인들은 처음 만난 사람에겐 다소 거리를 두다가 친해지면 그때부터 마음을 터놓고 이야기하는 데 비해, 스페인 사람들은 처음 만난 사람과도 스스럼없이 즐겁게 대화를 나눈다. 우리나라에선 식사에 초대할 때 손님끼리 서로 모르는 사람을 같은 자리에 초대하는 일이 드물다. 그럴 경우엔 미리 이야기해서 양해를 구해놓는 것이 일반적이다. 그런데 스페인에선 식사 초대를 받아서 가보면 자신이 모르는 다른 손님이 와있는 경우가 많다. 물론 초대한 사람은 참석자들을 서로 소개시켜 준다. 스페인 사람들은 이를 다른 사람과 사귈 수 있는 좋은 기회라고 생각하고, 스스럼없이 대화를 나누며 즐긴다. 그렇기 때문에 스페인에서는 서로 모르는 사람들을 동시에 초대하는 것이 전혀 예의에 어긋나지 않는다.

우리나라 사람들은 모르는 사람과는 인사도 잘 나누지 않는다. 같은 아파트에 사는 이웃끼리도 엘리베이터를 탔을 때 인사하는 경우는 드물다. 하지만 스페인 사람들은 전혀 모르는 사람이라도 엘리베이터에서 내릴 때 잘 가라는 인사를 한다. 바에서도 스페인 사람들은 바의 종업원에게 쉽게 말을 붙이고 이야기를 나눈다. 옆에 있는 사람에게도 쉽게 말을 붙이기 때문에 작은 동네의 바에 다니다보면 동네 사람들과도 친해지게 된다.

빨리빨리 문화와 느림보 문화

한국 사람들은 빠르고 스페인 사람들은 느리다. 대표적으로 식사 시간을 보면 음식을 가져오는 것도 느리고 먹는 것도 느리다. 스페인 사람들은 식사 시간이 대화 시간이다. 즐겁게 이야기를 나누면서 천천히 식사를 즐긴다. 식당에 앉아서 점심을 먹으면 적어도 한 시간은 걸린다. 빨리 먹어치우고 싶어도 종업원이 음식 접시를 천천히 가져오기 때문에 그럴 수가 없다. 게다가 식사가 천천히 나온다고 재촉하지 않는 문화이기 때문에 빨리 가져다 달라고 할 수도 없다. 사람들은 왁자지껄 떠들면서 푸짐한 양의 식사를 천천히 즐긴다. 디저트까지 다 먹은 후 계산서를 가져다 달라고 해도 천천히 가져오기 때문에 돈을 지불하는 것도 오래 걸린다. 이에 비해 한국 사람들은 식사할 때 말하는 게 익숙하지 않다. 일단 먹는 것에 집중하여 15~20분이면 식사를 다 끝낸다. 그리고 자리를 옮겨 커피 등을 마시면서 이야기를 나눈다. 한 시간 이내에 점심을 다 먹고 커피까지 마시고 회사로 돌아온다.

　은행에 가보면 우리나라 창구 직원은 효율적으로 신속하게 일한다. 대기표를 받은 고객이 천천히 올까봐 앞 손님의 업무가 끝나기 직전에 창구가 비었다는 벨을 누른다. 그러니 꽤 많은 손님이 밀려 있어도 오래 기다리지 않아 자기 차례가 돌아온다. 반면 스페인 은행의 창구 직원들은 너무나 느리다. 뒤에 아무리 많은 손님이 밀려 있어도 전혀 개의치 않고 느긋하게 일한다. 손님들도 기다리는 것을 당연하게 여기고 짜증내지 않고 자기 순서를 기다린다. 상점에 가면 우리나라에선 손님들이 점원에게 필요한 여러 가지를 한꺼번에 다 이야기한다. 그러면 점원은 그것을 모두 머릿속에 넣고는 한 번에 가져다준다. 하지만 스페인에선 손님이 점원에게 한 번에 여러 가지를 말하는 것은 실례다. 먼저 한 가지를 요구해서 가져오고, 그 후에 또 필요한 것을 한 가지씩 요구해야 한다. 점원이 여러 번 들락거려 야하니 매우 비효율적으로 보이지만, 스페인의 소규모 상점이나 약국에 가면 늘 벌어지는 일이다.

신체 접촉의 차이

　스페인 사람들은 인사할 때 신체 접촉에 익숙하다. 반갑다는 표현을 하기 위해 양쪽 뺨을 마주 대는 인사를 남녀 사이, 혹은 여자끼리 자주 한다. 남자끼리는 포옹을 한다. 연인들이 공공장소에서 애정 표현을 하는 것도 자주 볼 수 있다. 하지만 의도하지 않은 접촉에는 매우 예민하다. 지하철이나 버스 등 사람이 붐비는 곳에서 어깨라도 부딪히게 되면 당장 미안하다고 해야 한다. 스페인 사람들에 비해 우리나라 사람들은 반가움이나 친밀함을 신체 접촉으로 표현하는 것에 익숙하지 않다. 특히 이성 간에는 악수도 하지 않는 경우가 많다. 하지만 반대로 부주의로 인해 신체가 조금 부딪히는 것에는 크게 신경 쓰지 않는다. 인구밀도가 높다 보니 좁은 공간에서 부대끼며 사는 것에 익숙해졌기 때문일 것이다. 그래서 우리나라에 온 서양 사람들은 행인끼리 조금 부딪히더라도 아무렇지도 않게 여기는 우리나라의 문화에 놀라곤 한다.

스페인에서는 나이 든 노부부가 손을 잡고 걸어가는 모습을 쉽게 볼 수 있다. 물론 젊은 부부나 연인은 말할 것도 없다. 이에 비해 우리나라의 전통문화에서는 남녀가 나란히 걷지도 않았다. 그렇기 때문에 부부라고 할지라도 손을 잡고 가는 것은 민망한 일이었다. 하지만 이제는 우리나라 사회도 많이 바뀌어서 손을 잡고 산책하는 부부를 많이 볼 수 있고, 젊은 층은 거리에서 스킨십을 하기도 한다. 부부나 연인 사이에선 애정을 표현하고, 그렇지 않은 사람들 사이에선 불쾌감을 주지 않도록 철저하게 예의를 지키는 것이 필요해 보인다.

실용 문화와 격식 문화

우리나라는 하루가 다르게 사는 것이 편리해지고 있다. 인구의 절반 이상이 관리가 편리한 아파트에 살며, 인터넷 주문을 통해 모든 것이 배달로 해결된다. 인터넷이 발달하기 전에도 매일 필요한 물품인 신문, 우유 등은 대부분 배달로 소비되었고, 중국 음식, 피자, 치킨 등은 단골 배달 음식이었다. 이렇게 배달 문화가 발달해 있던 데다 인터넷이 등장하고 스마트폰 시대가 되자, 배달이 안되는 것이 없어졌다. 음식은 물론 식재료, 과일, 의류, 서적 등 모든 것이 온라인 쇼핑을 통해 현관까지 배달되기에 이르렀다. TV나 인터넷을 통한 온라인 쇼핑을 통한 배달이 대세로 자리 잡았기에 대형 쇼핑몰에서 잔뜩 물건을 사고 직접 차로 옮기는 사람은 점점 줄어들고 있다.

하지만 스페인의 경우는 온라인 쇼핑이 우리나라만큼 활성화되어 있지 않다. 전통적으로 스페인은 배달 문화가 발달하지 못했다. 스페인 사람들은 빵, 우유 등을 매일 먹고 신문을 매일 보지만, 직접 나가서 사려고 하지 배달로 받으려 하진 않는다. 옷을 잘 차려입은 노부부가 신문이나 빵, 우유를 사러 가는 모습을 쉽게 볼 수 있다. 이렇게 스페인 사람들에겐 일용품을 사러 나가는 것이 중요한 일과이다. 또한, 한국 사람들이 중국 음식, 치킨, 족발 등의 음식을 배달 시켜 먹는 것과 달리, 스페인 사람들이 유일하게 배달 시켜 먹는 음식은 피자 정도다. 스페인 사람들은 조리된 음식을 시켜 먹는 것을 좋아하지 않는다. 간단히 떼우려고 한다면 바에서 보까디요(Bocadillo)나 햄버거 등을 먹으려 하고, 조리된 음식을 먹을 때는 식탁에 앉아 음료와 함께 제대로 먹는다. 간단한 음식을 파는 바에서도 한쪽에는 식탁보가 덮인 테이블이 설치되어 있고 '오늘의 메뉴'가 제공된다. 값이 저렴한 '오늘의 메뉴'에도 음료수와 디저트, 그리고 커피가 포함되어 있다.

우리나라 사람들은 집에 들어오면 편한 복장으로 갈아입는다. 신발은 물론 양말도 벗어버린다. 집이 아니라 기숙사나 연수원 같은 곳에 있더라도 편한 복장에 슬리퍼를 신는다. 그래서 우리나라 항공사의 비행기를 타면 일회용 슬리퍼를 주는 경우가 많다. 반면 스페인 사람들은 자기 전에 잠옷이나 가운으로 갈아입는 것 외에는 집에서도 운동복 같은 것을 입지 않는다. 슬리퍼 또한 사람이 많이 있는 곳에서는 신지 않는다. 전통적으로 운동화보다는 구두를 신고, 야구모자는 거의 쓰지 않을 정도로 의복에 있어 보수적이다. 물론 요즘에는 젊은 층을 중심으로 의복에 있어서도 실용성을 선호하는 추세가 강해지고 있기는 하다.

운전 습관의 차이

우리나라 운전자들은 양보를 잘 하지 않는다. 차선을 바꾸기 위해 방향지시등을 켜고 끼어들어도 양보하지 않는 경우가 많다. 차에게만 양보하지 않는 것이 아니라 신호등이 없는 횡단보도에선 보행자에게도 잘 양보하지 않는다. 이럴 경우 보행자는 차가 오지 않을 때를 틈타 횡단보도를 건널 수밖에 없다. 스페인에서는 이와 반대로 횡단보도에 사람이 서 있으면 지나가던 차는 정지하고 보행자가 반대편 차선으로 넘어가 길을 다 건널 때까지 기다린다. 어떤 때 우리나라의 시장통에 가면 차와 사람이 뒤엉켜 있는 모습도 보게 되는데, 스페인에서는 절대로 일어날 수 없는 상황이다. 스페인 운전자들은 끼어들기에도 비교적 관대하다. 미리 신호를 주고 차선을 바꾸려 하면 선선히 양보해준다.

하지만 고속도로에 나가면 상황이 달라진다. 도심에서 느긋하고 양보심 많던 스페인 운전자들은 고속도로에선 상당히 난폭하다. 속도제한을 아랑곳하지 않고 시속 150km 이상으로 달리는 차가 상당히 많다. 200km 가깝게 달리는 차도 심심찮게 볼 수 있다. 그렇기에 고속도로 중앙차선은 추월할 때만 사용하고 비워둔다. 우리나라 고속도로에선 중앙차선으로 계속 달리는 차가 많은데 스페인에선 그렇게 했다간 추월하러 나온 과속 차량들에게 욕먹기 십상이다. 물론 우리나라 고속도로가 스페인보다 붐비기 때문에 중앙차선을 비워두긴 쉽지 않다. 이렇듯 스페인의 고속도로에는 과속 차량이 많기 때문에 소형차로 고속도로에 나가는 것은 위험하다. 하지만 스페인은 소형차의 나라다.

우리나라 여행객들이 스페인 렌트카 업체에 차를 빌리러 가보면, 경자동차부터 소형차 라인업이 많고 중형 이상은 종류도 많지 않거니와 값이 상당히 비싼 것을 보게 된다. 가령 우리나라의 아반떼, K3 같은 경우도 스페인에선 중형차로 분류될 정도로 스페인의 거리엔 소형차가 많다. 또한, 우리나라 차에는 대부분 장착되어 있는 오토매틱 기어와 내비게이션도 추가 옵션으로 되어있다. 한국여행객들은 경비를 생각해서 한국에서 타던 차에 비해 작은 차를 렌트하는 경우가 많은데, 짧은 거리를 갈 거면 모르지만 고속도로를 이용해 장거리를 가야 하는 경우라면 상당한 위험을 감수해야 한다. 고속도로에는 과속으로 난폭하게 운전하는 차가 많고, 소형차는 이들이 지나가기만 해도 흔들리기 때문이다.

스포츠와 승부욕

일반인들이 구기 운동을 하는 것을 보면 스페인 사람과 한국 사람의 성격 차이가 확연히 보인다. 스페인 사람들이 친구끼리 테니스나 탁구 등을 치게 되면 정해진 시간 내내 그저 서로 볼을 넘기기만 한다. 그러면서도 지겨워하지 않고 상당히 즐거워한다. 한국 사람들은 이렇게 운동을 하면 지루하기 때문에 이내 게임을 하기 마련이다. 게임을 해서 승부를 보려 하고 작은 것이라도 내기를 한다. 1902년 부터 1903년 사이에 이탈리아 영사로 머물렀던 카를로 로제티는 당시 한국인들이 내기를 좋아하는 것을 보고 '선천적인 도박사'라고 표현하였다.350) 그에 따르면 심지어 생활필수품조차도 직접 구입하기 보다는 종종 내기로 구할 정도라고 했다.351) 사실 이것은 내기를 통해 한 몫 챙기겠다는 마음 보다는 내기를 해야 사소한 일도 재미가 있기 때문이다. 실제로 내기를 해서 이겨도 받지 않거나 돌려주는 경우가 더 많다.

이에 비해 스페인 사람들은 스포츠를 하면서 정식 시합이 아니고 친구들끼리 즐기려 하는 것이라면 굳이 승부를 가르려 하지 않는다. 개인 종목 외에 축구나 농구를 하더라도 정식 시합이 아니라면 스페인 사람들은 그저 골을 많이 넣기 위해 노력할 뿐이지 누가 이겼는지에 대해선 큰 의미를 두지 않는다 (물론 어느 편이 이겼는지는 알게 된다). 골을 넣으면 기뻐하고 축하해주지만 우리나라처럼 몇점 넣기 시합이라는 등 게임을 한정하지 않는다. 이에 비해 한국 사람들은 축구나 농구를 할 때 시간으로 제한을 두거나 점수로 제한을 두어 승부를 가르려 한다. 누가 이겼는지가 중요하고 그것이 게임을 열심히 뛰는 원동력이 된다. 스페인 사람들은 운동 자체를 즐기는 태도가 강한 반면, 한국 사람들은 운동과 함께 승부를 통한 재미를 추구한다.

---

350) 스튜어트 컬린, 『한국의 놀이』. 윤광봉 역, 열화당, 2003. p.16 재인용.
351) 스튜어트 컬린, 『한국의 놀이』. 윤광봉 역, 열화당, 2003. p.16 재인용.

참고문헌

강동수 외.『저출산에 대응한 통합적 정책 방안』. 경제·인문사회연구회, 2020.

김문희, 김충현, 박동규.『통계로 본 세계 속의 한국농업』. 한국농촌경제연구원, 2019.

김복순.「연금 소득 대체율과 노령의존율 국제비교」.『월간 노동리뷰』. 2019.11.

김용렬, 이정민, 우성휘, 이청은.『2018년 주요국 농업·농촌·식품 동향』. 한국농촌경제연구원, 2019.

김우현.『주자학, 조선, 한국』. 한울, 2011.

김은지 외.「저출산 대응정책 패러다임 전환 연구 (I): 청년 층의 젠더화 된 생애 전망과 정책정합도 분석」. 한국여성정책연구원, 2019.

김정배 편저.『한국 고대사 입문』. 선서원, 2006.

김정현.「우리 민족은 왜 백의민족(白衣民族)이 되었나?」.『월간조선』. 2015. 4.

김창민.『스페인 문화순례』. 서울대학교 출판문화원, 2013.

김호기.「박정희 시대와 근대성의 명암」.『창작과 비평』. 26(1). 1998. pp.93-111.

남민호.「국제 비교를 통한 우리나라 노동시장의 유연성 및 안정성 평가」,『노동경제논집』, 41(3). 2018.

마경희 외.「성불평등과 남성의 삶의 질에 관한 연구」. 한국여성정책 연구원, 2019.

미하일 바흐친.『라블레의 작품과 중세 및 르네상스의 민중문화』. 아카넷, 2001. pp.33-41.

박광호.「부모 관점에서의 자녀의 엘리트 스포츠 참여와 스포츠 양육」. 한국사회체육학회지. 79. 2020.

박명림.「박정희와 김일성: 한국적 근대화의 두 가지 길」.『역사비평』. 2008. 2. pp. 126-156.

_____.『한국 1950: 전쟁과 평화』. 나남, 2002.

박찬승.「일제 하의 '백의(白衣)' 비판과 '색의(色衣)' 강제」.『동아시아문화연구』 59. 2014. pp.43-72.

박철.『예수회 신부 세스뻬데스: 한국 방문 최초 서구인』. 서강대 출판부. 1987.

박태균.『한국전쟁』. 책과 함께. 2005.

벤자민 킨, 키스 헤인즈.『라틴아메리카의 역사. 상』. 김원중, 이성훈 옮김. 그린비, 2014.

레이몬드 카, 후안 파블로 푸시.『스페인 현대사』, 대한교과서, 1991.

레이몬드 카 외.『스페인사』. 김원중, 황보영조 옮김. 까치. 2006.

리처드 허.「밀물과 썰물 1700-1833」. 레이몬드 카 외.『스페인사』. 김원중, 황보영조 옮김. 까치. 2006.

서봉하.「한국에서 백의호상(白衣好尙)현상이 고착된 배경에 관한 논의: 유창선의 백의고를 중심으로」.『복식』. 64(1). 2014. pp151-163.

서형욱.『유럽축구 기행』. 살림. 2005.

석순화, 금기숙.「한국현대여성의 블랙패션 선호에 관한 연구」.『복식』. 62(1), 2012. pp.33-34.

『선조실록』 31년(1598). 민족문화추진회. 1988.

세바스천 밸푸어.「1931년부터 현재까지의 스페인」. 레이몬드 카 외,『스페인사』. 2006. pp. 303-347.

송기호.「남북국의 경쟁. 경쟁과 교류」.『신라사 학보』. 45, 2019. pp.1-32.

_____.『발해를 다시 본다』. 주류성 출판사, 1999.

스튜어트 컬린.『한국의 놀이』. 윤광봉 역. 열화당, 2003.

신유선, 손미연, 박동규.『통계로 본 세계 속의 한국농업』. 한국농촌경제연구원. 2018.

신정환, 전용갑.『두 개의 스페인: 알타미라에서 펠리페 6세까지』. 한국외국어대학교 지식출판원, 2016.

안형환.『국경을 넘은 한국사: 왜 한국사는 세계사인가?』. 김영사, 2013.

앤터니 비버.『스페인 내전』. 김원중 옮김. 교양인, 2006.

이대근.『현대 한국경제론』. 한울 아카데미. 2008.

이철희.「결혼과 출산의 소득계층 및 사회경제적 지위 간 격차 분석」. 강동수 외,『저출산에 대응한 통합적 정책 방안』. 경제·인문사회연구회. 2020. pp.41-67.

임재해.「한국 전통연회의 유형과 축제: 자산으로의 새 지평」.『한국전통공연예술학』. 제2집. 2013.9. pp.85-139.

임현진, 공유식, 김병국, 설동훈. 「한국에서의 민족국가 형성 및 전개의 동학에 관한 비교사적 연구」. 『성곡논총』. 27(3), 1996.

임호준. 「스페인 프로축구와 지역민족주의-아뜰레틱 빌바오와 F.C. 바르셀로나를 중심으로」. 『이베로아메리카 연구』. 22(2). 2011.

_____. 「카탈루냐 분리독립 운동에 대한 한국 미디어의 편향된 인식」, 『이베로아메리카 연구』. 29.2(2018). pp.55-82.

_____. 「프랑코이즘의 청산에 있어 80년대 초 모비다 문화의 정치적 함의: 알모도바르 초기 영화의 문화적 파장을 중심으로」. 『스페인 어문학』. 30, 2004. pp. 295-317.

장혜진. 「일본 전국시대의 포르투갈 동아시아 교역과 일본 예수회의 선교활동」. 『동아시아 고대학』 57, 2020. pp.109-134.

전슬기. 「문정부 '52조 지방 분권의 꿈'… 중앙정부 몫 줄일까, 13조 증세될까」. 『조선비즈』. 2017.10.27.
https://biz.chosun.com/site/data/html_dir/2017/10/27/2017102701393.html

정동희. 「일상으로부터의 탈주와 위반의 즐거움」. 김창민 편 『스페인 문화순례』. 서울대학교 출판문화원, 2013. pp.348-388.

제레드 다이아몬드. 『총, 균, 쇠』. 문학사상사. 1998.

조석곤. 「박정희 신화와 박정희 체제」. 『창작과 비평』, 33(2). 2005. pp.272-86.

조지 오웰. 『카탈로니아 찬가』. 정영목 옮김. 민음사, 2001.

존 H. 엘리엇. 『스페인 제국사. 1469-1716』. 김원중 옮김. 까치. 2000.

존 하비. 『블랙패션의 문화사』. 최성숙 옮김. 심산출판사, 2008.

주경철. 『그해, 역사가 바뀌었네』. 21세기 북스, 2017.

_____. 『대항해 시대: 해상팽창과 근대세계의 형성』. 서울대학교 출판부, 2008.

최성락. 『말하지 않는 한국사: 교과서에서 배우지 못한 우리 역사의 불편한 진실』. 페이퍼로드, 2016.

최해성, 「냉전형성기(1945-1950) 프랑코주의 언론에 활용된 한국의 이미지」. 『이베로아메리카 연구』. 19-1. 2008. p.167-196.

통계청·법무부, 「2019 이민자 체류실태 및 고용조사」 2018.12.19.

페르낭 브로델. 『지중해의 기억』. 한길사, 2012.

_____. 『지중해: 펠리페 2세 시대의 지중해 세계 I, II, III』. 주경철 외

옮김. 까치글방, 2017.

한국 근현대사 학회. 『한국 근현대사 강의』. 한울 아카데미, 2013.

한국역사연구회. 『한국 고대사 산책』. 역사비평사, 2017.

한민. 「문화심리학적 관점에서 본 박정희 신드롬의 무속적 의미」. 『한국무속학』 16. 2008.2. pp.391-415.

한지연. 「고대 해상루트를 통한 불교전파의 가능성과 의미」. 『동아시아불교문화』 25. 2016. pp.177-197.

황보영조. 「1960년대 에따 내부의 이념투쟁: 민족 대 계급」. 『이베로아메리카 연구』, 23(2). 2012. pp.175-205.

_____. 「스페인 내전의 전쟁 이념 분석」. 『이베로아메리카 연구』. 12. 2001. pp.125-164.

_____. 『토지와 자유: 에스파냐 아나키즘 운동의 역사』. 삼천리. 2020.

황태연. 『백성의 나라 대한제국』. 청계출판사, 2017.

Ball, Phill. *Morbo: the Story of Spanish Football*, London: When Saturday comes book, 2011,

Cazorla-Sánchez, Antoni. *Franco: The Biography of the Myth*, New York: Routledge, 2013.

Esping-Andersen, Gøsta et al. "El déficit de natalidad en Europa: La singularidad del caso español". Obra Socia la Caixa. Colección Estudios Sociales. 36, 2013.

European Commission. *Integration of Inmigrants in the European Union*. Apr 2018

Gutmann, Mattew C. *The Meaning of Macho: Being a Man in Mexico City*. Berkerley: U of California Press, 1996.

Hamil, Sean, Geoff Walters and Lee Watson, "The model of governance at FC Barcelona: balancing member democracy, commercial strategy, corporate social responsibility and sporting performance." *Soccer & Society*. 11 (4). 2010. pp. 475-504.

Hennigan, Michael. "Netherlands top agri-food exporter in Europe; Ireland in

10th ranking." *Finfacts*. 28 Sep 2017.

Kamen, Henry. *Imagining Spain: Historical Myth and National Identity*. New Haven: Yale University Press, 2008.

Labanyi Jo. *Myth and History in the Contemporary Spanish Novel*. Cambridge, Cambridge University Press, 1989.

López Villanueva, Cristina e Isabel Pujadas Rubies. "Vivir solo en España. Evolución y características de los hogares unipersonales en la vejez". *Panorama Social*. 28, 2018. pp.93-115.

MacClancy, Jeremy. "Nationalism at Play: The Basques of Vizcaya and Athletic Club de Bilbao", MacClancy ed. *Sports, Identity and Ethnicity*, Oxford: Berg, 1996.

Martínez, Elena y Francisco Jareño, "Foreign Direct Investiment by Spain in Latin America: Brazil, Argentina and México". *Applied Econometrics and International Development* 14(2). 2014. pp.129-144.

Matés Barco, Juan Manuel. "La economía durante el régimen de Franco (1939-1975)". Javier Paredes ed. *Historia contemporánea de España (siglo XX)*. Barcelona: Ariel, 1998

Meil, Gerardo. "Individualización y solidaridad familiar". Colección de Estudios Sociales "la Caixa". Resumen del volumen. 32, 2011.

Muñoz, Pedro M. y Marcelino C. Marcos, *España: Ayer y hoy*, Pearson Education: NJ, 2004.

"Newzoo Global Mobile Market Report 2019. Light Version". 26. Jun. 2020. https://newzoo.com/insights/trend-reports/newzoo-global-games-report-2019-light-version/

Paredes, Javier ed. *Historia contemporánea de España (siglo XX)*. Barcelona: Ariel, 1998.

Richards, Michael. *Historias para después de una guerra*. Barcelona: Pasado y Presente, 2013.

Rodríguez Moreno, Paula et al. "Female labor force participation, inequality and household well-being in the second globalization. The Spanish

Case." *History & Economic Institutions*. Jun 2016. pp.1-26.

Sabanoglu, Tugba. "Leading European fast fashion brands on total revenue worldwide in 2019". *Statista*. 28 May 2020. https://www.statista.com/statistics/1094176/european-fast-fashion-brands-ranked-by-revenue/

Smith, Paul Julian. *Contemporary Spanish Culture. TV, Fashion, Art and Film*. Cornwall: Polity Press, 2003.

Smith, Paul Julian. *Contemporary Spanish Culture: TV, Fashion, Art and Film*. Cambridge: Polity, 2003.

Stapell, Hamilton M. *Making Madrid: Culture, Politics and Identity after Franco*. New York: Palgrave, 2010.

Un siglo de España, Agencia EFE, 2002.

Vickery, Paul S. *Bartolomé de Las Casas: Great Prophet of the Americas*. New York: Paulist, 2006.

Wood, Jonas and Karel Neels. "First a job, then a child? Subgroup variation in women's employment-fertility link", *Advance in Life Course Research*, 33. 2017, pp.38-52.

_____. "Local Childcare Availability and Dual-Earner Fertility: Variation in Childcare Coverage and Birth Hazards Over Place and Time", *European Journal of Population*, 35. 2019.. pp.913-937.

Zapata, Lydia. "Early Neolitic agriculture in the Iberian peninsula." *Journal of World Prehistory*, 18. 2004. pp.283-325.

임호준

서울대 서어서문학과를 졸업하고, 스페인 마드리드 대학교에서 석사 학위와 박사 학위를 받았다. 현재 서울대학교 서어서문학과 교수로 재직 중이다.

영화, 문학, 스포츠 등 문화 텍스트를 통해 스페인과 스페인 문화권을 살펴보는 다양한 연구를 진행해 왔다. 이번 책에서는 한국과 스페인의 공통점과 차이점을 통해 스페인을 다각도로 살펴보고자 했다.

저서로 라틴아메리카의 식인주의와 카니발리즘을 고찰한 『즐거운 식인』(2017), 스페인을 대표하는 작가주의 감독 12인의 영화를 분석한 『스페인 영화』(2014) 등이 있다. 역서로는 브라질 문학의 대표 고전인 『마쿠나이마』(2016) 등이 있다.

한국인의
눈으로 본
스페인

초판인쇄 2021년 3월 5일
초판발행 2021년 3월 5일

지은이 임호준
펴낸이 채종준
펴낸곳 한국학술정보㈜
주소 경기도 파주시 회동길 230(문발동)
전화 031) 908-3181(대표)
팩스 031) 908-3189
홈페이지 http://ebook.kstudy.com
전자우편 출판사업부 publish@kstudy.com
등록 제일산-115호(2000. 6. 19)

ISBN 979-11-6603-359-9 03920